ro
ro
ro

Zu diesem Buch

Marie Nejar wächst während der Nazizeit bei ihrer Großmutter in Hamburg-St. Pauli auf. Das kleine schwarze Mädchen hat viele Schutzengel – die liberale Klassenlehrerin, ihren jüdischen Arzt, die Polizisten der Davidwache – und übersteht so das Regime der Nationalsozialisten und den Krieg. 1951 wird sie als Sängerin entdeckt und feiert als Schlagerstar «Leila Negra» Erfolge. Vorurteilen sieht sie sich jedoch weiterhin ausgesetzt. Bis sie sich entschließt, die Rolle des «kleinen Negerleins» nicht länger zu spielen ...

Marie Nejar ließ sich nach dem Ende ihrer Gesangskarriere als Krankenschwester ausbilden. In diesem Beruf arbeitete sie bis zu ihrer Pensionierung. Sie lebt noch immer in Hamburg.

Marie Nejar

**Mach nicht so traurige Augen,
weil du ein Negerlein bist**
Meine Jugend im Dritten Reich

Aufgeschrieben von Regina Carstensen

Rowohlt Taschenbuch Verlag

Originalausgabe

Veröffentlicht im Rowohlt Taschenbuch Verlag,

Reinbek bei Hamburg, Juni 2007

Copyright © 2007 by Rowohlt Verlag GmbH,

Reinbek bei Hamburg

Umschlaggestaltung ZERO Werbeagentur, München

(Foto: Turicaphon AG, Diedikon, Schweiz)

Satz Documenta PostScript (InDesign)

Gesamtherstellung Clausen & Bosse, Leck

Printed in Germany

ISBN 978 3 499 62240 3

Für Sibylle Fröhlich

Inhalt

Dunkle Familiengeheimnisse

Hinter dem Tresen stand mein Großvater Joseph und zapfte Bier. An diesem Abend waren viele Leute da, hauptsächlich Männer. Die Luft in dem kleinen Lokal war stickig vom Rauch ihrer Zigaretten. Die Gespräche drehten sich immer um dasselbe; lauthals wurde über die Politik und die Arbeitslosigkeit gewettert. Einige der Männer stierten einfach dumpf in die Gläser vor ihnen. Großvater mischte sich selten in die Gespräche ein, er wollte keinen Ärger. Joseph Nejar hatte nur allzu schnell gemerkt, dass viele Gäste ihn, wenn sie sich unbeobachtet glaubten, von oben bis unten skeptisch musterten, obwohl er schon seit einiger Zeit das Lokal führte. Das lag zum Teil bestimmt daran, dass er mit einem starken französischen Akzent sprach, vor allem aber, da war er sich sicher, lag es an seiner Hautfarbe. Sie war nicht weiß wie die der Menschen in Riga, in dieser russischen Hafenstadt, in der viele Deutsch-Balten lebten. Und sie war auch nicht so weiß wie die seiner Frau.

Plötzlich stand einer der Hafenarbeiter auf – sein Blick ließ nichts Gutes ahnen, ein paar Haarsträhnen hingen ihm ins Gesicht, sie glänzten schmierig von der vielen Pomade. Paul war der Anführer unter den Männern, die bei meinem Großvater tranken, und er war bekannt dafür, dass er gern Streit suchte. Hinter vorgehaltener Hand flüsterte man sich sogar zu, dass er in unsaubere Geschäfte verwickelt war und deshalb immer eine

Waffe unter seinem dicken Wollpullover tragen würde, einge-
klemmt im Hosenbund.

Paul torkelte auf meinen Großvater zu, unkontrolliert fuch-
telte er mit seinen Armen herum und lallte unverständliche
Halbsätze vor sich hin. Opa seufzte innerlich und kam – nur die
Ruhe bewahren – hinter seinem Zapfhahn hervor, um den Ar-
beiter wieder zu seinem Tisch zu führen. «Komm, lass gut sein,
Paul.» Am liebsten hätte er den Mann direkt vor die Tür gesetzt.
Man konnte nie wissen, was in Paul vor sich ging, wenn er einen
über den Durst getrunken hatte. Und Ärger konnte Joseph Nejar
nun wirklich nicht gebrauchen.

«Mensch, wie kann so einer ... so einer wie du hier eine Gaststätte haben, du bist doch ein Neger», ließ Paul nicht locker.
«Geh doch zurück zu den Wilden, wo du hergekommen bist.»

Meine Großmutter, die in der Küche Brote für die Gäste
schmierte, hatte wohl gespürt, dass sich da etwas zusammen-
braute, und ging hinaus in den Gastraum. Inzwischen war das
halbe Lokal auf Paul aufmerksam geworden. Jemand rief: «Lass
ab, Paul, trink dein Bier weiter.» Einer von Pauls Freunden erhob
sich und legte ihm beruhigend den Arm um die Schultern. Doch
der Hafenarbeiter schüttelte ihn ab, stürzte sich mit einem Satz
auf meinen Großvater und schubste ihn herum. Schnell waren
die beiden Männer in einem heftigen Gerangel verstrickt. Einige
Gäste feuerten die zwei Streithähne auch noch an, andere versuchten sie voneinander zu trennen. Vergeblich. Auf einmal fiel
ein Schuss – gedämpft, aber doch unüberhörbar. Im Lokal war
es augenblicklich still. Meine Großmutter schrie auf und eilte zu
ihrem Mann, der sich den Bauch hielt und unter leisem Stöhnen
zu Boden sank. Paul rannte nach draußen.

«Was ist passiert?», fragte meine Oma und schaute fassungslos die um sie herumstehenden Männer an. Niemand sagte etwas.

Großmutter 1915

«Paul hat mit seiner Pistole herumgefuchtelt», druckste schließlich einer herum. «Dein Mann wollte sie ihm aus der Hand nehmen, dabei muss sich ein Schuss gelöst haben.»

Als ich diese Geschichte als Sechs-, Siebenjährige hörte – später wurde sie nie wieder erwähnt –, tat ich so, als würde sie mich nicht weiter interessieren. Ich saß am Küchentisch, meine Großmutter und meine Mutter unterhielten sich nebenan im Wohnzimmer, und durch die weitgeöffnete Tür konnte ich die beiden Frauen gut sehen und ihrem Gespräch lauschen. Vor mir auf dem weißlackierten Tisch lag ein großes Blatt Papier; gerade hatte ich angefangen Schiffe zu malen, große Schiffe wie die, die täglich aus der ganzen Welt in den Hamburger Hafen einliefen und Kaffee, Kakao und Bananen in ihren Frachträumen mit sich führten. Eifrig hatte ich mich über einen besonders großen Dampfer gebeugt, aber mit einem Ohr horchte ich doch hin, um mehr über diesen Großvater zu erfahren, den ich nie kennengelernt hatte. Ich wusste nicht einmal, wie er aussah, da meine Großmutter kein Foto von ihm besaß. Immer wenn ich sie gebeten hatte, mir etwas über Großvater zu erzählen, wehrte sie meine Fragen mit einer unwirschen Handbewegung ab. Ich wusste dann, dass es zwecklos war, weiter in sie zu dringen. Nun erfuhr ich, dass ein Schuss meinen Opa 1912 getötet hatte. Sicher war es damals nicht Pauls Absicht gewesen, ihn zu töten, wahrscheinlich wollte er ihm nur Angst einjagen, wie seinen Kollegen, wenn sie einmal nicht seiner Meinung waren.

«Wieso seid ihr überhaupt nach Riga gegangen?» Die Stimme meiner Mutter hatte an Lautstärke gewonnen. «Ihr hättet doch auch in Hamburg ein Restaurant oder eine Bar pachten können. Warum gerade dort? Hatten die Menschen dort weniger gegen Schwarze? Wenn ich an Papas Schicksal denke, kann das ja wohl nicht der Grund gewesen sein.»

Dass meine Großeltern nach Riga, der wichtigen Hansestadt

an der Ostsee, gegangen waren, hatte ich schon öfter gehört. Aber wieso wählten meine Großeltern gerade diesen Ort zum Leben, es gab, soweit ich wusste, keine familiären Hintergründe. Sicher, Riga war eine Hafenstadt, und da wir mitten auf St. Pauli wohnten, konnte ich mir vorstellen, dass dort mit großer Wahrscheinlichkeit auch Matrosen aus aller Welt, aus Asien, Afrika oder Südamerika, herumliefen. Matrosen, die also einfach anders aussahen. Oder so wie ich und meine Mutter. Schwarz eben. Vielleicht wollten die beiden aber auch nur weit weg ein neues Leben anfangen, wo ihnen niemand, den sie kannten, über den Weg laufen konnte. Ein Paar, das so unterschiedlich aussah wie meine Großeltern, wollte möglicherweise in der Fremde sein Glück versuchen, in der Hoffnung, dort auf weniger Vorurteile zu treffen.

Aus den Augenwinkeln versuchte ich meine Großmutter zu beobachten. Würde sie meiner Mutter antworten? Doch meine Oma blieb stumm, ihre dunklen Augen blickten in eine Ferne, die für sie genauso undurchdringlich erschien wie für meine Mutter und mich. Ob sie daran dachte, wie sie, eine geborene Wüstenfeld, Tochter aus großbürgerlichem Hause, ihren Mann, den Kreolen aus St. Pierre, in Hamburg kennenlernte und sich in ihn verliebte? Damals, 1904, war sie einundzwanzig Jahre alt, und die Liaison zwischen der Hanseatin und dem Mann von der Antilleninsel Martinique war mehr als ungewöhnlich.

Schon ein Jahr nach der Hochzeit kam ihr zweiter Sohn, mein Onkel Alphons, auf die Welt. Egbert, das erste Kind, hatte sie mit einundzwanzig geboren. Meine Großmutter sang in Berlin in einem Opernchor, als sie den Vater von Egbert traf, der nicht mein Großvater war. Ich erinnere mich noch, wie ich einmal eine Fotografie von ihm betrachtete, die in der Wohnung von Onkel Egbert hing, meinem weißen Onkel.

«Der Mann auf dem Bild sieht dir aber sehr ähnlich, Onkel

Egbert», sagte ich. Er sah gut aus, war groß und hatte dunkles, leicht gewelltes Haar.

«Ja», erwiderte er. «Das ist mein Vater.»

«Und wieso trägt er eine solch elegante Uniform?»

«Er ist ein Prinz.»

«Ein Prinz, ein richtiger weißer Prinz?»

Statt mir zu antworten, verließ Egbert das Zimmer, und auch meine Oma machte wieder einmal ihre typische unwirsche Handbewegung, als ich sie nach dem Vater von Egbert fragte. Bis heute habe ich die Herkunft dieses geheimnisvollen Prinzen nicht lüften können. Er hat sie jedenfalls nicht geheiratet, vielleicht war er sogar verheiratet oder einer Prinzessin versprochen – und so kam mein Onkel unehelich auf die Welt.

Meine Großmutter gab Egbert, um sich und ihn ernähren zu können, in eine Pflegefamilie, die ihn später adoptierte. Erst als fast Erwachsener lebte er mit seinem Halbbruder Alphons und seiner Halbschwester, meiner 1909 geborenen Mutter Cécilie, bei meiner Oma. Ich machte mir über diese, gerade für damalige Zeiten, recht ungewöhnliche Familienkonstellation – als weiße Frau hatte meine Großmutter ein uneheliches weißes Kind und zwei eheliche schwarze – keine Gedanken. Meine Familie war eben so.

«Und warum bist du nach dem Tod von Papa nach Hamburg zurückgekehrt?», fragte meine Mutter in diesem Moment. «Bei deinen Eltern warst du schließlich alles andere als willkommen. Sie haben dir doch nie verziehen, dass du einen Schwarzen zum Mann genommen hast.»

Es fiel mir immer schwerer, mich auf Takelagen, Schiffsmasten und rauchende Schornsteine zu konzentrieren, viel interessanter war es, mehr über die eigene Familie, die so viele Fragen offenließ, in Erfahrung zu bringen. Ich schaute meine Mutter an, dann meine Großmutter, schließlich wanderte mein Blick wieder zurück zu meiner Mutter. Eigentlich wusste ich über sie genauso wenig wie über meinen Großvater. Sie tauchte zwar jede Woche bei meiner Großmutter auf, bei der ich lebte, brachte mir oft Geschenke mit, aber ich verstand mich nicht mit ihr. An den Tagen, an denen ich sie nicht zu Gesicht bekam, fehlte sie mir auch nicht. Für mich war meine Großmutter meine Mutter, sie war es, die sich um mich kümmerte, mir das Essen hinstellte und dafür sorgte, dass ich mich zu Hause fühlte. Ich kannte es nicht anders und betrachtete es als ganz selbstverständlich. Erst nach und nach wurde mir klar, wieso das Verhältnis zu meiner Mutter so belastet war: Sie lehnte mich ab, weil ich ein Kind war, das sie nicht haben wollte. Beinahe wäre es ihr auch geglückt, mich auf Nimmerwiedersehen loszuwerden. Nur meiner Großmutter und ihrem Durchsetzungsvermögen habe ich es zu verdanken, dass ich je meine Familie kennengelernt habe und in ihrem Kreis groß werden konnte.

«Hast du es jemals bereut, dass du Papa geheiratet hast?», fragte meine Mutter weiter, ganz leise in die Stille hinein, als wäre sie selbst erschrocken darüber, derartige Überlegungen laut auszusprechen. «Einen Mann aus der Karibik?»

Ich hielt den Atem an, damit ich keines der folgenden Worte verpasste. Bislang war dieses Thema wie ein Tabu behandelt worden. Steckten dahinter Vorwürfe, dass sie, Cécilie, nicht weiß war wie die meisten der Hamburger, dass ich, ihre Tochter, nicht die Hautfarbe der Kinder hatte, mit denen ich spielte? Vielleicht war meine Mutter auch auf sich selbst wütend, weil sie den gleichen «Fehler» wie meine Großmutter begangen und sich mit einem Schwarzen, in ihrem Fall einem Seefahrer aus Ghana, eingelassen hatte, meinem Vater, der noch viel schwärzer war als der französische Kreole, in den sich meine grazile Großmutter verliebt hatte? In einem Nebensatz hatte ich einmal aufgeschnappt, dass mein Großvater kein «richtiger» Schwarzer gewesen sei, eher ein Mann mit einer schönen braunen Haut. Damit war ich, mit meinem afrikanischen Vater, wohl die Schwärzeste in der Familie.

Meine Großmutter reckte das Kinn. Ihre tiefschwarzen Augen funkelten, umrahmt von dichten, dunklen Haaren. Wie eine klassische Deutsche sah sie auch nicht aus. Wenn ich im Bett lag und nicht einschlafen konnte, kam mir immer wieder der Gedanke, dass sie auch eine Spanierin oder eine Italienerin sein könnte, besonders im Sommer, wenn ihre Haut durch die Sonne dunkel gefärbt und nur um wenige Grade heller war als meine.

«Allein habe ich es nicht geschafft, die Gaststätte zu halten.» Meine Oma hatte ihre Sprache wiedergefunden. Aber die letzte Frage meiner Mutter schien sie überhört zu haben – oder überhören zu wollen. «Außerdem erinnerte mich an ihr alles an den Tod von Joseph. Jedes Mal, wenn ich die Getränke und Speisen an die Tische brachte, sah ich ihn da auf dem Boden liegen, mit der offenen Bauchwunde. Zehn Stunden versuchten die Ärzte im Krankenhaus, ihm noch das Leben zu retten, vergeblich. Ich musste einfach weg von diesem schrecklichen Ort, und da erinnerte ich mich an alte Freunde auf der Reeperbahn, die ich aus Tagen vor meiner Heirat kannte. Sie halfen mir in meiner Not.»

«Das verstehe ich natürlich», sagte meine Mutter. «Aber du hättest doch auch nach Martinique gehen können. In die Heimat von Papa.»

«Als Weiße wäre ich dort eine Fremde gewesen. Außerdem wollte ich, dass aus dir und deinem Bruder etwas Ordentliches wird. Und in den Bars auf dem Kiez, wo ich Arbeit fand, verdiente ich nicht schlecht. Immerhin konntest du so das Konservatorium besuchen.»

«Ach, Mama! Na ja, aus deinem Traum, dass ich eines Tages als Konzertgeigerin in einem Orchester spielen würde, ist ja nun nichts geworden. Ich tingele von einer Bar, von einem Engagement zum nächsten.»

«Das ist allein die Schuld von Hitler. Wäre dieser nichtsnutzige Kunstmaler nicht an die Macht gekommen, sähe dein Leben völlig anders aus. Der Mann ist irre, er erlässt Gesetze, in denen steht, dass Schwarze in einem klassischen Orchester unerwünscht sind. Kein Wunder, dass es dir an besseren Alternativen mangelt. Dann bleiben eben nur die Bars auf St. Pauli.» Sie machte eine kleine Pause und seufzte. «Aber es hätte schlimmer kommen können.»

Hitler. Schon oft hatte ich den Namen gehört, ihn öfters in Zeitungen abgebildet gesehen. Wieso sagte meine Großmutter bloß so schlechte Dinge über ihn? Er war doch ein stattlicher Mann, der für alle im Land nur das Beste wollte – das hatte ich jedenfalls gehört. Bevor ich aber weiter darüber nachdenken konnte, rief meine Oma zu mir herüber: «Mia, du bist so still. Heckst du gerade wieder eine Dummheit aus?»

«Nein, Oma», antwortete ich. «Ich male gerade ein Schiff, oberhalb des Wassers ist es grün, unterhalb schwarz. Es bringt viele schöne Dinge nach Hamburg.»

«Du weißt ja, dass du nicht deine Ohren spitzen sollst, wenn sich Erwachsene unterhalten?»

«Nein, so etwas macht man nicht. Das hast du mir selber beigebracht.»

«Es hätte ja sein können, dass du das vergessen hast.»

Ich schüttelte den Kopf, und um meinen Worten Nachdruck zu verleihen, malte ich eifrig an meinem Hafenbild weiter.

«Natürlich hätte es schlimmer werden können», sagte nun meine Mutter, den letzten Gedanken meiner Großmutter aufgreifend. «Göring und seine Gestapo hätten mich auch abholen und in irgendein Lager schicken können, wie sie es mit den Kommunisten auf dem Kiez getan haben, wie sie es mit immer mehr Juden tun. Wer von diesen feinen Herren will schon einen Bastard im ach so reinen und sauberen Deutschland haben, so eine Mulattin wie mich.»

Ein Wohnzimmersessel wurde heftig gerückt, es war meine Mutter, die sich abrupt erhoben und dabei den Sessel verschoben hatte. Sie ging mit erhobenem Kopf und ohne mich eines Blickes zu würdigen an mir vorbei, und als sie im Flur angekommen war, vernahm ich, wie die Wohnungstür mit einem lauten Knall ins Schloss fiel.

Der Frachter, der auf meinem Bild gerade in den Hafen einfuhr, geleitet von einem Lotsenschiff, dem Feuerschiff «Elbe 1», konnte gar nicht mehr grüner werden, selbst die Flagge war durchweg ein einziges grünes Feld. Ich hatte nicht gewagt, einen Buntstift mit einer anderen Farbe in die Hand zu nehmen. Jegliches Geräusch hätte dazu führen können, dass sich die beiden Frauen wieder meiner Anwesenheit bewusst geworden wären. Es war schwer einzuschätzen, wie sie reagiert hätten, wenn ihnen aufgefallen wäre, dass ich ihr Gespräch belauschte. Da war es sinnvoller, so zu tun, als wäre ich gar nicht in der Nähe.

In diesem Moment begann meine Großmutter zu reden, mehr zu sich selbst als zu mir. «Cécilie ist so verdammt stolz. Ich kann es ihr nicht verdenken, auch wenn es ihr eines Tages Unglück bringen wird.»

Was hatte das zu bedeuten? Die Bemerkung meiner Oma machte mir Angst. Ich zerriss das Bild, das ich gerade gemalt hatte, in viele kleine Stücke. Das geschäftige Treiben der vielen Handelsschiffe, aus deren Schornsteinen sich lustig der Rauch schlängelte, die blaue Elbe und der strahlende Himmel, das alles passte nicht zu der düsteren Atmosphäre, die mich gerade umgab.

«Du bist doch selber ein Negerkuss!»

An einem warmen Frühsommertag im Jahr 1929 fuhr ein Schiff aus Ghana, genauer gesagt, aus der Hauptstadt Accra in den Hamburger Hafen ein. Damals hieß das Land noch Goldküste, ein Land im Westen Afrikas, fast so groß wie Großbritannien und als dessen einstige Kronkolonie auch eng mit diesem verbunden.

Auf dem Frachter, der edle Hölzer wie Mahagoni transportierte, tat Albert Yessow seinen Dienst, nicht zum ersten Mal. Der nicht sehr große Mann mit dem freundlichen Lächeln und den ausgeprägten Stirnfalten hatte die Funktion eines Kapitänstewards inne, stets musste er darauf achtgeben, dass sich der Kapitän wohl fühlte, es ihm an nichts mangelte. Albert liebte seinen Beruf, kam er doch auf diese Weise viel in der Welt herum. Zudem musste er nicht bei Wind und Wetter auf Deck sein oder im Mannschaftsschlafsaal übernachten. Er hatte seine Kajüte ganz in der Nähe des Käptens, und ab und zu konnte er auch von dem besseren Essen, das der Koch für den ersten Mann an Bord zubereitete, profitieren. Wahrlich, er hatte es nicht schlecht getroffen.

Als das Schiff am Kai angelegt hatte, konnte Albert Yessow, da er nichts mit dem Löschen der Ladung zu tun hatte, sofort an Land gehen. Der Afrikaner liebte die Stadt, insbesondere die vielen hübschen Frauen, mit denen man in den zahlreichen Etablissements lachen, trinken und tanzen konnte. Vielleicht begegnete er wieder dieser Frau, die so herrlich Akkordeon und Geige spielen konnte. Letztes Mal, als er sie sah, das war vor einem halben Jahr gewesen, hatte er nicht gewagt, diese Schönheit mit der goldbraunen Haut und den welligen, weichen Haaren anzusprechen. Woher sollte er auch den Mut nehmen, er, der so viel dunkler war als diese Musikerin, der nur ein paar Haarbüschel auf dem Kopf hatte, als wenn ein Strohfeuer darauf gewütet hätte? Andererseits: Hatte er nicht auch etwas vorzuweisen? Immerhin war er Kapitänsteward, trug eine fesche Uniform und bekam mehr Geld als ein üblicher Matrose.

Gemächlich schlenderte er über die Landungsbrücken den Berg hinauf, vorbei an dem Denkmal eines gewaltigen Mannes in Ritterrüstung und mit einem Schwert, das sicher fast zehn Meter lang war. Handelte es sich bei dieser Figur um einen furchtlosen Germanen? Eines Tages, das nahm sich Albert Yessow vor, wollte er herausfinden, wer diese Person war, der man ein solch monumentales Standbild errichtet hatte. Dazu musste er aber den Park durchqueren, wozu er am heutigen frühen Abend wenig Lust verspürte. Etwas anderes war ihm wichtiger, die Bar auf der Großen Freiheit, in der er jene Frau wiederzufinden hoffte, an die er während langer Nächte auf hoher See hatte denken müssen.

Da es noch früh war, blieb er vor jeder Kneipe, vor jedem Café stehen, schaute sich die Menschen an, ging aber nicht hinein. Was hätte er dort auch machen sollen, sein Bier wollte er nur in dem einen Lokal trinken, in dem die Frau auftrat, von der draußen im Schaufenster Fotos hingen, die sie in einem Paillettenkleid zeigten. Daneben stand: «Cécilie, die berühmte und gefeierte Musikerin.» Natürlich konnten die Aufnahmen schon längst gegen Bilder einer neuen Auftrittskünstlerin ausgetauscht worden sein, statt Cécilie würde nun eine Florence oder Gina zur Unterhaltung der Gäste beitragen, und Cécilie würde bereits seit Monaten in einer anderen Stadt weilen. Aber daran wollte Albert nicht denken, auch ein Seemann musste einmal Glück haben.

Als endlich die Nacht hereingebrochen war und die Leuchtreklamen der Bars die Männer zu locken versuchten, wagte er es, die Tür zum Colibri aufzustoßen. Drinnen war es fast noch dunkler als draußen, nur eine Tanzfläche und der Tresen waren in schummriges Licht getaucht.

Albert setzte sich an die Bar und bestellte ein Bier. Es waren noch einige andere Männer in dem Raum, aber kaum mehr als ein Dutzend. Jeder sah von Zeit zu Zeit zu der erleuchteten Tanzfläche, in der Hoffnung, dass sich dort etwas tun könnte. Und tatsächlich, nach einer Weile erschien aus dem Halbdunkel eine Frau in einem glitzernden Abendkleid, in der Hand eine Geige. War es Cécilie? Albert konnte ihr Gesicht nicht erkennen, es lag noch im Schatten, aber die Figur konnte stimmen. Er wagte kaum genauer hinzusehen.

Doch dann hatte er Gewissheit, sie war es, Cécilie. Mit großer Anmut stellte sie sich auf die Tanzfläche, hob die Geige an ihr Kinn und begann, diese eigenwilligen Seemannslieder und Shantys zu spielen, die er so liebte. Nach einer Viertelstunde beendete sie ihre Darbietung und verbeugte sich vor dem Publikum. Albert klatschte für zehn Personen, dieses Mal wollte er sie ansprechen, das nahm er sich fest vor.

Als Cécilie nach einer weiteren Stunde zum zweiten Mal die Tanzfläche betrat, war ihm klar, dass er sie am Schluss ihres Auftritts abfangen musste. Wer weiß, ob er noch eine weitere Chance bekommen würde.

Es ging auf Mitternacht zu, und Albert hatte schon das eine oder andere Bier getrunken, als Cécilie schließlich von der Bühne ging. Er fasste sich ein Herz und sprach sie an. «Darf ich Sie zu einem Glas Wein einladen?», fragte er auf Englisch. Etwas Eleganteres war ihm in diesem Moment nicht eingefallen. Aber konnte sie überhaupt Englisch verstehen? Ihr Name klang französisch.

«Warum nicht», antwortete sie mit einem Lachen. «Ich unterhalte mich gern auf Englisch.»

Irgendwann verließen die beiden das Colibri, vielleicht zogen sie noch bis zum Morgengrauen von einer Bar zur nächsten, um dann in der Wohnung meiner Mutter zu landen. Vielleicht begaben sie sich ohne weitere Umwege zu Alberts Unterkunft – jedenfalls geschah im Laufe der Nacht das, was zu jener Zeit oft zwischen einer Frau und einem Mann passierte, zwischen einer jungen Frau, die auf St. Pauli lebte, und einem schwarzen Matrosen aus der Fremde. Für die damalige Zeit war das gar nicht so ungewöhnlich, denn durch die Kolonial- und Seefahrtsgeschichte der Hansestadt gab es einen erstaunlich hohen Anteil an schwarzen Einwohnern in Hamburg, wenigstens im Vergleich zu anderen deutschen Städten. Doch genau genommen machte er nicht einmal ein Prozent aus. Trotzdem: 1930 hatte man in der Hansestadt immerhin die erste «International Conference of Negro Workers» abgehalten und ein Jahr später die Zeitschrift *The Negro Worker* gegründet. Und in dieser Zeit, in der meine Mutter Albert Yessow kennenlernte, im Jahr 1929, herrschte noch ein reger Handel zwischen der englischen Kronkolonie und Deutschland.

Die *Victoria* blieb noch vier Tage im Hamburger Hafen, danach fuhr sie mit Albert Yessow an Bord wieder zurück nach Accra.

Knapp zwei Monate später machte sie erneut an den Landungsbrücken fest, und Albert ging sofort in Richtung Colibri, um meine Mutter zu treffen. Doch die hatte ihn schon mehr oder weniger vergessen und zeigte sich wenig erfreut, als er plötzlich vor ihr stand. Barsch machte sie ihm klar, dass es zwischen ihnen keine Gemeinsamkeiten gebe, er sich keine Hoffnungen auf eine Beziehung machen solle. Für sie war die Angelegenheit damit erledigt.

Doch ganz so einfach konnte sie den traurig davongehenden Albert nicht zu einer unbedeutsamen Episode abstempeln. Denn nur wenige Wochen später musste sie feststellen, dass sie ein Kind von dem Kapitänsteward aus Ghana erwartete. Für meine Mutter bedeutete das ein großes Unglück, sie wollte es einfach nicht wahrhaben, ignorierte ihren Zustand und unternahm alles, um ihre Schwangerschaft zu verheimlichen. Sie vertraute sich noch nicht einmal ihrer eigenen Mutter an, geschweige denn ihren Geschwistern. Was mochte in ihrem Kopf vorgegangen sein? Fürchtete sie, dass sich in ihrem Leben ein ähnliches Schicksal wiederholen sollte, wie sie es bei meiner Großmutter gesehen hatte? Hatte sie Angst davor, ein uneheliches Kind zur Welt zu bringen? Das war eigentlich unnötig, denn da meine Großmutter selbst eines hatte, wusste sie, wie leicht das passieren konnte. Niemals hätte sie ihre Tochter deswegen verstoßen. Und selbst mir gegenüber gab meine Oma später zu verstehen, dass man das Kind auch noch großkriegen würde, sollte ich einmal ungewollt schwanger werden. Ihre Aussagen wirkten auf mich immer sehr beruhigend. Cécilie musste doch auch gewusst haben, wie ihre Mutter zu diesem Thema stand. Deshalb ist es für mich noch heute ein Rätsel, warum sie mich nicht annehmen konnte. War es eine grundsätzliche Ablehnung gegenüber Kindern? Eine spezielle gegenüber Albert Yessow? Ich vermute, dass Kinder sie in ihrem Wunsch nach einem freien Leben eingeschränkt hätten. Sie wollte genießen, nicht abhängig sein, leben – und bezahlte dies mit einem frühen Tod.

Bevor die Schwangerschaft nicht mehr zu kaschieren war, nahm meine Mutter für mehrere Wochen Engagements in Köln und anderen Städten im Ruhrgebiet an. Irgendwann musste in ihr der Entschluss gereift sein, ihr Kind, mich, in einer anderen Stadt zu gebären und es zur Adoption freizugeben.

Am 20. März 1930 erblickte ich in einem Krankenhaus in Mühlheim an der Ruhr das Licht der Welt. Meine Mutter blieb bei ihrer Entscheidung, niemandem von meinem Dasein zu erzählen und mich wegzugeben. Was in den ersten zwei Lebensjahren mit mir passierte, erfuhr ich erst Jahre später, als ich als Schlagersängerin mit dem Künstlernamen Leila Negra ein Gastspiel in meiner Geburtsstadt gab. Bis zu diesem Zeitpunkt nahm ich an, ich sei im Ruhrgebiet geboren und wäre anschließend mit meiner Mutter und meiner Großmutter nach Hamburg umgezogen. Die Hansestadt war mir so vertraut, dass ich mir gar nicht vorstellen konnte, Jahre meines Lebens woanders verbracht zu haben. Ich hatte wenigstens keine Erinnerungen an eine solche Zeit.

Nach jenem Auftritt als Schlagersängerin in Mühlheim raste plötzlich eine ungefähr fünfzig Jahre alte Schaustellerin mit weitgeöffneten Armen auf mich zu. «Mein Kind! Mein Kind!», schrie sie.

Mir war das äußerst peinlich, hatte ich doch überhaupt keine Ahnung, was diese Frau von mir wollte. Immerhin waren mehrere Leute in meiner Nähe, auch einige Fotografen und Journalisten, die eifrig Aufnahmen und sich Notizen machten.

«Ich kenne Sie nicht», antwortete ich kühl. «Was wollen Sie überhaupt von mir?» Als ich mich von ihr abwenden wollte, hielt sie mich am Arm fest. Ich versuchte sie abzuschütteln, aber ihr Griff war hartnäckig.

«Du warst schon wie mein leibliches Kind, doch dann wurdest du mir wieder weggenommen. Mein Mann und ich hatten dich aufgenommen, und wir wollten dich adoptieren. Aber kurz bevor alles geregelt war, mischte sich deine Großmutter ein. Sie wollte dich zu sich holen, und mir blieb nichts anderes übrig, als dich nach Hamburg zu bringen und bei deiner Oma abzugeben.» Noch heute höre ich den Groll darüber in ihrer Stimme, als sie diese Sätze sprach, noch heute sehe ich aber auch, wie diese Schaustellerin mit einer gewissen Genugtuung über mein Unwissen auf mich schaute. «Deine Mutter war auch da, als ich bei euch klingelte. Sie verließ aber sofort das Zimmer und ging weg, als sie dich sah. Haben sie dir das nie erzählt?»

«Davon weiß ich nichts, und das interessiert mich auch nicht», antwortete ich, verwundert darüber, dass ich überhaupt noch etwas sagen konnte. Ich war wie erstarrt, und mir schien es, als würde sie über eine mir fremde Person reden.

Die Starrheit löste sich erst, nachdem ich die Frau hinaus-komplimentiert hatte, und ich fing am ganzen Leib an zu zittern. Schlagartig wurde mir klar, warum ich meine Mutter instinktiv abgelehnt hatte und es mir nie gelungen war, eine Beziehung zu ihr aufzubauen. Abgründe taten sich vor mir auf ob der fami-liären Geheimnisse, von denen ich bislang nicht einmal etwas geahnt hatte. Und selbst wenn es stimmte, was diese Frau mir da entgegengeschleudert hatte, wieso musste sie dies in aller Öffentlichkeit tun? Und wieso so spät? Wenn ich ihr angeblich damals so wichtig war, hätte sie mich schon längst ausfindig machen und aufsuchen können – ich war ja nicht erst seit gestern als Leila Negra bekannt.

Ich fühlte mich von der Schaustellerin jedenfalls regelrecht überfallen. Auf einmal hatte ich nur noch Wut im Bauch, ich war zornig auf diese Frau und auf meine vertrackte schwarz-weiße Familie. Wieso hatte mich meine Mutter zu fremden Menschen gegeben? Weil ich schwarz war? Konnte eine Mutter etwas so Grausames tun? Und wieso hatte mir meine Großmutter nie et-was davon erzählt? Hatte sie sich für das Verhalten ihrer Tochter geschämt? Da zu diesem Zeitpunkt sowohl meine Oma als auch meine Mutter nicht mehr am Leben waren, habe ich nie eine Antwort auf diese schmerzhaften Fragen bekommen.

Mein Kopf fühlte sich an, als würde er zerbersten, und ich wollte nur noch weg, rannte ziellos hinaus in die Dunkelheit der Nacht, lief stundenlang durch fremde Straßen, durch die man mich vielleicht als kleines Kind mit dem Kinderwagen geschoben hatte. Der ganze Körper war ein einziger Schmerz, aber je länger ich umherrannte und je erschöpfter ich wurde, desto mehr gelang es mir, das Unfassbare hinter mir zu lassen, zwang ich mich, nach vorn zu schauen und nicht in die Tiefen der Ruhr. Wenn ich auch nicht gewollt war, ich wollte mich.

Als ich mich wenig später von meinem Leben als Leila Negra verabschiedete und im zweiten Lehrjahr als Schwesternschülerin tätig war, erfuhr ich – wieder durch einen Zufall – noch etwas aus meiner frühesten Kindheit, von dem ich nichts gewusst hatte. Es war 1959, ich kam in ein Krankenzimmer, in dem eine neue Patientin lag, die ich auf ihre Operation vorbereiten sollte.

«Ich weiß, wer Sie sind», sagte sie mit einem Strahlen im Gesicht, das ich bei vielen Menschen beobachtet hatte, wenn sie mich auf der Straße erkannten.

«Ich bin schon lange keine Schlagersängerin mehr», erwiderte ich, um weiteren Erklärungen zuvorzukommen. Es passierte immer wieder, dass mich Patienten als Leila Negra ansprachen. Mir war das immer unangenehm, denn ich hatte diese Lebensphase für mich abgeschlossen.

«Nein», antwortete die schmale Frau mit den vielen Lachfältchen. «Mich interessiert nicht Leila Negra. Sie sind das Baby Mia. Ich war Erzieherin in einem Waisenhaus in Mühlheim. Sie waren nur wenige Monate alt, da kamen Sie in meine Obhut.»

Ich zuckte innerlich zusammen. Die Ersatzmutter in Gestalt der Schaustellerin hatte ich langsam akzeptiert. Aber was war mit dem Waisenhaus? Hatte mich die Pflegemutter da rausgeholt? Auch hatte ich immer angenommen, dass meine Oma sich den Kosenamen «Mia» ausgedacht hatte, doch offensichtlich war er von Kindern oder Erziehern des Waisenhauses ausgegangen, und meine Großmutter hatte ihn einfach nur übernommen.

Die Frau in ihrem geblümten Nachthemd sah wohl mein fragendes Gesicht, denn sie fuhr vorsichtig in ihren Ausführungen fort: «Anscheinend wissen Sie es nicht. Ihre Mutter hat Sie gleich nach der Geburt in ein privates Kinderheim in Mühlheim gegeben, während sie schon längst wieder auf dem Weg nach Hamburg war. Als die monatlichen Zahlungen für Ihre Unterbringung ausblieben, kamen Sie ins Städtische Waisenhaus. Ich war dort als Betreuerin tätig. Aber lange blieben Sie nicht bei uns im Heim, denn eine Schaustellerfamilie nahm Sie auf und wollte Sie auch adoptieren.»

Zu dieser Familie gehörte dann wohl jene Frau, die mich als Vierundzwanzigjährige als «mein Kind» bezeichnet hatte, überlegte ich. Langsam vervollständigte sich das Bild meiner ersten Lebensjahre.

Als ich das Kopfkissen der freundlichen Patientin aufschüttelte, spürte ich, dass meine Hände zitterten.

«Wissen Sie auch, warum die Adoption letztlich nicht klappte?» Dies war der Punkt, für den ich in all den vergangenen Jahren keine plausible Erklärung gefunden hatte. Meine Mutter, wie ich sie einschätzte, hätte bestimmt ihre Zustimmung dafür gegeben. Auf irgendeine Weise musste meine Großmutter es verhindert haben. Aber wie?

«Das Jugendamt in Mühlheim schrieb Ihrer Mutter gleich Anfang 1932 einen Brief, in dem sie gebeten wurde, ihre Einwilligung zur Adoption zu geben. Wir vom Waisenhaus wurden bei diesen Vorgängen immer mit einbezogen. Ich weiß noch, dass sich alle wunderten, warum das Schreiben mit der Unterschrift Ihrer Mutter nicht zurückkam. Sie hatte Sie nie besucht, weder im Heim noch bei Ihrer Pflegefamilie, deshalb dachten wir, es würde bei Ihrem Fall keine Komplikationen geben. Nach einigen Wochen erhielten wir dann aber einen Anruf von Ihrer Großmutter. Sie war völlig aufgebracht, denn sie hatte den Brief vom Jugendamt, der an Ihre Mutter adressiert war, geöffnet, da Ihre Mutter ihn einfach ungelesen irgendwo abgelegt hatte.»

Eigentlich durften wir Krankenschwestern uns nicht auf dem Krankenbett der Patienten niederlassen, doch ohne darüber nachzudenken, ließ ich mich jetzt auf das Oberbett sinken. Das Gesicht meiner Großmutter tauchte vor mir auf, wie sie einen Brief las, in dem es um die Adoption einer Marie Nejar ging, um ein Kind, das ihren Namen trug. Was musste sie gedacht haben, als sie begriff, dass sie eine Enkelin hatte? Wie ich meine Oma kannte, hatte sie aller Wahrscheinlichkeit nach meine Mutter zur Rede gestellt, sicher folgten heftige Auseinandersetzungen. Meine Mutter wird wohl dafür gekämpft haben, dass ich adoptiert wurde, und meine Großmutter wird keine Sekunde zugelassen haben, dies überhaupt in Betracht zu ziehen. Für sie gab es nur eines: Ihre Enkelin sollte bei ihr aufwachsen. Am Ende setzte meine Großmutter ihren Willen durch, und ich bin nur froh, dass sie die Kraft gehabt hatte, sich meiner anzunehmen. Ich konnte mir durchaus vorstellen, dass sie sämtliche Vorbereitungen für meine Ankunft in Hamburg allein getroffen hatte, so wie mich meine Oma auch allein erzogen hatte, ohne großes Mitspracherecht meiner Mutter. Und so musste ich dann im Frühjahr 1932, gebracht von meiner Pflegemutter, nach St. Pauli gekommen sein, in die Wohnung meiner Großmutter. Die Wohnung, die meine leibliche Mutter verließ, als ich das Wohnzimmer betrat. Ich war gerade zwei Jahre alt.

Als ich an diesem Abend in mein Zimmer im Schwesternwohnheim kam, zerriss ich fast alle Fotos von meiner Mutter, auch von meiner Großmutter. Eigentlich brauche ich gar keine Familie, dachte ich. Im Grunde stimmte das, ich war immer allein gewesen, auch später.

Meine ersten bewussten Erinnerungen haben mit meiner dunklen Hautfarbe zu tun. Ich merkte schnell, dass sie kein Vorteil für mich bedeutete. Wenn ich mit meiner Großmutter einkaufen ging oder wir den Spielplatz am Millerntor aufsuchten, machten Mütter ihre Kinder auf mein Aussehen aufmerksam: «Guck mal, das Mädchen da, siehst du, wie schwarz und schmutzig es ist? Es hat sich nicht gewaschen!» Manchmal fügten sie noch hinzu: «Wenn du weiter so ungezogen bist, dann wirst du auch bald so ausschauen.» Kamen mir solche Aussagen zu Ohren, schaute ich voller Verzweiflung zu meiner Großmutter hoch.

«Oma, du musst ganz schnell mit mir nach Hause gehen», sagte ich.

«Warum denn, Mia?», fragte meine Oma erstaunt.

«Du musst mich noch einmal waschen, alle sagen, ich bin ganz dreckig.»

«Was redest du da. Ich habe dich heute Morgen gründlich gewaschen.»

«Das reicht bestimmt nicht. Kannst du mich nicht in die Zinkwanne stecken? Dann werde ich bestimmt ganz sauber werden.»

Oma winkte ab und meinte, ich solle nicht auf die Leute hören, das sei nur dummes Geschwätz. Doch als wir dann wieder unsere Wohnung betraten, lief ich sofort in die Küche, griff mir einen Hocker und schleppte ihn ins Bad, wo ein Spiegel über dem Waschbecken hing. Stieg ich auf den Sitzplatz, konnte ich mein Gesicht darin sehen. Meine Haut war schwarz, sicher, das war nicht zu leugnen, aber ansonsten sah ich doch genauso wie all die anderen Kinder aus. Ich hatte Augen, eine Nase, einen Mund, Zähne, Arme und Beine. Ich konnte nicht verstehen, was so eigentümlich an mir war. Und wieso wurde ich immer so dargestellt, als wäre ich ungezogen?

«Oma, bin ich früher derart unartig gewesen, dass ich deswegen ganz schwarz geworden bin?», fragte ich meine Großmutter weiter.

«Ich sorge schon dafür, dass du nicht zu frech wirst. Hör jetzt mit diesen Albernheiten auf.»

Meine Oma hatte gut reden, sie besaß ja eine «saubere», eine weiße Haut. Mich hatten diese abfällig geäußerten Bemerkungen jedenfalls sehr betroffen gemacht. Viele Kinder riefen anfangs auch «Neger, Neger» oder «Guck mal, da ist ein Nigger». Ich zuckte dann jedes Mal zusammen. Aber es gab auch Kinder, die sagten: «Lasst sie doch in Ruhe. Sie kann doch schließlich nichts dafür.»

Manche flüsterten mir zu, dass ich, hätte meine Mutter einen weißen Mann geheiratet, auch weiß geworden wäre. Ich fasste das total verkehrt auf und sagte zu meiner Großmutter: «Wenn meine Mutter noch schnell einen Weißen zum Mann nimmt, werde ich ganz hell.» Es war eine schöne Vorstellung, dass sich meine Hautfarbe nachträglich in ein reinstes Schneeweiß verwandeln würde. In Märchen passierten solche Dinge schließlich auch, warum also nicht auch in meinem Leben? Weiterhin meinte ich altklug: «Kannst du Mama nicht einen weißen Mann besorgen, damit ich auch weiß werde?»

Eigentlich hätte ich mir die Antwort meiner Oma auch selbst geben können: «Was soll denn dieser Unsinn schon wieder!»

Meine Mutter wagte ich gar nicht erst zu fragen, ob sie nicht einen Weißen heiraten könnte, also musste ich mich mit meiner dunklen Haut arrangieren.

Als die Kinder aus meiner Nachbarschaft mit der Zeit aber merkten, dass auch ich eine aus St. Pauli war, zum Kiez gehörte, ließen sie mich ohne weitere Probleme mitspielen, und bald war meine Hautfarbe kein Thema mehr.

Bei den Erwachsenen sah das anders aus. Ich kann mich noch genau an den Tag erinnern, an dem ich zu unserem Bäcker ging und sagte: «Ich möchte einen Negerkuss.» Da war ich fünf Jahre alt.

«Du bist doch selber einer!», rief da einer der Kunden, die hinter mir in der Schlange warteten. Alle mussten lauthals loslachen. Der Negerkuss, in den ich gleich reingebissen hatte, blieb mir regelrecht im Halse stecken, den Rest in meiner Hand ließ ich auf den Boden fallen und rannte aus dem Geschäft.

Das hatte gesessen. Der Kunde meinte das bestimmt nicht böse, aber von diesem Tag an habe ich nie wieder einen Negerkuss gegessen.

Schlimmer fand ich es aber, wenn Erwachsene mich anfassen wollten. Sie griffen in mein krauses Haar, wühlten in den Locken herum, leckten sich ihre Finger ab, fuhren damit über mein Gesicht und sagten mit erstaunter Stimme: «Oh, du färbst ja gar nicht ab.» Ich fand das eklig und flüchtete dann um die nächste Straßenecke, so schnell ich nur konnte. Den Leuten, die mir mit Abscheu und Widerwillen begegneten, versuchte ich aus dem Weg zu gehen – und damit war für mich die Angelegenheit erledigt. Ich wollte ihre Abneigung nicht zu nah an mich rankommen lassen.

Als ich älter wurde und die Nationalsozialisten mit ihrer Ideologie und ihrem Rassismuswahn immer mehr Menschen ansteckten, nahmen diese Sätze wieder zu, Sätze, die mein Herz zusammenschnürten: «Wie konnte deine Großmutter bloß einen Schwarzen heiraten? Das ist ja unmöglich!» Einmal hörte ich Hausfrauen vor einem Café tuscheln: «Seht euch mal dieses Kind an, das ist ja eigentlich eine Schande, eine richtige Blutschande.» Ich stand etwas weiter von ihnen entfernt, weil ich auf eine Freundin wartete, und tat so, als hätte ich nichts von ihrem Gespräch mitbekommen.

Solche Erlebnisse behielt ich immer für mich, um meine Oma zu schonen. Ich bildete mir ein, dass ihr nichts Negatives zu

Ohren kommen durfte. Sie sollte sich keine Gedanken um mich machen. Natürlich betrachtete ich mir auch meine Großmutter näher und überlegte, ja, warum hatte sie sich überhaupt mit einem Kreolen eingelassen? Je länger ich darüber nachdachte, gab es nur eine Antwort für mich: Mein Opa und sie müssen sich unheimlich geliebt haben. Einmal erzählte mir meine Oma, wie mein Großvater reagierte, wenn sie durch die Straßen von St. Pauli spazieren gingen und ihnen andere Schwarze begegneten: «Komm, lass uns weitergehen, mit diesem Fußvolk wollen wir uns nicht abgeben!» Ich vernahm dabei eine gewisse Arroganz in ihrer Stimme, und noch lange überlegte ich, warum mir meine Oma das erzählt hatte. War mein Großvater etwas Besseres gewesen?, überlegte ich. Oder sah er einfach nur eleganter aus als die meisten anderen Schwarzen?

Sicher, es konnte auch sein, dass damals nie ein «anständiger» weißer Mann eine Frau, die ein uneheliches Kind hatte, geheiratet hätte. Manchmal dachte ich aber auch, dass es vielleicht besser gewesen wäre, wenn die beiden keine Kinder bekommen hätten. Aber das kam mir erst später in den Sinn, als ich die vielen Schwierigkeiten in unserer Familie mehr und mehr begriff.

Ein Mädchen wie alle anderen?

Ich fühlte mich bei meiner Großmutter geborgen. In den ersten Jahren, nachdem sie mich zu sich geholt hatte, wohnten wir auf St. Pauli in der Taubenstraße. Die Wohnung mit den drei

Zimmern – eines davon war vermietet – lag in der ersten Etage, direkt über der Bäckerei von Familie Mamero, aus deren Backstube uns schon am frühen Morgen der Duft frischer Brötchen in die Nase stieg. Wenn wir nach dem Aufstehen zwei davon im Laden kauften, kam uns das jedes Mal wie ein kleines Fest vor.

Unser Leben spielte sich hauptsächlich in der Küche ab. In einer Ecke befand sich ein großer Kohleherd, auf dem den ganzen Tag über ein Kessel mit heißem Wasser vor sich hin brodelte, um stets Kaffee oder Kakao bereiten zu können. Gegenüber dem Herd stand ein großes, schweres Sofa, dessen Bezug kaum zu sehen war, so vollgestopft war es mit bunten Kissen voller Blüten. Nach jedem Mittagessen legte sich Oma auf das Blumenmeer, um ein Nachmittagsschläfchen zu halten. Wenn ich krank war, durfte ich auf den weichen Kissen liegen und zusehen, wie Oma nähte oder sich am Herd zu schaffen machte. In den seltenen Fällen, in denen meine Mutter einmal bei uns übernachtete, schlug ich mein Nachtlager ebenfalls in der Küche auf, weil sie dann in meinem Bett schlief, das bei Großmutter mit im Schlafzimmer stand.

Zu meinem großen Leidwesen zeichnete sich meine Oma durch einen Ordnungsfimmel aus. Wenn ich in der Küche spielte, was ich meistens tat, und meine Puppen kurz auf dem Sofa ablegte, um zwischendurch ein Bild zu malen, hörte ich nach nur wenigen Sekunden unweigerlich ihre energische Stimme: «Mia, bevor du die Buntstifte aus dem Etui holst, räumst du erst mal die Puppen weg!» Niemand nannte mich Marie, alle sagten nur Mia. Das sollte sich erst ändern, als meine Großmutter starb. Ich war damals achtzehn Jahre alt.

Oma war aber nicht nur pedantisch, sondern auch streng. Heute würde ich sagen, zu streng, auch ihrer Tochter und ihren beiden Söhnen gegenüber. Ich erklärte mir ihre Strenge später immer damit, dass sie anderen Menschen zeigen wollte, dass schwarze Kinder nicht irgendwelche «Wilden» waren, sondern sittsame, aufs Wort gehorchende Jungen und Mädchen, wie es auch bei weißen Kindern gern gesehen wurde. Vielleicht, ich denke speziell an mich, sollte ich noch besser erzogen werden als diese.

Deutlich wurde das immer dann, wenn andere sich in Omas Erziehung einmischten. Ich erinnere mich an eine Begebenheit, damals muss ich so drei, vier Jahre alt gewesen sein. Jeden Mittwoch fuhr meine Großmutter mit mir von St. Pauli mit der Straßenbahn zum Steindamm, um dort in der Innenstadt beim Amt etwas abzuholen; wahrscheinlich das Geld von ihrer kleinen Witwenrente. Zurück gingen wir zu Fuß. Jedes Mal kamen wir nach der Hälfte der Strecke bei einer Konditorei vorbei, in der mir meine Oma einen Hagelkuchen für fünf Pfennige kaufte. An einem Tag war ich wohl müde, vielleicht wollte ich auch nur mal sehen, inwieweit ich meine Großmutter reizen konnte. Jedenfalls quengelte ich, weinte, wollte einfach nicht mehr weitergehen.

«Nehmen Sie das Kind endlich auf den Arm», fuhr eine Passantin, die meinen «Auftritt» beobachtete, meine Oma an. «Sie sehen doch, es kann nicht mehr laufen.»

Ohne ein Wort zu sagen, packte meine Großmutter meine Hand noch fester und zog mich mit schnellen, entschlossenen Schritten und ohne weiter auf meinen Protest zu achten, in Richtung Wohnung. Kaum hatte sich die Haustür hinter uns geschlossen, setzte es Prügel. Nichts war für meine Großmutter schlimmer, als von einer fremden Frau wegen ihrer Erziehungsmethoden angesprochen zu werden.

Heulend ging ich ins Schlafzimmer, zum Bett, auf dem meine geliebten Puppen saßen. Nun kriegten sie Dresche, besonders meine schwarzen Spielgefährtinnen hatten zu leiden. Im nächsten Moment stand meine Oma in der Tür, nun den Rohrstock in der Hand. «Dir werde ich die Wut noch austreiben», herrschte sie mich an. Nie hätte sie mich derart vermöbelt, wenn die Fremde sie in ihren Augen nicht so brüskiert hätte. Es war manchmal ein teuflischer Kreislauf, aus dem keiner von uns auszubrechen vermochte.

Wahrscheinlich wollte meine Großmutter stets beweisen, dass ich und damit auch sie der Familie Wüstenfeld keine Schande brachten, ihrer Familie, die sie verstoßen hatte. Wenn ich heute am Emilie-Wüstenfeld-Gymnasium im Stadtteil Eimsbüttel vorbeikomme, frage ich mich, ob meine Großmutter wohl mit Emilie Wüstenfeld verwandt war. Sollte das wirklich der Fall sein, wundert es mich allerdings nicht, dass sie so ehrgeizige Pläne für ihre Kinder, aber auch für mich, ihre Enkelin, hegte: Emilie Wüstenfeld war 1817 in Hamburg geboren und betrieb in ihrer Heimatstadt couragiert Sozial- und Familienpolitik. Sie war, wie ich später herausfand, Mitbegründerin eines liberal-ökumenischen Vereins von Frauen «zur Unterstützung der Deutschkatholiken und humaner Zwecke», und sie hatte auch Frauenbildungsvereine ins Leben gerufen. Ihr großes Ziel war eine «Hochschule für das weibliche Geschlecht» gewesen, dieses Projekt stieß auf so viel Widerstand, dass sie sich am Ende ihres Lebens – sie starb 1874 – nur noch der Armenpflege widmete.

Großmutter und ich waren ein eingeschworenes Team, wir lebten in unserer «Zweierfamilie», und meine leibliche Mutter sah ich tatsächlich nie als solche an, selbst als kleines Kind nicht. Auch später, als ich die Verhältnisse mehr durchschaute, änderte sich nichts daran. Ich konnte in ihr auch nicht eine ältere Schwester sehen, eigentlich fürchtete ich sie eher ein wenig, weil sie sich immer sehr missbilligend mir gegenüber gab und ich nicht wusste, warum. Ich hatte, soweit ich es einschätzen konnte, doch nichts getan. Wenn sie uns besuchte, begrüßte ich sie höflich mit «Guten Tag», als wäre sie eine entfernte Bekannte meiner Großmutter. Sie suchte kein Gespräch mit mir, erkundigte sich, soviel ich weiß, auch nicht bei Oma, wie es mir gehen würde, und mischte sich nicht in die Erziehung ein. Nur wenn ich zum Spielen auf die Straße wollte und Oma mir es verbot, ergriff sie meine Partei. «Nun lass sie doch nochmal runter, wenn sie das so gern möchte.» Manchmal hatte ich aber den Eindruck, dass sie das nur sagte, weil sie mich nicht sehen wollte. Dies waren aber auch die einzigen Situationen, in denen Oma ihrer Tochter gegenüber, was mich betraf, nachgegeben hatte.

Heute denke ich, dass meine Mutter mir gegenüber schon ein schlechtes Gewissen hatte. Ich merkte das an den Geschenken, die sie mir machte: Als ich mir einmal Rollschuhe wünschte, sagte Oma: «Tut mir leid, Kind, ich habe nicht so viel Geld, um dir welche kaufen zu können.» Für mich war das überhaupt kein Problem, dann gab es eben keine. Ich wusste ja, dass wir das Geld beisammenhalten mussten. Aber Weihnachten standen die Rollschuhe dann doch unter dem Tannenbaum – meine Mutter hatte sie für mich gekauft. Vor lauter Glück wusste ich nicht, was ich sagen sollte. Sie hatten sogar ein Doppelkugellager. Doch auch meine Freude über diese Geschenke konnte nicht den Graben zwischen uns überbrücken. Nie war ich zum Beispiel bei meiner Mutter zu Besuch. Ich wusste noch nicht einmal, wo sie in Hamburg lebte, ob sie ein Zimmer hatte oder eine abgeschlossene Wohnung. Ich fragte auch nie danach. Das Einzige, was ich mitbekam, war, dass sie in verschiedenen Bars auf der Reeperbahn und der Großen Freiheit Musik machte. Natürlich spielte sie nicht Johann Sebastian Bach, den sie liebte und dessen Sonaten für Geige sie manchmal bei uns in der Küche einübte. Es waren eher Shantys, populäre Lieder, die die Leute in den Tanzschuppen hören wollten.

Zog ich mit meinen Freundinnen durch die Gegend, sah ich immer mal wieder Bilder von meiner Mutter in den Schaukästen der Clubs. Aber sie berührten mich nicht, ich sagte nicht voller Stolz: «Schaut mal her, hier tritt meine Mutter auf.»

Vielleicht lag das auch daran, dass Cécilie mir von Oma immer als Vorbild entgegengehalten wurde. «Ich möchte, dass du genauso gut Geige spielst wie deine Mutter.» Diesen Satz wiederholte sie wieder und wieder. Es war, als dürfte es keine andere Möglichkeit geben, ich sollte den Traum erfüllen, den sie für meine Mutter gehegt hatte und den die Nazis durch ihre Rassenpolitik vereitelten: nämlich in einem großen Orchester zu spielen und nicht nur in Vergnügungslokalitäten aufzutreten. Aber von Anfang an spürte ich einen inneren Widerstand, in die Fußstapfen meiner Mutter zu treten. Nie und nimmer wollte ich mit ihr verglichen werden, mit ihr gar in Konkurrenz stehen.

Schuld daran waren Episoden wie jene, als ich einmal krank im Schlafzimmer lag und meine Mutter eintrat, um sich umzuziehen. Ich schaute sie an, so intensiv wie nie zuvor, vielleicht, um zu verstehen, wer sie eigentlich war, wie sie in einem unbeobachteten Moment ausschaute, oder auch, um ein wenig Aufmerksamkeit von ihr zu bekommen. Meine Mutter bemerkte meine Blicke und fragte nur: «Warum guckst du denn so blöd?» Ich drehte mich auf die andere Seite und wandte ihr den Rücken zu. Es war mein letzter Versuch gewesen, ihr näherzukommen.

Das schlechte Verhältnis zu meiner Mutter belastete mich aber nicht sehr. Ich hatte ja meine Großmutter, für mich war sie einzigartig, außerdem fand ich Freunde. Besonders gut verstand ich mich mit Jürgen, dem Sohn von Bäckermeister Mamero. Er war einen Monat jünger als ich, blond und ein lebhafter

Junge, mit dem man wunderbar Verstecken und Fangen spielen konnte. Mit zwei Schwestern aus der Nachbarschaft, Otti und Bärbel Borcholt, war ich ebenfalls fast täglich zusammen. Ich glaube, sie haben nie wirklich bemerkt, dass ich schwarz bin. Jedenfalls fragten sie nie, warum meine Haut so dunkel sei. Die Geschwister wohnten direkt auf der Reeperbahn, im Schilpp-Haus. Nebenan befand sich das elegante Café Menke, das mit roten Plüschsesseln ausgestattet und wegen seines wunderbaren Kuchentresens überaus beliebt war.

Um die beiden Schwestern zu sehen, brauchte ich nur über die breite Straße zu gehen. Bärbel war zwei Jahre jünger als ich, Otti drei Jahre. Kennengelernt hatte ich sie auf der Straße, sie luden mich ein, mit ihnen Ball zu spielen. Seitdem waren wir nahezu unzertrennlich und gingen durch dick und dünn. Nach einiger Zeit kannte uns jeder Erwachsene auf dem Kiez, und bald hatten wir unseren Spitznamen weg: «Die Drei von St. Pauli».

In ihrem Temperament waren die beiden Schwestern sehr unterschiedlich. Bärbel war mit ihren langen braunen Haaren ein richtiger Wirbelwind, immer zu Streichen aufgelegt, Otti hatte dagegen weizenblonde Locken, war viel ruhiger und ein eher pummeliges Mädchen. Wir stellten jede Menge an, dachten uns immer etwas Neues aus.

Eines Tages kamen Bärbel und ich auf die Idee, von den Landungsbrücken über den Fischmarkt, am Union-Kühlhaus vorbei, bis zum Fähranleger nach Neumühlen zu laufen, direkt an der Großen Elbstraße entlang. Immerhin eine Schiffshaltestelle, also mehrere Straßenbahnhaltestellen. Ich war damals sieben, Bärbel fünf und Otti vier Jahre alt. Wir beiden Älteren schafften die Strecke spielend, das Dumme war nur, dass wir auch den Heimweg zu Fuß antreten mussten, denn wir hatten kein Geld für die Straßenbahn dabei. Der Rückweg wurde zu einer wahren Katastrophe.

Marie Nejar 1936 mit Otti und Bärbel

«Ich kann nicht mehr», keuchte Otti, nach Luft schnappend. «Ich will auch nicht mehr. Ich werde es Mama sagen, was ihr mit mir gemacht habt.»

«Willst du etwa eine Petze sein?», fragte Bärbel mit drohendem Unterton. «Denk dran, dass wir beide Dresche kriegen, wenn wir nicht rechtzeitig zu Hause sind. Da kannst du Mama und Papa sonst noch was vorjammern.»

Ich wählte eine andere Taktik und versprach Otti allerlei: «Wenn ich ein wenig Geld beisammenhabe, dann kriegst du einen ganzen Beutel voll saurer Gurken. Also komm, versuch es noch ein bisschen, ja?» Ich wusste, dass sie saure Gurken für ihr Leben gern aß.

Und Otti hielt tatsächlich tapfer durch. Als sie völlig erschöpft zu Hause ankam, legte sie sich sofort ins Bett, ohne unseren abenteuerlichen Ausflug mit nur einem Wort zu erwähnen, wie mir Bärbel am nächsten Tag erzählte. Die Eltern holten das Fieberthermometer hervor, fragten besorgt, was denn mit ihrer Jüngsten los sei. Otti wäre nur müde, sagte Bärbel. Und Otti selbst verriet auch im Nachhinein nichts von unserem «Marathonlauf». Die versprochenen Gurken bekam sie, allerdings keinen Beutel voll, sondern gerade mal zwei Stück. Zu mehr reichten meine Ersparnisse nicht, da ich kein regelmäßiges Taschengeld bekam. Nur hin und wieder durfte ich einen Groschen behalten, wenn ich für meine Oma einkaufen ging und sie guter Laune war.

Drei Jahre später wuchsen mir die Schwestern über den Kopf. Unsere Verbindung sollte jedoch mit einigen Unterbrechungen bis zu ihrem Tod in den Jahren 2004 und 2005 anhalten.

Kurz nach unserem Lauf verkündete meine Oma eines Tages: «Wir bekommen bald einen kleinen Kater.»

Für mich, die ich Tiere so gern mochte, war das eine aufregende Neuigkeit. «Wann denn? Wann kommt er denn?», löcherte ich Großmutter von da an mehrmals am Tag, ich konnte es kaum abwarten.

«Bald, Mia», sagte sie. «Hab noch ein wenig Geduld.»

Als ich fast schon nicht mehr richtig schlafen konnte, weil ich immer an Jonny – so hatte ich ihn schon mal getauft – denken musste, kam meine Großmutter eines Tages mit einer Tasche nach Hause – in ihr: Jonny. Endlich! Er hatte ein buntes Fell, und ich ging mehrere Tage hintereinander nicht mehr nach draußen, weil ich mich nicht an Jonny sattsehen konnte und immer mit ihm spielen wollte. Wenig später stellte sich heraus, dass er eigentlich eine Jenny war, aber wir blieben trotzdem dabei, die Katze Jonny zu rufen. Als sie rollig wurde und laut nach einem Kater jaulte, jaulte ich mit. Ich dachte, Jonny sei krank und hätte große Schmerzen. Ununterbrochen lag ich meiner Oma in den Ohren, die Katze doch zum Tierarzt zu bringen. Sie verdrehte nur die Augen und setzte mich mit dem Tier vor die Tür. Ich war fassungslos. Wie konnte sie nur so herzlos sein? In meiner Not lief ich zu meinen Freundinnen Otti und Bärbel, die aber nicht da waren. Ich traf nur ihre Mutter an, der ich alles über die kranke Katze erzählte. Frau Borcholt lachte nur und sagte: «Mach dir keine Sorgen, Mia. Deine Katze wird erwachsen und braucht einen Bräutigam.» Ich wusste nicht, was ich davon zu halten hatte. Würde ich die Erwachsenen jemals verstehen?

Ich ging wieder zurück in die Taubenstraße und nahm Jonny, die immer noch vor unserer Haustür saß, auf den Arm. So betraten wir gemeinsam die Wohnung. Aus einem kleinen Schrank im Flur holte ich ein paar Taschentücher, die ich in der Küche unter dem Wasserhahn nass machte. Anschließend drapierte ich die Tücher auf Jonnys Kopf. Wenn ich Fieber hatte, machte Oma mir kalte Wickel, warum sollten sie nicht auch bei Katzen helfen? Tatsächlich hielt Jonny still – wenigstens für eine Weile. Bis es ihr zu viel wurde, sie die Tücher abschüttelte und sich ausgiebig putzte, um ihr klatschnasses Fell wieder trockenzubekommen. Die ganze Prozedur hatte die Katze schließlich so müde gemacht, dass sie an diesem Tag nicht mehr jaulte, sondern nur noch schlief. Meine Oma, das beobachtete ich genau, konnte sich kaum das Lachen verkneifen. Eigentlich war ich ihr immer noch böse, dann aber erzählte ich ihr, dass die Mutter von Otti und Bärbel gemeint hätte, Jonny bräuchte einen Bräutigam.

«Ja, das stimmt», sagte Oma. «Aber manche Katzenmädchen wollen viel zu jung einen Mann. Es ist besser, wenn sie damit noch eine Weile wartet. Und du wirst sehen, in zwei, drei Tagen wird Jonny ihren Kummer vergessen haben und uns nicht mehr die Ohren vollschreien.»

Wie so oft hatte Oma recht. Und Jonny hatte später offensichtlich nicht nur einen Bräutigam, denn sie bekam über die Jahre viele Katzenkinder, die wir in der Nachbarschaft verschenkten.

Auch wenn Bärbel und Otti einmal keine Lust hatten, mit mir zu spielen, oder mit ihren Eltern unterwegs waren, war mir nie langweilig. Immer passierte etwas. Mit Marie-Luise, einer weiteren Freundin, die ebenfalls in der Taubenstraße wohnte, erlebte ich etwas sehr Seltsames. Mieke, wie jeder sie nannte, war ein Jahr älter als ich, hatte langes dunkelbraunes Haar, das ihre Mutter zu Zöpfen flocht. Eines Tages, wir spielten gerade auf der Straße, stand ein blonder, noch sehr junger Mann vor unserer Haustür und beobachtete uns. Nach einer Weile flüsterte mir meine Freundin zu: «Du, der Mann da guckt so komisch.» Ich sagte: «Wieso komisch? Der sieht doch gut aus. Der ist bestimmt nett. Sieh nur, jetzt lacht er uns sogar an.»

Doch Mieke hatte richtig vermutet, dass etwas mit diesem schlaksigen Mann in seinem weiten Mantel nicht stimmte. Als ihre Mutter sie wenig später zu sich rief, wollte ich auch nach Hause und ging in Richtung Tür. Bevor ich mich versah, war der Mann vor mir in unserem Hausflur verschwunden. Unbekümmert folgte ich ihm, aber als ich an ihm vorbeigehen wollte, zog er plötzlich mit einer schnellen Bewegung seine Hose runter: Breitbeinig und entblößt stand er vor mir und sagte: «Wenn du da jetzt anfasst, kriegst du 50 Pfennige.» Als er mir anschließend seinen Penis in die Hand drückte, schrie ich gellend auf. Sofort kam meine Großmutter aus der Wohnung gestürzt. Sie hatte mit einem Blick die Situation erfasst und schrie: «Sie Schuft! Das werden wir anzeigen.»

Augenblicklich rannte der Mann davon, stolperte dabei, konnte sich gerade noch abfangen – und schon war er um die nächste Hausecke verschwunden. Ich war froh, dass ich meiner Großmutter nicht erklären musste, was passiert war. Sie legte mir beruhigend die Hand auf die Schulter und sagte: «Mia, wir müssen das auf der Davidwache melden.» Ich nickte.

Meine Großmutter nahm mich an die Hand, und wir suchten die Davidwache mit dem hoch aufragenden Dachgiebel auf, die kaum hundert Meter von unserer Wohnung entfernt lag. Oma erzählte den Polizisten, was geschehen war und wie unmöglich es sei, was dieser Mensch mit mir gemacht habe. Als sie ihre Ausführungen beendet hatte, ergänzte ich entrüstet: «Er hat mir sein Piemännchen gezeigt!» Meine Großmutter hatte ihre eigene Art, die Geschlechtsteile zu benennen, und natürlich übernahm ich als Kind ihre Ausdrucksweise. «Das darf er doch aber nicht?!» Die Polizisten versanken vor Lachen fast unter dem Tisch. Als sie sich einigermaßen wieder beruhigt hatten, erwiderte eine Beamtin mit betont ernster Stimme: «Nein, das darf er nicht.»

Nachdem alle Formalitäten aufgenommen waren, riefen die Polizisten meiner Oma hinterher: «Ihre Enkelin ist in Ordnung!» In ihren Augen hatte ich durch den Vorfall keinen Schaden genommen.

Seitdem kannte man mich auf dem Revier – und immer wieder besuchte ich die Polizisten dort. Meine Oma hatte mir zwar erklärt, dass die «Onkel Schupos», wie ich die Beamten nannte, Diebstähle und andere Verbrechen aufklären sollten und keine Zeit hatten, mit kleinen Mädchen zu spielen, aber das hinderte mich nicht daran, immer mal wieder auf der Wache vorbeizuschauen, mich vor die Beamten zu stellen und auffordernd zu sagen: «Ich will mit euch spielen.» Natürlich ist es dazu leider nie gekommen.

Trotzdem haben die Polizisten der Davidwache viel für mich getan: Sie haben dazu beigetragen, dass ich in Kriegszeiten als Schwarze und damit als «Rassenschande» so gut wie keine Schwierigkeiten bekam. Für sie, die mich auf dem Kiez aufwachsen sahen, war ich keine Person, die unter die am 15. September 1935 erlassenen Rassengesetze fiel. Ich war kein Angriff auf die «Volksgesundheit», sondern ein Mädchen von St. Pauli, das hier lebte wie alle anderen auch. Immer, wenn meine Akte auf ihren Tisch kam, wurde sie ganz nach unten geschoben, das erzählte mir Jahre später ein Polizist, den ich auf der Straße traf. Er war einer von den «Onkel Schupos», und ein Strahlen trat auf sein Gesicht, als ich ihn ansprach und fragte, ob er noch immer in der Davidwache Dienst tun würde. Er bejahte und erinnerte sich noch lebhaft an die Geschichte mit dem «Piemännchen». Ihnen, den in der Nazizeit diensthabenden Beamten, ist es gelungen, der Gestapo gegenüber zu vertuschen, dass ein schwarzes Kind im Milieu lebte.

Ansonsten hatte ich anfangs kaum mitbekommen, dass die Nationalsozialisten an der Macht waren. Ich kannte kein Leben davor, meine Erinnerungen setzen erst ein, als Hitler nach und nach die Welt auf den Kopf stellte. Und sollten die Erwachsenen ihre Meinung über ihn geäußert haben, habe ich das bis zur Schulzeit nicht bewusst wahrgenommen. Nachträglich gesehen lässt sich mit Sicherheit sagen, dass es für Schwarze in dieser Zeit leichter war, wenn sie auf dem Kiez lebten als in anderen Hamburger Stadtteilen. Seit jeher wohnten in der Hafengegend Menschen vieler Nationalitäten zusammen, um die sich keiner wirklich scherte, solange sie sich integrierten.

Ein großer Vorteil war sicherlich auch, dass St. Pauli zu den linksradikalen Stadtteilen der Hansestadt zählte. Viele Menschen hatten eine differenzierte Haltung zu Hitler und seinem Regime. Und gewiss hat auch meine Großmutter dazu beigetragen, dass ich nicht mit den schlimmsten Dingen konfrontiert wurde.

1936 war das Jahr, in dem ich eingeschult wurde. Die Schule Taubenstraße lag gegenüber der Bavariabrauerei, nur fünf Minuten von unserer Wohnung entfernt. Bevor ich allerdings durch die große Schultür gehen konnte, galt es noch einige Hindernisse zu überwinden: vor den kritischen Blicken eines Lehrers meine Schuhe an- und auszuziehen, eine schöne Schleife zu binden, aufzusagen, wie ich heiße und wo ich wohne, und zuletzt Farben zu bestimmen, die mir gezeigt wurden. Bis auf Violett hatte ich keine Probleme damit, für mich war das Lila. Als der Direktor der Schule meine Testergebnisse las und mich schließlich selbst in Augenschein nahm, meinte er zu meiner Oma: «Frau Nejar, wir lassen Ihre Enkelin noch ein Jahr draußen spielen, sie ist noch ziemlich klein.» Was stimmte – ich blieb auch später zierlich und klein. Aber als ich die Worte des Direktors hörte, nahm ich meinen ganzen Mut zusammen und sagte bestimmt: «Ich will aber in die Schule!» Anscheinend beeindruckte ihn mein unbedingter Wille, jedenfalls forderte er mich auf, bis zehn zu zählen, was ich ohne Schwierigkeiten schaffte. «Ich kann auch Geschichten erzählen und singen», fügte ich gleich im Anschluss hinzu. Ich hatte Angst, meine rechnerischen Fähigkeiten würden den Rektor nicht ausreichend beeindrucken. Aber er winkte lachend ab – und ich erhielt seine Zustimmung für meine Einschulung.

Endlich war der erste Schultag da. Stolz, mit einer riesigen Schultüte, einem Ranzen auf dem Rücken und in einem neuen Kleid, ging ich im April 1936 in Begleitung meiner Oma die Taubenstraße herunter. Meine Mutter hatte gerade einen Gastauftritt in Hannover, sodass sie diesen wichtigen Tag nicht miterleben konnte. Das änderte aber nichts an meiner Vorfreude.

Die Lehrerin stellte sich vor, sagte, sie heiße Fräulein Nansen, und anschließend mussten wir Kinder – wir waren eine reine Mädchenklasse – unsere Namen aufsagen. «Ich bin die Mia», schmetterte ich fröhlich und ohne Hemmungen heraus, als ich an der Reihe war. Damit hatte ich bei meinen Mitschülerinnen gleich ein paar Pluspunkte gewonnen. Wäre ich als schwarzes Mädchen verdruckst aufgetreten, mein Schicksal innerhalb der Klasse hätte vielleicht einen anderen Verlauf genommen. Viele andere Kinder waren jedoch ängstlich und weinten und verkrochen sich unter den Schulbänken, obwohl die Eltern die ganze Zeit über aufgereiht an den Seiten des Klassenzimmers standen. Ich konnte überhaupt nicht verstehen, warum man hier unglücklich war, ich fühlte mich in der Schule sofort zu Hause. Mit heißen Wangen nahm ich meine Fibel entgegen, Hefte, Bleistifte und eine kleine Schiefertafel mit Schreibkreide.

Zum Abschluss des ersten Schultags fragte Fräulein Nansen, eine lustige, schlanke Person, die eine wunderschöne Halskette trug, wer denn singen könne. Mein Finger schnellte augenblicklich in die Höhe, und ich durfte auch eines der Kinderlieder vortragen, das ich oft mit Oma geübt hatte: «Fuchs, du hast die Gans gestohlen ...» Als ich damit fertig war, fing ich gleich mit «Hänschen klein, ging allein» an, doch die Lehrerin stoppte mich mit einem Lächeln: «Jetzt ist gut, wir müssen noch andere Dinge besprechen.»

Singen tat ich für mein Leben gern, schon sehr jung hatte ich bemerkt, dass ich ein ausgezeichnetes Musikgehör hatte, etwa wenn meine Mutter oder ihr Bruder Egbert auf der Geige spielten, ich mitsummte und stets – laut Aussage meines Onkels – den Ton traf. Später, als wir in der Schule benotet wurden, bekam ich für mein Vorsingen immer nur eine Zwei. Ich fand das seltsam, denn viele meiner Mitschülerinnen, die eine Eins erhielten, hatten unsauberer gesungen, manchmal sogar die Töne nicht richtig getroffen. Doch sie besaßen hohe Stimmen, während ich eine ausgeprägte Altstimme hatte. Erst als ich professionell zu singen anfing, stellte ich nach entsprechenden Übungen auch bei mir eine – nahezu unheimlich – hohe Stimme fest.

Einen schöneren Tag als diese Schuleinweisung konnte ich mir nicht vorstellen. Das anschließende Mittagessen zu Hause hatte ich mir wünschen dürfen: Beefsteak, Blumenkohl und Bratkartoffeln, als Nachspeise Vanillepudding mit Himbeersoße. Am Nachmittag erlaubte mir Oma sogar, mir bei Bäcker Mamero ein Tortenstück mit viel Sahne auszusuchen.

Sicher, manche Mädchen hatten mich in der Schule wegen meines anderen Aussehens lange angeschaut, länger, als sie es bei anderen Mitschülerinnen getan hatten. Aber da ich solche Blicke ja gewohnt war, beschäftigten sie mich nicht weiter. Aller Wahrscheinlichkeit nach wird das eine oder andere Elternteil im Hintergrund über mich getuschelt haben, aber das war mehr eine Ahnung als tatsächliches Wissen. So wie ich auch erst viel später erfahren habe, dass einige Eltern während der Nazizeit ihren Kindern untersagt hatten, mit mir zu spielen. Nicht, weil sie mich nicht mochten, sondern weil sie Angst hatten, «nicht-arische» Bindungen könnten negative Konsequenzen für ihre

Jungen und Mädchen haben. Aber weil wir zu dieser Zeit kaum noch in der Nähe unserer Wohnungen spielten, sondern vorwiegend in der Bernhard-Nocht-Straße, in der es größere Freiflächen gab, oder im Elb-Park nahe den Landungsbrücken, um das Bismarck-Denkmal herum, bekamen sie gar nicht mit, dass wir miteinander spielten. Wichtig war für mich an diesem ersten Schultag allein, dass ich meine Lehrerin mochte – wir waren so viele Kinder, dass wir auf zwei Klassen aufgeteilt wurden. Und ich, ich hatte mir Fräulein Nansen ausgesucht.

Am zweiten Tag machte uns Fräulein Nansen mit den ersten Buchstaben des ABC vertraut, anschließend durften wir malen. In der letzten Stunde las sie uns eine Geschichte über einen Hund namens Zottel vor, der kein Zuhause hatte. Es war für ihn ein sehr trauriges Leben, bis ihn Jochen und Monika entdeckten und sie die Eltern überreden konnten, den Mischling bei sich aufzunehmen.

Als ich aus der Schule kam, wollte ich sofort zu Otti und Bärbel rennen, um ihnen von meinem neuen Leben zu erzählen. Meine Oma aber sagte: «Du bist jetzt ein Schulkind, du hast Hausaufgaben zu machen und kleinere Arbeiten im Haushalt zu übernehmen. Du kannst nicht einfach zu deinen Freundinnen rennen, es sind Kleinkinder.»

Bislang war der Altersunterschied zwischen den Schwestern und mir kein großes Problem gewesen, aber auf einmal schien meine Großmutter es nicht gern zu sehen, dass ich mit jüngeren Kindern spielte. So hatte ich mir Schule nicht vorgestellt. Und als sie mir meine zukünftigen Pflichten aufzählte, sah ich sie völlig entgeistert an: Ich musste morgens mein Bett machen, nach dem Mittagessen hatte ich beim Abwaschen des Geschirrs zu helfen, danach musste ich mich an den Küchentisch setzen, um meine Schularbeiten zu erledigen. Sie würde die Hausaufgaben überwachen und mit mir Rechnen, Diktat und Lesen üben.

Marie Nejar 1937 im zweiten Schuljahr

Von zwei bis vier Uhr durfte ich dann nach draußen gehen, pünktlich um vier musste ich aber wieder in der Wohnung sein, um meinen Kakao zu trinken. Anschließend durfte ich noch einmal auf die Straße, es konnte aber auch sein, dass mich meine Oma losschickte, damit ich kleine Besorgungen beim Krämer, Metzger oder im Gemüseladen für sie machte. Um sieben gab es Abendbrot, eine Stunde später musste ich mich waschen und die Zähne putzen, kurz darauf lag ich im Bett.

Was war auf einmal mit meiner Großmutter los? Plötzlich war sie noch strenger als gewöhnlich. Otti und Bärbel konnten überhaupt nicht verstehen, dass ich mitten im schönsten Spiel aufsprang und mit dem Satz «Ich muss nach Hause, meine Oma wartet» davonlief. Natürlich war ich auch nicht gerade begeistert von meinem neuen, strengen Tagesablauf, aber ich konnte nicht dagegen protestieren, weil ich meine Oma über alles liebte. Später sagte sie mir einmal, dass es ihr besonders am Herzen gelegen hatte, aus mir eine gute Schülerin zu machen, weil sie hoffte, ich könnte auf diese Weise als Schwarze besser durch die Nazizeit kommen. Ihre Strategie war Anstand und gutes Benehmen, dadurch sollten die anderen Menschen vergessen, dass ich eine andere Hautfarbe hatte und zu jenen Personen gehörte, die zu einer «minderwertigen Rasse» gezählt wurden – und diese Strategie verfolgte sie, wenn es aus ihrer Sicht sein musste, auch mit dem Rohrstock: Ich ging seit ungefähr einem Dreivierteljahr zur Schule, als sowohl Oma als auch ich eines Morgens den Wecker überhörten. Vielleicht hatte sie auch nur vergessen, ihn zu stellen. Als sie schließlich von allein aufwachte, rief sie laut: «Kind, mach schnell, du wirst nicht mehr rechtzeitig zum Unterricht kommen.»

«Dann gehe ich eben nicht zur Schule», sagte ich trotzig. Eine furchtbarere Situation konnte ich mir nicht vorstellen: vor der gesamten Klasse zu spät den Raum zu betreten. Die Erziehungsmaßnahmen meiner Großmutter waren nicht spurlos an mir vorübergegangen.

«Doch, du gehst. Du sagst der Lehrerin, wir hätten die Zeit verschlafen. Das kann passieren.»

Im selben Moment fing ich an zu weinen, das ging bei mir sehr rasch. Ich schluchzte aber nicht wie andere Kinder, sondern heulte wie eine Sirene, was meine Großmutter überhaupt nicht leiden konnte.

«Keine Widerrede, du machst dich jetzt auf den Weg.»

Also tat ich, wie mir geheißen wurde. Als ich meine Klasse betrat, saßen all meine Mitschülerinnen schon auf ihren Plätzen, die Lehrerin hatte gerade die Anwesenheitsliste in die Hand genommen und rief jedes Mädchen einzeln auf.

«Mia, setz dich schnell auf deinen Stuhl», sagte sie, ihre Abfragerei unterbrechend.

«Ich komme zu spät», antwortete ich mit tränenüberströmtem Gesicht.

«Ist denn etwas passiert, bist du hingefallen?»

«Wir haben verschlafen», stammelte ich unter Schluchzen.

«Das ist doch nicht schlimm», sagte sie, erleichtert darüber, dass mir nichts zugestoßen war. «Ich habe noch nicht einmal mit dem Unterricht angefangen.»

Ich konnte mich aber nicht beruhigen. Immer wieder heulte ich los, bis die Lehrerin schließlich nach einer halben Stunde sagte: «So kann ich keinen Unterricht machen. Weißt du, Mia, du gehst jetzt nach Hause. Es kann ja wohl nicht angehen, dass du immer noch weinst.»

Als ich vor Schulschluss bei meiner Oma auftauchte, blickte sie mich böse an und holte den Stock aus dem Schrank. Nachdem ich einige ziemlich schmerzhafte Schläge auf den Hintern bekommen hatte, schickte sie mich ins Bett. Augenblicklich fiel ich in einen Tiefschlaf.

Gegen eins klingelte meine Lehrerin an der Haustür.

«Um Gottes willen, was ist mit dem Kind los?», fragte sie meine Großmutter.

Meiner Oma war der Besuch von Fräulein Nansen äußerst unangenehm; sie entschuldigte sich mehrmals für mein Verhalten, dachte sie doch, eine solche Heularie, von der ihr die Lehrerin berichtete, würde sich für ein Schulkind nicht ziemen.

«Mia ist noch so klein», meinte Fräulein Nansen, «für sie muss es ganz entsetzlich gewesen sein, zu spät zum Unterricht zu erscheinen. Dafür müssen wir als Erwachsene Verständnis aufbringen.»

Die Worte müssen für meine Oma etwas Tröstliches gehabt haben, denn sie reagierte am Abend, als ich mit ihr am Küchentisch meine Brote aß, sehr viel nachsichtiger. Natürlich verschliefen wir seitdem nie wieder die Zeit.

Ich selbst fand es merkwürdig, dass ich so sensibel auf eine letztlich unbedeutsame Sache reagierte. Wenn mir Leute auf der Straße «Nigger» nachriefen, brach ich nicht in Tränen aus. Ich hatte mir mit den Jahren eine Eigenschaft meiner Mutter zu eigen gemacht, die meine Großmutter einmal so umschrieb: «Immer läuft sie mit hocherhobenem Kopf durch die Gegend.» Und auch ich ließ mir nie etwas anmerken, ging weiter, wechselte mit vorgestrecktem Kinn die Straßenseite. Wenn ich in der Nähe unserer Wohnung war, ging ich hoch in mein Zimmer und nahm mir ein Buch vor. Oma wunderte sich dann: «Wieso bist du denn schon wieder oben?» Ich sagte ihr nur, dass ich nicht mehr draußen spielen wolle. Seit Beginn der Schulzeit verschwieg ich ihr ganz und gar, wenn man mich geärgert hatte. Schon früh hatte ich ja die Erfahrung gemacht, dass ich die Beschimpfungen für mich behalten musste, dass ich mit Bemerkungen, die über meine schwarze Hautfarbe, über meine krausen Haare gemacht wurden, nichts bei ihr erreichte. Es war, als würde sie nicht sehen wollen, dass ich anders aussah als meine Spielkameraden. Ich merkte schnell, ich musste da allein durch – und diese Einstellung behielt ich während meines ganzen Lebens bei.

Zugleich lehnte Oma es aber vehement ab, wenn ich so sein wollte wie Shirley Temple, der große Kinderstar der dreißiger Jahre. Ich hatte es schon daran gemerkt, dass ich keine Shirley-Puppe bekam. Doch ich verstand nie, warum meine Oma eine solch große Abneigung gegen dieses amerikanische Mädchen hegte. Am liebsten hätte sie mich eingesperrt, wenn auf der Reeperbahn in Knopf's Lichtspielhaus – aufgrund der verschlissenen roten Plüschsitze wurde es auch das «Floh-Kino» genannt – oder nebenan im Ferrys ein Film mit ihr gezeigt wurde. Als ich einmal im Kino einfach sitzen blieb, um mir zum dritten Mal *Lachende Augen* mit Shirley anzuschauen, kam der Platzanweiser und flüsterte mir zu: «Geh lieber ganz schnell raus, deine Großmutter steht vor dem Kino.» Am liebsten wäre ich meiner Oma entwischt, indem ich mich heimlich davonstahl und aus dem Hintereingang hinausschlüpfte. Aber ich war gut erzogen, und Leugnen erschien mir zwecklos. Zu Hause erwartete mich dann auch der berühmte Rohrstock. Was mich allerdings nicht daran hinderte, meiner Leidenschaft immer wieder aufs Neue nachzugehen.

Auch an der Kasse der beiden Kinos wusste man bald über meine Vorliebe für dieses Mädchen mit den lachenden Augen Bescheid. Einmal lief ein neuer Film mit ihr an, den ich mir sofort angucken wollte. Die Frau, die mir die Kinokarte verkaufen sollte und mich sehr gut kannte, beugte sich vor und sagte zu mir: «Dieser Film ist nicht für Kinder. Da stirbt die Shirley, das willst du doch bestimmt nicht sehen.» Nein, das wollte ich tatsächlich nicht anschauen. Nur zögernd bewegte ich mich vom

Kinoeingang fort, hatte ich mich doch so sehr auf einen weiteren Film mit Shirley gefreut.

Ich war ein richtiger Shirley-Temple-Fan. Das Mädchen mit den blonden Korkenzieherlocken und den Rüschenkleidern war für mich der Inbegriff einer Prinzessin. Sie konnte singen und – was noch wichtiger war – tanzen, sogar Stepptanz. Alles, was sie machte, war besonders schön, niemals profan. Dass Shirley Temple auf die Toilette ging – undenkbar! Und wenn sie in den Filmen Deutsch sprach, dann war es natürlich Shirleys Originalstimme. Eine Nachbarin sagte zu mir: «Das ist doch Quatsch, die hat eine Synchronstimme, und zwar die von Carmen Lahrmann.» Ich wollte das nicht glauben, die zauberhafte Stimme musste meiner angebeteten Shirley gehören. «Das kann nicht angehen», widersprach ich, «Shirley Temple kann alles. Die kann auch, wenn sie will, Französisch sprechen.»

Ich war so überzeugt von ihr, dass ich nicht nur all ihre Filme sah, sondern auch meine Großmutter bat, mir zum nächsten Geburtstag ein Kleid zu nähen, wie mein Idol es trug. Erst wehrte sie sich, aber dann lag es doch auf meinem Geburtstagstisch – für mich konnte es nichts Schöneres geben. Als ich es aber trug und geziert wie Shirley durch die Straßen lief, jeden ihrer Schritte nachahmend, rief mir meine Großmutter zu: «Komm sofort rauf. Wenn ich dich noch einmal so herumstolzieren sehe, dann ist das Kleid wieder weg.»

Meine Vorliebe ging sogar so weit, dass Otti, Bärbel und ich immer wieder «Film» spielten. Dazu stellten wir uns vor den großen Spiegel in der Wohnung der Familie Borcholt.

«Ich bin Shirley», sagte ich. «Und heute werde ich sterben.» Ich hatte gerade das Buch *Trotzkopf* gelesen, in dem ein kleines Mädchen stirbt. Mich hatte die Szene so berührt, dass ich sie sofort nachspielen wollte, völlig vergessend, dass ich einst keinen Film sehen wollte, in dem Shirley zu Tode kam.

«Und ich Traudl Stark», bekundete Bärbel. Traudl Stark war ein deutscher Kinderstar der Nazizeit, bekannt geworden durch den Film *Lockspitzel Asew* (1935). Ich mochte sie nicht und habe mir auch nie die Filme mit ihr angeschaut. Bärbel durfte sie also ruhig spielen.

«Und wer bin dann ich?», fragte Otti.

«Peter Bosse», meinte Bärbel. «Der hat doch so ein nettes spitzbübisches Gesicht.»

«Ich will aber kein Junge sein», protestierte Otti.

«Einen weiteren Kinderdarsteller kenne ich nicht. Dann bist du eben Sheila Bock», sagte ich.

«Wer ist Sheila Bock?», fragte Otti.

«Hab ich gerade erfunden.»

Otti erklärte sich damit einverstanden, froh darüber, dass sie keinen lebhaften Jungen mimen sollte. Nichts hasste sie mehr, als herumzutoben.

Mitten in der dramatischen Sterbeszene klingelte es an der Tür; eine ältere Nachbarstochter wollte Bärbel zu einem Wettlauf auf die Straße locken.

«Was macht ihr denn hier?», fragte Marianne verwundert.

«Mia ist Shirley. Du hast sie gerade beim Sterben gestört», erwiderte Bärbel.

«Aber Mia kann doch gar nicht Shirley sein, sie hat keine blonden Locken. Otti muss Shirley sein.» Marianne hatte die Situation mit einem Blick erfasst.

«Otti kann aber nicht singen und auch nicht tanzen», triumphierte ich. Für mich war der Fall damit erledigt, und ich legte mich wieder auf das Sofa zum grandiosen Sterben.

Irgendwann hatte sich meine alberne Shirley-Verehrung wieder gegeben – sehr zur Freude meiner Oma. Und als ich nach zwanzig Jahren den einen oder anderen Shirley-Film in der amerikanischen Originalfassung sah, war ich nur entsetzt. Wie konnte ich nur so verrückt nach diesem Mädchen gewesen sein? Zugegeben, sie konnte wirklich tanzen, aber ihre echte Stimme enttäuschte mich, sie passte gar nicht zu ihr – oder zu dem Bild, das ich mir von dem Kinderstar gemacht hatte.

Außer Shirley hatte ich keine Vorbilder, schon gar keine farbigen. Was sicher daran lag, dass ich mich im Grunde nie als schwarz betrachtete. Erst als ich älter war und mich intensiv mit Musik beschäftigte, begriff ich, wie eindrucksvoll schwarze Sänger mit ihrer Stimme und schwarze Musiker mit ihren Instrumenten umgehen konnten. Seitdem begann ich mich für die Kultur der Schwarzen zu interessieren.

Zweifellos nahm ich mich auch immer wieder als Schwarze wahr, erfasste jedoch nie wirklich die ganze Dimension dieser Tatsache. Ich weiß noch, wie wir Kinder auf der Straße einen Kreis bildeten und dazu ein Lied sangen: «In Polen steht ein Haus, / in Polen steht ein Haus, / in Polen steht ein Negerhaus, / igittigitt, so ein Negerhaus …» Ich war Feuer und Flamme, wenn ich in der Mitte des Kreises stehen und ganz laut «Igittigitt, so ein Negerhaus» singen durfte, wobei ich mich vor Abneigung richtig schüttelte.

Als meine Großmutter dies beobachtete, rief sie mich sofort zu sich. Hoch und heilig musste ich ihr versprechen, nie wieder dieses Lied zu singen. Ich war irritiert, denn in dem Moment, in dem ich es gesungen hatte, fand ich es toll, dass es auf so wunderbare Weise auf mich passte. Als Schneewittchen konnte ich nicht durchgehen, aber ich war ja so ein «igittigitt Negerkind». Erst später erfuhr ich, dass dieses Kinderlied einen ganz anderen Text hatte – «In Polen steht ein polsches Haus, / da gehen die Krieger ein und aus» –, was mich zum Nachdenken darüber brachte, ob er von meinen Spielkameraden extra auf mich zugeschnitten worden war.

In einem anderen Fall identifizierte ich mich aber überhaupt nicht mit einem Negerkind: als ich den *Struwwelpeter* und «Die Geschichte von den schwarzen Buben» und dem «kohlpechrabenschwarzen Mohr» las. Ich fand es völlig in Ordnung, dass Ludwig, Kaspar und Wilhelm, die drei bösen Buben, bestraft wurden, als sie den Mohr auslachten, weil er so schwarz wie Tinte war, und dass sie nach einem Bad in einem Tintenfass schließlich selbst ganz dunkel herumliefen. Aber keinen einzigen Augenblick dachte ich daran, dass ich selbst der schwarze Mohr sein könnte.

In der Klasse hatte ich beobachtet, dass fast jeder wegen irgendetwas gehänselt wurde. Es gab eine Schülerin, die immerzu rot wurde, sobald die Lehrerin sie aufrief. In den Pausen wurde sie dann «Tomate!» gerufen. Und ein anderes Mädchen hatte eine furchtbare Schnupfnase, sodass es unentwegt schniefen musste. Es war derart schlimm, dass es deswegen immer wieder gepiesackt wurde. Ich hielt mich stets zurück, wenn Kinder geärgert wurden, aber gedacht habe ich sie auch, die Worte «Tomate!» oder «Rotznase!».

Die Sticheleien hörten aber meist nach einer Weile auf, es wurde schnell zu langweilig. Fing jemand zu weinen an, hielt man sich automatisch zurück. Für mich war es ein Trost, zu sehen, dass ich nicht die Einzige war, die gemeinen Bemerkungen ausgesetzt war. Aber dieser Trost verhinderte auch, genauer meine persönliche Situation in Augenschein zu nehmen.

In Afrika ist die Liebe schön

Mein Vater konnte meine Mutter nicht vergessen. Immer wenn die *Victoria* in Hamburg einlief, versuchte er mit ihr Kontakt aufzunehmen, besonders nachdem er erfahren hatte, dass er eine kleine Tochter hatte. Da er Cécilie nicht aufsuchen durfte – sie hatte ihm wohl jedes Mal die Hölle heißgemacht –, kam er zu meiner Großmutter, um wenigstens mich zu sehen. Und vielleicht hegte er die Hoffnung, dass meine Mutter einmal ihre Meinung ändern würde. Was sie jedoch nie tat.

Eines Tages sah ich also diesen Mann an unserem Küchentisch sitzen.

«Wer ist das?», fragte ich neugierig. Ich hatte noch nie einen so schwarzen Mann gesehen.

«Das ist dein Vater, Mia», erwiderte meine Großmutter.

«Mein Vater?» Ich war über diese Aussage ziemlich erstaunt. Natürlich war mir klar, dass die meisten meiner Freundinnen einen Vater hatten, aber da ich ja auch von meiner Großmutter erzogen wurde und nicht bei meiner Mutter aufwuchs, dachte ich, dass bei uns eben alles ein wenig anders sei. Ein Vater oder nicht, was bedeutete das schon?

«Er heißt Albert Yessow und ist aus Afrika gekommen», erwiderte meine Oma. «Mit einem großen Schiff. Dein Vater ist Matrose und immer auf großen Ozeanen unterwegs.»

Langsam bewegte ich mich auf den fremden Mann zu, der mich ganz freundlich anlächelte.

«Hey, Marie», sagte er und breitete seine Arme aus.

Ich wurde von ihm angezogen wie von einem Magneten. Kaum ein anderer Mensch hatte mich bislang so offen und herzlich an sich drücken wollen.

Großmutter und Enkelin 1937

«Du bist also mein Vater», flüsterte ich ihm ins Ohr, als er mich fest umschlungen hielt.

«Albert wird dich kaum verstehen», hörte ich meine Großmutter sagen. «Er spricht nur Englisch.»

Mir war das egal. Ich hatte nun einen Vater, einen Menschen, der mich gern mochte, etwas anderes interessierte mich nicht.

Von nun an rannte ich ihm jedes Mal, wenn ich ihn unsere Straße entlangkommen sah, freudestrahlend entgegen. Er hob mich in die Luft, und wir wirbelten im Kreis herum. Es war unglaublich schön, weil meine Oma nicht die Kraft hatte, mich in die Höhe zu stemmen.

«Mom?», fragte dann mein Vater, nachdem er mich abgesetzt hatte, und zeigte zu unseren Fenstern hinauf.

Ich verstand sofort, was er meinte: Ich sollte nachschauen, ob meine Mutter bei meiner Oma war, er hatte Angst, ihr zu begegnen. Während mein Vater nun unten auf der Straße stehen blieb, eilte ich die Treppen hinauf zu unserer Wohnung.

«Der Papa ist da», rief ich meiner Großmutter freudestrahlend entgegen, als sie mir die Tür öffnete. Mein Gesicht verdüsterte sich aber augenblicklich, als ich meine Mutter in der Küche sitzen sah. Ich wusste, was das zu bedeuten hatte: Mein Vater durfte nicht hochkommen.

Schon vernahm ich die Stimme meiner Mutter, die einen schrillen Ton angenommen hatte: «Sag deinem Vater, dass er wieder verschwinden soll.»

Nach dieser deutlichen Ansage verließ ich die Wohnung und ging zurück zu meinem Vater, der sich in der Zwischenzeit nicht von der Stelle gerührt hatte. «Mama ist da. Aber sie kann dich nicht sehen, sie ist krank.» Es war für mich schwer, die richtigen Worte zu finden, natürlich wollte ich nicht wortwörtlich wiederholen, was meine Mutter geäußert hatte. Ich fragte mich damals, warum meine Mutter meinen Vater partout nicht sehen wollte und mich mehr oder weniger zum Lügen brachte. Dass sie diesen Mann nicht mochte, konnte auch ich als kleines Mädchen begreifen. Mir tat ihr Verhalten sehr weh, hatte ich doch den Eindruck, dass ihr Verhalten letztlich mit mir zu tun hatte: Mein Vater erinnerte sie daran, dass sie sich auf eine Beziehung eingelassen hatte, mit den Folgen eines unehelichen Kindes. Selbst wenn ich weiß gewesen wäre, denke ich nicht, dass sich an ihrer Einstellung zu mir etwas geändert hätte.

Albert Yessow schaute mich traurig an, er hatte meine Worte sicher nicht im Einzelnen verstanden, aber an meiner Stimme erkannt, was ich zum Ausdruck bringen wollte. Er verabschiedete sich und ging langsamen Schrittes die Straße runter in Richtung Spielbudenplatz und Reeperbahn. Ich hatte das Gefühl, dass er mit meiner Antwort gerechnet hatte, doch noch darauf hoffte, dass sich meine Mutter eines Tages besinnen und wenigstens das Gespräch mit ihm suchen würde.

Am nächsten Tag ließ sich mein Vater erneut vor unserer Haustür blicken. Cécilie hatte es vorgezogen, nach dem ersten Auftauchen meines Vaters für einige Zeit nicht zu uns zu kommen – vielleicht hatte sie das geahnt. Vielleicht hatte aber auch meine Großmutter dafür gesorgt, dass sie in ihrer eigenen Wohnung blieb. Anscheinend wartete Oma regelrecht auf Albert Yessow, denn kaum war er zu sehen, stand sie kurz darauf in der Haustür, um ihn zu uns heraufzubitten. Sie war begeistert von ihm, von seiner warmherzigen Art, aber auch, weil er für mich zahlte, was zu damaliger Zeit nicht selbstverständlich war. Mein Vater strahlte, dass er nicht umsonst gekommen war. Ich mochte diesen mir eigentlich fremden Mann mit den lebhaften Augen und den ausdrucksvollen Gesichtszügen von Mal zu Mal mehr.

Wenn er am Küchentisch saß, kletterte ich auf seinen Schoß, und da ich kein Englisch konnte – meine Großmutter konnte sich mit ihm in dieser Sprache verständigen –, versuchte ich es mit Plattdeutsch. Auf St. Pauli konnte jedes Kind Platt, bei mir klang es allerdings eher wie Kauderwelsch. Mein Vater brach immer in schallendes Gelächter aus, wenn er mich so reden hörte. Für ihn musste es in der Tat komisch klingen, wenn ein kleines schwarzes Mädchen fragte: «Snackst du auch Platt?» Oder: «Mokst yu Schokolat?» Er antwortete dann mit seiner tiefen Stimme: «Yes, yes.» Ich fand meinen Vater einfach wunderbar, auch wenn wir nie wirklich miteinander reden konnten.

Einmal erklärte er, dass er mich nach Ghana mitnehmen wolle, aber bestimmt erklärte meine Oma: «Nein, das geht nicht, die Mia bleibt hier bei uns.» Damit war die Angelegenheit erledigt, und mein Vater wagte nicht, meiner Großmutter zu widersprechen. Später erzählte sie mir, dass sie im Innern aber zufrieden gewesen sei, dass Albert Yessow so viel Verantwortungsbewusstsein gezeigt habe, andere Väter würden sich in solchen Situationen aus dem Staub machen. Meinte sie damit ihren geheimnisvollen Prinzen?, überlegte ich.

Kurze Zeit später zeigte mir Oma ein Foto von meinem Vater, das er ihr aus seiner Heimat geschickt hatte. Er stand stolz in einem Halbkreis von vielen Menschen, die alle so schwarz wie ich waren. Mir kam es vor, als würden sie mit Leichtigkeit einen ganzen Bus füllen können. «Oh, da macht Papa wohl einen Ausflug.»

«Was meinst du damit?», fragte meine Großmutter irritiert. «Das sind alles seine Verwandten, und damit auch deine.»

Noch lange betrachtete ich die Aufnahme. Doch sosehr ich mich auch bemühte, ich konnte mir nicht vorstellen, dass diese Männer, Frauen und Kinder in ihren bunten Gewändern meine Tanten und Onkel, Cousinen und Cousins sein sollten. Oma und meine Mutter – das war meine Familie, und sie reichte mir völlig. Manchmal kamen noch Onkel Alphons und Onkel

Egbert, die beiden Brüder meiner Mutter, zu Besuch; aber sie spielten keine besonders große Rolle in meinem Alltag.

Leider habe ich meinen Vater nur wenige Male in meinem Leben gesehen. 1939, kurz vor Ausbruch des Zweiten Weltkrieges, war sein letzter Besuch bei uns. Danach gab es kein einziges Lebenszeichen mehr von ihm. Angeblich soll sein Schiff von Hamburg aus nicht in seinem Bestimmungshafen angekommen sein. Im Grunde hieß das, dass mein Vater auf See sein Leben verloren hatte.

Ein einziges Mal ließ sich meine Mutter nicht verleugnen, als mein Vater uns besuchte. Doch sie sprach auch dann nicht mit ihm. Sie saß im Wohnzimmer und schaute auch nicht auf, wenn sie uns in der Küche lachen hörte. Immer schnitt mein Vater neue Grimassen, sang lustige Lieder, die er aus Afrika kannte oder in anderen Hafenstädten aufgeschnappt hatte. Ich genoss diese Stunden, denn so albern konnte ich mit meiner Oma nicht sein, geschweige denn mit meiner Mutter.

Dennoch ging mir nie dieses Bild aus dem Kopf, wie Cécilie unsere lustige Runde einfach ignorierte. Andere Erwachsene mochten es doch, wenn Kinder glucksten und herumjuchzten. Erst als ich mich als junge Frau in Manuel verliebt hatte, einen Arzt, der aus Afrika kam, verstand ich meine Mutter besser. Im Grunde genommen, das war jedenfalls meine Erfahrung, durfte man bei schwarzen Männern als Frau nicht viel mitreden – und das konnten wohl weder meine Mutter noch ich ertragen.

Oft überlegte ich in späteren Jahren, warum sich meine Mutter mit einem Afrikaner eingelassen hatte, mithin die Tradition ihrer eigenen Mutter fortsetzte. Möglicherweise war es einfacher, als Mischlingsfrau mit einem schwarzen Mann Bekanntschaft zu schließen – auch wenn es bei meiner Zeugung noch keine Rassengesetze gab und die Weimarer Republik noch existierte. Aber da meine Mutter mit ihren zartgeschnittenen Gesichtszügen, dem lockigen Haar und der honigbraunen Hautfarbe sehr schön aussah, konnte ich mir kaum vorstellen, dass ein Weißer ihren Reizen hätte widerstehen können. Vielleicht war in jener Nacht, die zu meiner Geburt führte, auch Alkohol im Spiel gewesen. Ich weiß es nicht. Ich weiß nur, dass meine Mutter keine Kinder wollte und ich eine Katastrophe für sie war.

1937, im zweiten Schuljahr, mussten wir viel über Adolf Hitler lernen, seinen Geburtsort wissen, seinen politischen Werdegang, jederzeit aufsagen können, dass er ein großer und mächtiger Mann war. Der 20. April, sein Geburtstag, wurde besonders wichtig genommen. Wir hatten wie die Zinnsoldaten strammzustehen, den rechten Arm hoch erhoben. Dazu sangen wir «Deutschland, Deutschland über alles, über alles in der Welt», insgesamt drei Strophen, und im Anschluss daran Horst Wessels inoffizielle Nazihymne «Die Fahnen hoch, die Reihen fest geschlossen». Ich war begeistert von der schmissigen Melodie, die mich an einige Seemannslieder erinnerte, und dem Text, der von flatternden Fahnen erzählte, Fahnen, die ich immer auf den Schiffen sah. Stolz berichtete ich meiner Oma, dass ich bis zur letzten Strophe meinen Arm hochgehalten hätte, ohne ihn mit der anderen Hand zum Schluss abzustützen, wie viele meiner Mitschülerinnen es getan hatten. Und ich erzählte ihr, dass wir von jetzt an die Lehrerin morgens nicht mehr mit «Guten Tag» begrüßen sollten, sondern mit «Heil Hitler».

Meine Oma schüttelte nur den Kopf.

«Das ist ja lächerlich, seinen Arm so auszustrecken. Und nebenbei bemerkt, ich möchte, dass du weiterhin ‹Guten Tag› sagst und nicht ‹Heil Hitler›. Einen solchen Unsinn verbiete ich dir.»

Erstaunt schaute ich sie an. Ich war sieben Jahre alt und wollte mir meine erste Schwärmerei für einen Mann nicht nehmen lassen.

«Oma, magst du den Adolf Hitler denn gar nicht? Alle lieben ihn doch so sehr, der ist ganz toll. Jeden Tag bekommen wir in der Schule etwas Neues über ihn zu hören. Er hat so viel Großartiges geleistet.»

Ernst schaute mich Oma an: «Ich lehne alles ab, was mit diesem Menschen zu tun hat. Aber das kannst du noch nicht verstehen.»

Wenn ich das auch tatsächlich nicht verstand, eines begriff ich sofort: Meine Großmutter war entgeistert über meinen Hitler-Enthusiasmus. Sie schien regelrecht voller Hass gegenüber diesem Mann zu sein, so sehr, dass es ihr wohl auch egal gewesen wäre, wenn ich außerhalb unserer Wohnung herumerzählt hätte, dass Oma nichts von Hitler hielt. Instinktiv hielt ich aber meinen Mund. Ich spürte, dass ich damit meine Oma und letztlich auch mich in Gefahr bringen würde. Für ein Mädchen, das nur jemanden anhimmeln wollte, war das eine große Last. Also versuchte ich mich zu wehren.

«Oma, ich muss das über Hitler doch aber für die Schule lernen.»

«Nein», antwortete meine Großmutter, «das brauchst du nicht. Damit kommst du im Leben nicht weiter.»

«Aber das geht nicht. Das ist Pflicht.»

«Es ist schon richtig, dass du gehorchen sollst. Aber es gibt Dinge im Leben, da ist es besser, wenn man sich verweigert. Das wirst du noch feststellen. Du gehst zur Lehrerin und sagst ihr, dass du dieses Fahnen-Lied nicht mitsingst. Erzähl ihr meinetwegen, dass du keine Melodien ohne Harmonien kannst. Und du sollst auch nicht all das Tolle lernen, was sie dir über Hitler erzählen.»

Mir grauste vor der Vorstellung, nicht sein zu dürfen wie meine Mitschülerinnen. Würden sie mich auslachen? Würden sie überhaupt noch mit mir spielen?

«Aber warum denn?», versuchte ich es ein letztes Mal.

Meine Großmutter schaute aus dem Fenster, es schien, als wäre sie völlig abwesend. Doch dann drehte sie sich zu mir um und sagte: «Der Hitler tut uns nicht gut.»

«Aber alle schwärmen doch von ihm.»

«Mia, das ist nicht so leicht zu erklären. Dieser Mann hat Gesetze erlassen, die für Menschen mit einer anderen Hautfarbe oder einem anderen Glauben schwierig werden können.»

«Was meinst du damit, Oma? Mag Hitler mich nicht, weil ich dunkler bin?»

«Vergiss es, Kind. Denk einfach daran, dass er nicht gut für uns ist.»

Ich überlegte eine Weile, dann sagte ich: «Wieso sprichst du von ‹uns›, Oma? Du bist doch weiß, da ist doch alles in Ordnung für dich.»

«Das stimmt nicht, auch für viele Weiße ist es nicht in Ordnung.»

Sosehr ich auch drängte, meine Großmutter wollte oder konnte mit mir nicht weiter über dieses Thema sprechen. Hätte sie mir mehr über die Probleme der Juden und Kommunisten erzählt, ich hätte mich schon früher vehementer gegen diesen Mann gewehrt. So dauerte es, bis ich begriff, dass sie mit ihrer Meinung über den Führer recht hatte. Das Problem war nur, wie ich mit dem Verbot meiner Oma umgehen sollte, und ich beschloss schließlich, zu Hause einfach nichts mehr über ihn zu erzählen. Ich sang das Horst-Wessel-Lied weiterhin und sagte auch jeden Morgen «Heil Hitler», wenn unsere Lehrerin das Klassenzimmer betrat. Zum Glück bekam ich keine Hausaufgaben auf, die Lobeshymnen auf den Führer zum Inhalt hatten. Da meine Großmutter die Schularbeiten kontrollierte, hätte sie mir das sicher untersagt, wie sich später bestätigen sollte. Als ich jedoch einmal ausrechnen sollte, wie viele tote Russen auf die

Strecke zwischen Berlin und Moskau passen würden, schimpfte sie zwar auf den «Blödsinn», ließ mich aber rechnen – allerdings, ohne mir zu helfen.

1938 zogen wir um in die Friedrichstraße, die auf den Wilhelmsplatz, heute Hans-Albers-Platz, zuführte und parallel zur Herbertstraße verlief. Sie lag nur wenige Minuten von unserer alten Wohnung entfernt. Das Haus, in dem sich unser neues Zuhause befand, war viel kleiner als das vorherige – außer dem Erdgeschoss gab es noch einen ersten Stock, darüber eine Mansardenstube –, doch die Wohnung selbst war insgesamt viel größer. Sie hatte drei Zimmer, sodass meine Großmutter eines davon an ihre sehr stattliche Freundin Berta Lindemann vermietete, zu der ich Tante Berta sagen durfte. Oma musste sie in Riga kennengelernt haben, denn ich hörte sie oft über diese Stadt sprechen.

Die Friedrichstraße war schmal, auf dem holprigen Kopfsteinpflaster konnte gerade ein Auto entlangfahren, was aber nur selten passierte. Gesäumt war sie von ähnlich kleinen Häusern wie dem unsrigen, und überall wohnten Kinder, sodass die Gasse ein einziger langgezogener Spielplatz war: Unentwegt hörte man aus unserem Küchenfenster das Lachen und Schreien von Jungen und Mädchen und Bälle, die gegen Häuserwände geworfen wurden.

Schräg gegenüber von unserer Wohnung befand sich eine Bäckerei. Sie wurde von der Familie Eggers geführt, die ein Klavier besaß – und eine Tochter, einige Jahre älter als ich, die sehr gut darauf spielen konnte. An schönen Sommerabenden wurde das Klavier auf die Straße gestellt, die sechzehnjährige Eva setzte sich mit einer Küchenbank an die Tasten, und wir Kinder scharten uns um sie. Erst spielte Eva, die wunderschöne, langgliedrige Finger besaß, die üblichen Kinderlieder für uns, bei denen wir kräftig mitsangen. Hätte mich meine Oma aus dem Fenster gerufen, ihre Worte wären sang- und klanglos untergegangen. Danach folgten dann Stücke wie «Eine kleine Frühlingsweise». Mir gefiel diese humoreske Melodie sehr, und auch der Text: «Eine kleine Frühlingsweise nimmt mein Herz mit auf die Reise, in die schöne weite Welt hinaus.» Das Lied war einer der größten Erfolge der Comedian Harmonists. Als ich es auswendig kannte, sang ich es Onkel Egbert vor, der mich auf seiner Geige begleitete. Diese Momente, sie kamen nur sehr selten vor, meist zu Geburtstagen meiner Oma oder Mutter, liebte ich sehr. Und ich liebte auch den ältesten Sohn meiner Großmutter, den ich viel lieber mochte als Onkel Alphons. Mit Onkel Egbert, der groß und schlank war, ein «ansehnliches Mannsbild», wie ich öfters hörte, konnte ich über alles reden. Es war schade, dass er kinderlos blieb. Alphons dagegen, der jüngere Sohn meiner Oma, vermochte überhaupt nicht mit Kindern umzugehen, nie wusste er, was er mit ihnen anfangen oder unternehmen sollte. Auch später nicht, als er selbst fünf Söhne und Töchter hatte. Im Grunde hatte er ein Wesen, das dem meiner Mutter sehr ähnlich war. Nur war er lange nicht so schön wie sie, weshalb ihn meine ästhetisch veranlagte Großmutter auch – im Gegensatz zu ihren beiden anderen Kindern – eher vernachlässigt hatte.

Meine Freundin Bärbel war eifersüchtig auf die vielen neuen Spielkameraden in der Friedrichstraße, sie wollte mich immer nur allein für sich haben, mich höchstens mit ihrer Schwester Otti teilen. Weil ich sie nicht überreden konnte, mit den anderen Jungen und Mädchen meiner Straße zu spielen, hatten wir unseren ersten Streit. Wollte ich sie sehen, musste ich zu ihr auf die Reeperbahn kommen. Was ich auch tat, weil ich sie nicht verlieren wollte. Doch immer wieder gab es Tage, an denen ich mich nicht aus der Friedrichstraße herausbewegte und all die mir bislang unbekannten Abenteuer genoss.

Meine neuen Freundinnen und Freunde hatten es sehr eilig, mich aufzuklären. Detailliert erzählten sie mir, wie Babys gemacht wurden. Ich war entsetzt über das, was ich zu hören bekam, besonders über Sätze wie: «Da fließt Sahne.» Und auf einmal wollte ich eine Afrikanerin sein, was ich zuvor nie in Erwägung gezogen, eher abgelehnt hatte.

«Igitt», sagte ich. «Bei uns in Afrika gibt es so etwas nicht.»

Die Kinder sahen mich erstaunt an und fragten: «Wie gelangen denn bei euch in Afrika die Babys in den Bauch der Mutter?»

«Es ist einfach nur schön, ohne Schweinkram», antwortete ich mit erhobener Nase.

Ganz sicher war ich mir dessen aber nicht, und ich beschloss, meine Großmutter zu fragen.

«Kommen die Babys wirklich auf so schreckliche Weise auf die Welt? Das kann ich nicht glauben, das ist in Afrika doch alles anders, nicht wahr?»

Oma erklärte mir: «Wenn zwei Menschen, Mann und Frau, zusammenkommen und sich gernhaben, dann ist da ganz viel Liebe. Und das ist etwas ganz Wunderbares, egal ob in Afrika oder hier in Deutschland.»

«Dann habe ich das zu den Kindern richtig gesagt.»

«Ja, Mia, das hast du richtig gesagt.»

Nach und nach wollte ich immer mehr über die Entstehung von Babys wissen, und Oma blieb mir keine Antwort schuldig. Nach ihren Ausführungen dachte ich zwar, dass die Kinder auf der Straße irgendwie doch nicht so falsch lagen, aber meine Großmutter konnte es mir so erzählen, dass ich nichts Ekliges dabei fand.

Kuchen und Kakao in der Herbertstraße

D as musst du auch machen, dann wird sie schön schmal.»
Minutenlang hatte meine Oma an meiner Nase herum-
gezupft, nachdem sie mir den Reißverschluss meines Kleides
hochgezogen hatte.

«Ach, Oma, wie soll das denn gehen?», sagte ich. «Ich bekomme doch auch keine größeren Füße, wenn ich an meinen
Zehen herumzerre.»

«Es würde schon etwas bewirken. Du musst nur machen, was
ich dir sage!» Hartnäckig bestand meine Großmutter auf ihrer
Überzeugung, ohne weiter auf meinen Einwand einzugehen.

So gut meine Oma und ich uns auch verstanden, ich litt sehr
darunter, dass sie mit meinem Äußeren nicht zufrieden war.
Sicher, ich hatte eine breite Nase, die nicht so schön zierlich war
wie etwa die von Mieke oder Bärbel und Otti, aber ich konnte
nichts daran ändern, sie gehörte einfach zu mir. Und ich sah es
nicht ein, auch nur ein einziges Mal an ihr zu zerren.

Ich hatte jedoch nicht nur die typische breite Nase meines Vaters geerbt, sondern auch seinen vorstehenden Unterkiefer, der
meine Oma nicht minder zu stören schien. Immer noch höre
ich sie rufen: «Nimm deinen Unterkiefer zurück!» Ja, wie denn?
Sogar Nachbarn, die das mitbekamen, standen mir bei und versuchten meine Großmutter dazu zu bewegen, mich anzuerken-
nen, wie ich war: «Das ist ihre Rasse, da kann man doch nichts
verändern.»

Eines Tages machte ich mich für einen Besuch schön, als sie
wieder anfing, an mir herumzumäkeln. Ich weiß nicht, was in
mich fuhr, aber durch die vielen gemeinen Bemerkungen war
ich so voller Wut, dass ich ihr entgegenschleuderte: «Dann

hätte sich deine Tochter eben einen schöneren Mann aussuchen sollen.» Anschließend war vielleicht was los: Der Rohrstock bekam Arbeit. Die Schläge steckte ich aber gern ein, denn ich wusste, dass ich mit meiner Äußerung gar nicht so falsch lag. Nichtsdestotrotz ahnte ich, dass es meiner Oma letztlich gar nicht um die Nase oder mein Kinn ging, sondern darum, dass ich nicht auffallen sollte. Ähnlich wichtig war ihr ja, dass niemand mich wegen irgendwelcher Unartigkeiten als Kind bezeichnen konnte, das man aufgrund seiner Manieren besser «in den Urwald» zurückschicken sollte.

Doch auch meiner Mutter bereitete es Probleme, dass ich nicht aussah wie alle anderen Kinder. Sie selbst war ja eine schöne Frau, hochgewachsen, schlank, mit halblangem, großlockigem Haar, das sie im Stil der zwanziger Jahre trug. Oma hatte mir Kinderbilder von ihr gezeigt, sie sah darauf so hübsch aus, dass jede Mutter sie voller Stolz überall herumgezeigt hätte. Im Vergleich dazu musste ich ihr Missfallen erregen. Doch als Kind konnte ich das nicht begreifen.

Eines Tages musste meine Großmutter kurzfristig ins Krankenhaus, sodass meine Mutter gezwungen war, sich um mich zu kümmern. Mir gefiel das auch nicht, aber es gab keine andere Möglichkeit. Vielleicht konnten wir uns zumindest für diesen kurzen Zeitraum miteinander arrangieren. Aber schon am ersten Morgen gab es Ärger. Als sie mir vor der Schule in der Küche mit der Drahtbürste durch mein krauses Haar fuhr, ziepte es sehr. Oma konnte mir schon manchmal heftig durch die Locken fahren, aber meine Mutter machte das mit einer Brutalität, dass mir vor Schmerzen fast Tränen in die Augen stiegen. «Au, bitte sei vorsichtig», rief ich aus. Augenblicklich schlug sie mir mit der Drahtbürste mitten ins Gesicht. «Du bist so hässlich», sagte sie noch, bevor sie sich mit einer Zeitung auf das Sofa im Wohnzimmer warf. Obwohl ich eine Heulboje war, konnte ich in diesem Moment nicht weinen. Ich schaute meine Mutter nur böse an. In meinem Innern beschloss ich, dass sie fortan nur noch Luft für mich sein sollte. Immerhin war ich froh, dass ich eine dunkle Hautfarbe hatte, sonst hätten meine Mitschülerinnen den Abdruck der Bürste gesehen und mich gefragt, wieso ich denn so rot im Gesicht sei.

Tagsüber konnte ich das Geschehene vergessen, aber am Abend dachte ich noch einmal darüber nach. Ich schaute in den Spiegel und untersuchte jeden Millimeter in meinem Gesicht. Sosehr ich mich auch bemühte, ich konnte nichts Schlimmes entdecken. Im Gegenteil, ich mochte meine Augen und meine Zähne. Nie hatte mich jemand in der Schule als «hässlich» bezeichnet. Warum taten das Oma und Mutter bloß? Hatten sie sich eine Tochter wie Bärbel und Otti gewünscht? Aber das waren doch auch ganz normale Mädchen und keine Prinzessinnen in Rüschenkleidern und mit Haaren, die bis zum Po gingen. Ich versuchte, mir nichts aus den Kommentaren zu machen, schob die Gedanken daran beiseite und suchte etwas zum Naschen. In der Nachttischschublade meiner Großmutter fand ich Dragees, bei denen ich nacheinander den Zuckerguss ablutschte. Es schmeckte herrlich süß, ich beruhigte mich etwas und schlief ein. Aber nach einigen Stunden wachte ich auf. Mein Bauch krampfte sich zusammen, als würde ein Vulkan in ihm ausbrechen wollen. In allerletzter Minute erreichte ich die Toilette. Die halbe Nacht rannte ich immer wieder zwischen Bett und Toilette hin und her, ich fühlte mich entsetzlich. Meine Mutter war nicht da, sie spielte in einer Bar, und so bemerkte niemand, dass es mir nicht gutging. Tante Berta wollte ich damit nicht belästigen, hoffte ich doch, dass die Schmerzen bald vorübergehen würden. Außerdem war ich davon überzeugt, dass sie meinen Kummer nicht verstanden hätte. Ich biss also die Zähne zusammen und schlief irgendwann ein.

Als meine Mutter am frühen Morgen nach Hause kam, ging es mir schon viel besser. Da Sonntag war und ich keine Schule hatte, schickte sie mich zu einer Freundin meiner Großmutter. «Tante Margot» wohnte nicht weit von uns, sie sollte auf mich aufpassen, damit meine Mutter schlafen konnte.

«Ich habe heute Nacht eine Tablette geschluckt», erzählte ich voller Stolz der resoluten Frau mit ihrem strengen Haarknoten und ihrem mächtigen Busen, nachdem ich meine Buntstifte ausgepackt hatte. Ich hatte im Nachhinein das Gefühl, dass mein nächtliches Desaster nicht unerwähnt bleiben sollte, gehörte es doch zum Älterwerden, dass man Dinge tat, die für kleinere Kinder verboten waren. So wenigstens interpretierte ich mein Abenteuer auf der Toilette.

«Was hast du gemacht?», fragte Tante Margot mit ihrer lauten Stimme. Ihr Blick verhieß nichts Gutes, aber nun war es zu spät, um einen Rückzieher zu machen.

«Ich habe aus Omas Nachttisch eine Packung mit Dragees genommen.»

Sofort nahm mich Tante Margot an die Hand und zerrte mich zu unserer Wohnung, nicht einmal ihre Kittelschürze zog sie aus, als sie mit mir das Haus verließ. Vor unserer Wohnungstür läutete sie Sturm, bis meine Mutter verschlafen und mürrisch die Tür öffnete.

«Deine Tochter hat Tabletten geschluckt», sprudelte Tante Margot drauflos, ohne sich zu entschuldigen, dass sie so lange geläutet hatte. «Sie muss sie deiner Mutter entwendet haben.»

Beide Frauen stürmten in das Schlafzimmer, um nachzuprüfen, ob ich die Wahrheit gesagt hatte.

«Da ist eine fast leere Packung Abführmittel», sagte Tante Margot. «Und hier liegen die abgelutschten Dinger.»

«Das sind ja zehn Stück», sagte meine Mutter scharf, dann wandte sie sich an mich – ich hatte die Aufregung der beiden

Frauen stumm von der Küche aus mitverfolgt. Mit funkelnden Augen sagte meine Mutter zu mir: «Das darf Oma nicht wissen. Wehe, wenn du ihr das erzählst. Wir werden am Montag gleich eine neue Packung kaufen.»

Ich nickte nur. Die Reaktion meiner Oma konnte ich mir gut vorstellen. Ich hörte noch, wie meine Mutter fluchte: «Oh, du schreckliches Kind, du furchtbare Mieze. Für nichts bist du zu gebrauchen!»

Gestern war es noch ein Schock gewesen, derartige Worte an den Kopf geworfen zu bekommen. Aber seit dem Bürsten- und Tablettendrama war etwas mit mir passiert. Ich hatte angefangen, eine Schutzwand um mich herum zu errichten, und sagte mir, dass ich diese Frau, meine Mutter, ablehnte und sie für mich nicht existent war. Lapidar antwortete ich mit meinen acht Jahren: «Ich brauche dich auch nicht. Was willst du eigentlich noch von mir?»

Eines Tages strolchte ich allein durch die Straßen von St. Pauli. Ich sollte in der Nähe des Wilhelmsplatzes beim Schlachter Moritz ein Pfund Hackfleisch für meine Großmutter besorgen, aber das hatte noch Zeit. Also schlenderte ich an den Häusern des Platzes vorbei, es gab mehrere kleine Eckkneipen, aus denen der Geruch von kaltem Rauch und Bier drang, in der Mitte des Platzes standen viele mit Zahlen markierte Mülltonnen, die geleert worden waren und nun darauf warteten, abgeholt zu werden. Zu dieser Zeit standen auf St. Pauli keine Mädchen an den Straßen – die Nationalsozialisten duldeten die «Ausübung gewerbsmäßiger Unzucht» nur in der Herbertstraße. Die Straßenprostitution wurde erst nach Ende des Krieges auf dem Kiez zu einer festen Größe. Überhaupt war der Stadtteil von damals nicht mit dem heutigen Amüsierbetrieb zu vergleichen. Es gab viele Unterhaltungsstätten wie das Varieté-Theater Alkazar mit

Auftritten von Seiltänzern, Gauklern und Zauberkünstlern. Erst spät in der Nacht schoben in diesem Etablissement Beleuchter dunkle Scheiben vor die Scheinwerfer, wenn Tänzerinnen wie Celly, die nur mit einem Gazeschleier bekleidet war, ihre letzten Hüllen fallen ließen – hier war die Geburtsstunde des Striptease in Hamburg. Da die Nazis aber mit einer derartigen «Vergiftung des Volkskörpers» Schluss machen wollten, benannten sie das Alkazar um. Dahinter verbarg sich auch folgender Grund: Als im Spanischen Bürgerkrieg (1936–1939) die Festung von Toledo, der Alkazar, in dem sich Francos Getreue verschanzt hatten, von republikanischen Truppen gesprengt, aber nicht eingenommen wurde, musste noch dringlicher ein neuer Name gefunden werden. Himmler verkündete: «Nach dem heldenhaften Kampf des nationalen Spaniens um den Alkazar bedeutete der Name für Vergnügungsstätten einen Missbrauch.» Es wurde ein Wettbewerb ausgeschrieben, und aus den rund 10 000 Einsendungen wurde für das weit über Hamburg hinaus bekannte Varieté der Name «Allotria» ausgewählt. Trotz aller Repressionen blieb aber alles beim Alten, man amüsierte sich weiterhin an diesem Ort.

Ich schlenderte an der Wilhelmshalle am Spielbudenplatz vorbei, einem riesigen Gartenlokal, das je nach Wetterlage offen oder von gestreiften Markisen überdacht war. Hier vergnügten sich Eltern und Kinder, die auf Ponys in einer Menagerie herumgeführt werden konnten. Es gab außerdem noch die Volksoper am Spielbudenplatz und das Ernst-Drucker-Theater neben der Davidwache, das 1941 in St.-Pauli-Theater umbenannt wurde. Der Grund hierfür: Der einstige Mitbegründer des Theaters, der Schauspieler Ernst Drucker, war ein Jude gewesen.

Unmittelbar in der Nähe des Wilhelmsplatzes befand sich die Herbertstraße. Genauer gesagt, sie verlief parallel zur Friedrichstraße, aber jeder Erwachsene hatte mir gesagt, dass ich nicht durch diese Straße gehen dürfte, für kleine Mädchen sei das verboten. Natürlich wuchs meine Neugierde mit jedem ausgesprochenen Verbot, zumal die Straße durch Eisentore abgeriegelt war. Immer mal wieder ging ich an ihnen vorbei, um herauszufinden, was sich dahinter verbarg, aber ich konnte nichts erkennen. Die Dächer und oberen Fenster der Häuser sahen jedenfalls genauso aus wie die in unserer Straße. Doch irgendetwas musste anders an dieser Gasse sein, sonst hätte man sie nicht mit diesen großen Toren abgesperrt.

Schon als Fünfjährige, als wir noch in der Taubenstraße wohnten, hatte ich entdeckt, dass die Tore einen Spalt hatten, durch den man schlüpfen konnte. Einige Männer, das hatte ich beobachtet, gelangten auf die Art und Weise in die Herbertstraße und wieder hinaus.

Ich fand damals, dass der Zeitpunkt gekommen war, diese geheimnisvolle Straße auszukundschaften. Im Märchen gingen die Helden doch auch durch Tore, die verboten waren, und immer tat sich ihnen eine neue Welt auf. Im ersten Moment war ich richtig enttäuscht, als ich schnell durch die Sichtblenden huschte: Es sah genauso aus wie bei uns in der Friedrichstraße, kleine Häuser mit ein, zwei Stockwerken und Kopfsteinpflaster auf der Straße. Der einzige Unterschied: In den Fenstern saßen Frauen in ungewöhnlicher Aufmachung. Je genauer ich sie mir anschaute, umso interessanter fand ich das. Neugierig betrachtete ich jede einzelne Dame in den Koberfenstern, die wie herrlich geschmückte Geschäftsauslagen zur Weihnachtszeit anmuteten.

«Was machst du denn hier?», fragten die Frauen und holten mich zu sich in ihre Wohnungen, während ihre Hände ihre gerüschten, leichten Überwürfe am Hals festhielten. «Du darfst hier nicht durchgehen.»

«Aber warum denn nicht?», fragte ich. «Das ist doch alles so gemütlich hier.»

Die Frauen lachten und brachten mich schließlich, nachdem ich ihnen meine Adresse verraten hatte, zu meiner Großmutter zurück. Diese war überhaupt nicht erbaut, als sie von meinem Abenteuer beim ältesten Gewerbe der Welt hörte. «Wenn du da noch einmal durchgehst, dann setzt es was.»

Meine Verteidigung ließ nicht lange auf sich warten: «Oma, die Frauen tragen aber so schöne Morgenmäntel mit ganz viel Spitze, ich fand es dort richtig heimelig. Ich habe von den Frauen sogar Kuchen und Kakao gekriegt. Wollen wir nicht auch mal so in unseren Nachthemden am Küchentisch sitzen?»

Meine Großmutter besaß einen Morgenmantel, er war cremefarben und ging ihr bis weit über die Knie. Zudem war er aus Frottee und unterschied sich kaum von ihrem Nachthemd. Das war kein Vergleich zu den feinen, glänzenden Stoffen, aus denen die Überwürfe der Damen aus der Herbertstraße gemacht waren. Und der blasse Farbton von Omas Gewand konnte mit den kräftigen Rot-, Violett- und Goldtönen der «leichten Damen» nicht im Geringsten konkurrieren, ganz zu schweigen von den raffinierten Draperien. Außerdem zog meine Oma ihren Morgenmantel nur an, wenn sie in die Küche ging, um sich zu waschen. Nie habe ich sie darin entspannt am Küchentisch sitzen gesehen, eine Tasse Kaffee in der Hand.

«Du gehst mir dort nicht noch einmal hin. Hast du verstanden?» Das war ihr letztes Wort.

Später erfuhr ich, dass es mit der Herbertstraße seine eigene Bewandtnis hatte. Die hundert Meter lange und sieben Meter breite Gasse wurde 1797 angelegt, um die Prostitution im damals sittenstrengen Hamburg besser unter Kontrolle halten zu können. 1801 hatte man ihr den Namen Heinrichstraße gegeben, schon damals war das Charakteristische an dieser Straße die Eisentore, die in der Nazizeit noch vergrößert worden waren. Einige Jahre nachdem St. Pauli 1894 der Stadt Hamburg zugeordnet worden war, kam der Senat auf die Idee, die Straße mit den zweiundzwanzig Hausnummern zu einer normalen Wohngegend zu machen. Aus diesem Grund änderte man zuallererst den Straßennamen, aus der Heinrichstraße wurde in einem kreativen Akt die Herbertstraße. Das älteste Gewerbe der Welt ließ sich aber nicht vertreiben, und alles blieb letztlich beim Alten – somit war auch diese Veränderung rein kosmetischer Natur.

Das Verbot meiner Großmutter hielt mich aber auch jetzt nicht davon ab, mehr über die Straße mit den anziehenden Fenstern in Erfahrung zu bringen. Eines der Kinder aus der Friedrichstraße, Martin, der Sohn von Schlachter Moritz und ein echter Lausejunge, schien eine ähnliche Neugierde entwickelt zu haben wie ich, denn er sagte eines Tages beim Ballspielen: «Wenn wir auf den Boden von unserem Haus gehen, dann können wir in die Herbertstraße gucken.» Ich war natürlich sofort Feuer und Flamme. Gerda Schulz, meine Schulfreundin mit den grünen Augen und der todschicken halblangen Frisur, schloss sich unserem Vorhaben an.

«Diese Frauen sind nett zu den Männern und kriegen dafür Geld», sagte Gerda, während wir unsere Hälse aus der Dachluke streckten, um einen Blick in die beleuchteten Fenster zu erhaschen. Viel konnten wir nicht erkennen.

«Das stimmt nicht», wehrte sich Martin. «Die sind einfach nur da, um Männer liebzuhaben, ohne Geld dafür zu verlangen. Manche Männer sind nämlich sehr einsam, und dann bekommen sie in diesen Häusern Liebe.»

«Das kann ich mir gut vorstellen», unterstützte ich Martin, der Ohren hatte, als würde er jeden Augenblick davonsegeln wollen. «So gemütlich, wie es dort ist.»

Gerda zeigte uns nur einen Vogel. «Ihr seid von vorgestern. Liebe gibt es nie umsonst.»

Nach und nach verloren wir das Interesse an den Frauen aus der Herbertstraße, weil wir einfach nichts Spannendes über sie in Erfahrung bringen konnten. Der Alltag auf der Straße war aufregender, und schließlich war es mir völlig gleichgültig, dass es da eine Straße gab, durch die ich nicht gehen durfte.

Erst 1940, nach dem Tod meiner Mutter, wurde ich an das Erlebnis mit den Frauen in ihren Morgenmänteln erinnert. Wir brauchten Geld, und eines Tages setzte sich meine Oma an die schwarze Singer-Nähmaschine mit der goldenen Aufschrift des Herstellers und sagte: «Ich nähe jetzt für die Frauen in der Herbertstraße.»

«Darfst du denn durch die Straße und zu den Frauen gehen?» Erstaunt schaute ich meine Oma an.

«Nein, sie kommen zu uns in unsere Wohnung und bringen die Stoffe mit.»

«Ich dachte immer, dass man sich mit diesen Frauen nicht unterhalten darf. So wie du damals reagiert hast…»

«Papperlapapp», sagte meine Oma. «Jeder muss sehen, wie er durchs Leben kommt. Ich will nur nicht, dass du da durchgehst, weil es dort Männer gibt, denen man nicht vertrauen kann. Und jetzt Schluss damit.»

Das war eine völlig neue Perspektive auf die Herbertstraße. Von nun an kamen ihre Bewohnerinnen zu uns, sie sahen aus wie jede andere Frau. Die Prostituierten waren nicht geschminkt, auch ganz gewöhnlich angezogen, im Sommer trugen sie Kleider, in den kälteren Jahreszeiten Kostüme oder Mäntel. Später erfuhr ich, dass die Nazis ihnen zur Auflage gemacht hatten, außerhalb der Herbertstraße keine «anstößige Kleidung» zu tragen, sie durften «zwecks Anbahnung gewerbsunzüchtigen Verkehrs» weder Speisewirtschaften, Cafés oder Kinos besuchen, sonst würde man ihnen ihre Tätigkeit verbieten.

Meine Oma musste mich also nicht aus der Wohnung schicken, wenn sie bei uns klingelten. Die meisten von ihnen waren sehr nett und brachten Fotos von ihren Kindern mit, die häufig Internate in der Schweiz besuchten. Als ich Oma einmal danach fragte, wieso ihre Kinder denn so weit weg wären, antwortete sie: «Diese Frauen haben viel Geld.» Mir fiel in diesem Moment ein, was Gerda einst auf dem Dachboden gesagt hatte. Hatte sie doch recht gehabt? Und auf der Straße hörte ich hinter vorgehaltener Hand etwas, das ganz ordinär klang: «Die ficken da drin.»

Ich jedenfalls mochte diese Frauen – Wörter wie «Dirne» oder «Hure» lernte ich erst später kennen. Einmal sagte jemand zu mir: «Du bist eine Niggerhure.» Völlig verunsichert fragte ich die Nachbarin, die unter unserer Wohnung lebte, was denn damit gemeint sei.

«Das bezieht sich eigentlich auf deine Mutter», druckste Frau Baumann herum, eine Frau, die stets bunte Kleider trug und ein großes Herz hatte. Es war nicht zu übersehen, wie schwer ihr dieses Gespräch fiel.

«Aber wieso ist denn meine Mutter eine Niggerhure?»

«Sie hat sich mit einem Schwarzen eingelassen.»

«Aber das darf sie doch», hielt ich ihr entgegen. «Sie ist doch auch eine Schwarze.»

Frau Baumann wand sich von Minute zu Minute mehr. In diesem Moment fiel mir ein, dass meine Großmutter ja eine Weiße war, dennoch hatte ich oft genug zu hören bekommen: «Deine Großmutter hätte das mit dem Kreolen nie, nie tun dürfen.» Also beschloss ich, dass es besser sei, nicht weiter nachzufragen.

Aus ihren Taschen holten die Frauen aus der Herbertstraße die außergewöhnlichsten Stoffe hervor, an denen ich mich kaum sattsehen konnte. Unentwegt musste ich sie anfassen.

In unserem Wohnzimmer nähte meine Oma die in Auftrag gegebenen kleinen Hemdchen und passenden Höschen, die sie im Nachhinein per Hand mit wunderbaren Stickereien versah.

Manchmal durfte ich ihr helfen, beispielsweise die Säume vor-
reihen. Diese Stunden mit ihr liebte ich sehr – und meine Großmutter war in dieser Zeit sehr entspannt, wusste sie doch, dass
durch die Näharbeiten unsere finanzielle Situation verbessert
wurde. Außer ihrer sehr kleinen Rente – mein Opa war ja jung
gestorben – und meiner Waisenrente hatten wir kein weiteres
Einkommen. Wahrscheinlich hatte meine Mutter auch immer
mal wieder meiner Oma ein paar Mark zugesteckt, was später
durch ihren Tod aber wegfiel.

Leben ja, Kinder bekommen nein

Am Tag als der Zweite Weltkrieg ausbrach, hatte ich eine
Angina und lag auf dem Sofa in unserer Wohnküche.
Plötzlich fingen die Sirenen an zu heulen.

«Was ist das?», fragte ich meine Oma ängstlich. Die langen
und kurzen Töne waren mir unheimlich.

«Wir haben jetzt Krieg», antwortete sie mit ernster Miene.

«Aber werden nicht nur die Sirenen getestet?» In der Schule
hatte man uns erzählt, dass in den nächsten Tagen ein Probe-
alarm stattfinden würde.

«Nein, es ist Krieg. Ich habe es schon von Nachbarn gehört.»

Ich hatte keine Vorstellung davon, was das Wort «Krieg» bedeutete. Erst als durch die Bombenangriffe 1942 einzelne Häuser auf der Reeperbahn zerstört wurden, sollte ich mehr darüber
erfahren, als mir lieb war. Doch bis dahin war alles relativ ruhig.

Der Krieg fand weit entfernt in Polen und anderswo statt, es gab nur die üblichen Siegesnachrichten, die jeder in der Friedrichstraße weitererzählte und die in der Schule verkündet wurden. Etwa über den – vorgetäuschten – Überfall auf den Sender Gleiwitz, den Vorstoß durch die Niederlande und Belgien und sonstige Kampfbewegungen der deutschen Truppen.

«Oma, ist Krieg etwas Gutes?», fragte ich nun vorsichtig nach, weil ich nicht den Eindruck hatte, dass meine Großmutter in den allgemeinen Deutschlandrausch einstimmte.

«Krieg ist unsinnig, etwas ganz Schlimmes, da töten sich Menschen gegenseitig, die sich gar nicht kennen.»

Die Antwort meiner Großmutter trug nicht gerade dazu bei, mich zu beruhigen. Da es mir aber wirklich nicht gutging, stand meine eigene Genesung für mich erst einmal im Vordergrund.

In der Schule lernten wir nun Lieder wie: «Vorwärts, vorwärts, schmettern die hellen Fanfaren! Vorwärts, vorwärts, Jugend kennt keine Gefahren.» Wenn ich zu Hause davon anfing, kam meine Großmutter augenblicklich zu mir, und es hatte sich ausgeschmettert: «Diese Lieder singst du nicht in meiner Nähe, hast du verstanden?» Ich hatte verstanden.

Im April 1940 – ich war gerade zehn Jahre alt geworden – erhielt ich eine Aufforderung, mich beim Bund Deutscher Mädel (BDM) zu melden. Ich freute mich sehr darüber, denn meine Mitschülerinnen hatten mir bereits von diesen organisierten Mädchengruppen vorgeschwärmt, die Hitler für die Jugend angeordnet hatte. «Es wird dort gesungen und geturnt», erzählten sie mit leuchtenden Augen. Das war etwas für mich, denn genau diese beiden Dinge tat ich leidenschaftlich gern, in der Schule waren dies meine besten Fächer. Und nun durfte ich endlich auch dabei sein!

Meine Oma war sehr still, als ich losging, um mich beim BDM anzumelden, eigentlich beim Jungmädelbund, in dem die Zehnbis Dreizehnjährigen zusammengeführt wurden. Sie hatte es nicht gern gesehen, dass ich dem BDM beitreten wollte. Bei unserem Abschied hatte sie nur «Na ja, da musst du wohl hin» geseufzt und mit einer ungewöhnlich langsamen Bewegung die Haustür hinter mir geschlossen, als hätte sie mich doch noch im letzten Moment in die Wohnung zurückziehen wollen.

Kaum hatte ich das Gebäude betreten, dessen Adresse auf der Postkarte vermerkt war und das nicht weit hinter der Taubenstraße lag, war ich auch schon wieder draußen.

«Was willst du denn hier?», brüllte mich am Empfang ein Jungscharführer an, ohne dass ich auch nur die geringste Chance gehabt hätte, etwas zu sagen. Im ganzen Haus mussten seine Worte zu hören gewesen sein.

«Ich habe eine Aufforderung bekommen», antwortete ich eingeschüchtert.

«Du kannst keine Aufforderung erhalten haben. Wer die losgeschickt hat, war ein Idiot. Raus! Deine Mutter hat es ja mit einem Nigger getrieben!»

Meine Aufforderungskarte noch immer in der Hand, machte ich auf dem Absatz kehrt und ging in Richtung Tür. Dort hielt ich inne und drehte mich um, ich konnte es einfach nicht lassen: «Meine Eltern waren übrigens beide schwarz.» Mit hocherhobenem Kopf und ohne eine Antwort abzuwarten, setzte ich meinen Weg fort.

Ein Mädchen mit weizenblonden dicken Zöpfen und in Uniform, das das Geschehen offensichtlich beobachtet hatte, kam mir nachgelaufen und sagte: «Geh ganz schnell nach Hause, ganz schnell, und mach dir nichts draus.»

Noch einmal hörte ich die hasserfüllte Stimme des Jungscharführers, als er das nette Mädchen anschrie: «Was wolltest du denn noch von dieser Niggergöre? Wieso rennst du der hinterher?»

Mit schnellen Schritten und einem mulmigen Gefühl im Bauch machte ich mich auf den Heimweg. Eine gutgelaunte Großmutter öffnete mir die Tür. Sie hatte mich vom Fenster aus beobachtet und an meinen hängenden Schultern erkannt, dass mit meiner Aufnahme etwas schiefgegangen sein musste. Vielleicht hatte sie im Stillen sogar damit gerechnet. Sie begrüßte mich kurz und fragte gleich: «Was willst du essen? Du kannst dir wünschen, was du willst.»

An diesem Tag hätte ich alles von ihr verlangen können. Ich aber wollte nichts, für mich war das eben Erlebte die bislang größte erfahrene Demütigung in meinem Leben. Oma gab es schnell auf, mich weiter nach meinen Essenswünschen zu befragen, und ließ mich in Ruhe. Fix und fertig, legte ich mich auf mein Bett und dachte darüber nach, was genau in der letzten Stunde passiert war. Hatten meine Mitschülerinnen nicht erzählt, wie toll es beim BDM war? In diesem Moment schämte ich mich, dass ich alles so klasse gefunden hatte, was mit Adolf Hitler zusammenhing. Oma hatte so recht, diesen Menschen nicht zu mögen. Wir waren zwar eine ungewöhnliche Familie, aber wir waren nicht verkommen und schon gar nicht irgendwelches «Niggergesindel». Irgendwann schlief ich angesichts dieser schweren Gedanken vor Erschöpfung ein.

Stunden später weckte mich meine Großmutter, der Geruch von gebratenem Beefsteak durchzog die Wohnung. Ich verspürte plötzlich großen Hunger und setzte mich zu ihr an den Küchentisch. Aber ich erzählte Oma nichts von der unwürdigen Behandlung. Sie sollte nichts von den Unverschämtheiten erfahren, die ich mir anhören musste, und sie fragte auch nicht danach. Vielleicht konnte sie sich auch so ausmalen, was mir widerfahren war.

«Nie wieder werde ich noch ein gutes Wort über Hitler sagen», sagte ich lediglich zu ihr. Damit war der Fall für mich erledigt.

Meine Großmutter strahlte mich an, hatte ich doch nun selbst erkannt, wie menschenverachtend Hitler war. In diesem Moment bekam ich aber furchtbare Angst um sie. Ich musste daran denken, wie laut Oma über Hitler schimpfen konnte. Selbst beim Einkaufen hielt sie sich immer weniger zurück. Wenn sie hörte, wie jemand mit verzückt verdrehten Augen beim Bäcker oder Krämer sagte: «Ah, unser Führer!», dann fuhr sie energisch dazwischen: «Was heißt hier ‹unser Führer›? Was tut er denn schon für uns?» Wohlmeinende Nachbarn meinten dann: «Frau Nejar, Frau Nejar, Sie müssen vorsichtig sein.»

Mein Lieblingsessen und die gute Laune meiner Großmutter sorgten aber letztlich dafür, dass meine Sorge nur von kurzer Dauer war. Dennoch: Ein großes Problem für meine Großmutter konnte auch Tante Berta werden. Sie war Mitglied der NSDAP geworden und kaufte unmittelbar nach ihrem Parteieintritt eine Fahne mit dem Hakenkreuz. Zu jeder passenden und unpassenden Gelegenheit ließ sie diese aus dem Fenster hängen. Großmutter wollte ihr das verbieten. Für sie war die Fahne im wahrsten Sinn ein rotes Tuch.

«Lass dieses Nazi-Flatterding weg», sagte sie immer wieder. «Es gibt doch keinen Anlass dazu. So ruhmreich sind Hitlers Taten nun wahrlich nicht. Und der Führer hat auch nicht Geburtstag.»

«Aber, Mary, wir müssen doch flaggen. Hast du das nicht im *Völkischen Beobachter* gelesen? Auf diese Weise unterstützen wir den Kampf unserer Soldaten.» Tante Berta wusste genau, dass meine Großmutter einen großen Bogen um dieses Parteiorgan machte – was sie jedoch nicht daran hinderte, umso vehementer Farbe zu bekennen und ihrer Freundin deutliche Worte zu sagen. «Ich warne dich, Mary Nejar, so kann es mit deiner Gesinnung nicht weitergehen. Immer gegen Hitler zu sein, das muss ich irgendwann der Partei melden.»

«Wie kannst du für einen Diktator sein, der es sich auf seine Fahne geschrieben hat, Menschen als minderwertig zu betrachten, Menschen, die nicht in sein Schema vom starken Germanen passen? Du lebst hier unter einem Dach mit jemandem, auf den dies zutreffen könnte, es gehen hier Menschen ein und aus, die diesem Mann ein Dorn im Auge sind. Hast du das noch nicht begriffen?»

«Quatsch», erwiderte Tante Berta und schüttelte abwehrend den Kopf, wobei ihre weißen Löckchen wippten. Eiskalt lief es mir den Rücken hinunter. Konnte Tante Berta zu einer Verräterin werden, uns anschwärzen, dass wir nicht getreu hinter dem Führer standen?

«Was ist, wenn Tante Berta ihre Drohung wahr macht? Landen wir dann alle im Gefängnis?», fragte ich voller Furcht, als die Freundin meiner Oma schließlich schwer schnaufend in einem ihrer beiden Zimmer verschwunden war.

Oma beruhigte mich und meinte: «Bellende Hunde beißen nicht. Berta posaunt viel in die Welt hinaus, wenn der Tag lang ist. Aber sie würde mich niemals denunzieren.»

Meine Oma sollte recht behalten, Tante Berta unternahm nie den Versuch, uns bei ihrer geliebten Partei anzuzeigen. Wahrscheinlich waren die Freundschaftsbande doch enger als ihr politischer Ehrgeiz.

Aber da man nicht bei jedem Menschen davon ausgehen konnte, betonte ich in der Schule bei jeder passenden Gelegenheit: «Wir haben auch eine Fahne. Fast jeden Tag schmücken wir damit unsere Fenster.» Ich dachte, dass auf diese Weise kein Verdacht gegen uns aufkommen konnte und es besser war, zu verschweigen, dass meine Großmutter eine heftige Gegnerin des Nationalsozialismus war.

Nach Ausbruch des Krieges erlebte ich immer öfter, dass Leute mich auf der Straße mit abschätzigen Blicken musterten und schließlich sagten: «Was bist du denn für eine? Du gehörst doch nicht zu unserem arischen Volk. Du gehörst in den Ascheimer!»

Unsere Klassenlehrerin Fräulein Hoffmann – Fräulein Nansen hatte in der Zwischenzeit geheiratet und war aus dem Schuldienst ausgetreten – erzählte einmal, was das Wort «arisch» bedeutete: dass diese Bezeichnung nur auf Menschen zuträfe, die weiß und rassisch rein und damit geistig und körperlich überlegen wären – und dass ich all dies nicht war. Sie sagte: «Unsere Mia sieht ein wenig anders aus. Sie hat nicht unsere glatten Haare, ihre Haut ist dunkelbraun, und ihre Augen sind schwarz. Aber sonst ist sie so wie wir.» Es war ein eher stotternder Versuch, die Rassengesetze der Nationalsozialisten zu erklären. Später erfuhr ich, dass sie diese ungeschönt im Unterricht vermittelte, von «Rassenhygiene», der überlegenen «weißen Rassengemeinschaft» und den «primitiven Rassen» sprach, wenn ich in der Schule fehlte. Meine Mitschülerinnen ließen sich davon aber nicht beeindrucken und sagten in der Pause tröstend zu mir: «Was soll das, du bist doch auch arisch.» Ich freute mich darüber, denn es verstärkte mein Gefühl der Geborgenheit in der Klasse. Doch skeptisch antwortete ich: «Na ja, ich weiß nicht so genau, ob das wirklich stimmt.»

Wenn ich von den Kindern in der Schule auch nie wegen meiner Hautfarbe gehänselt wurde und ich mich mit vielen gut verstand, so luden sie mich – worüber ich zu dieser Zeit aber kaum weiter nachdachte – dennoch nicht zu ihren Geburtstagen nach Hause ein. Umgekehrt bat ich an meinem Ehrentag immer zwei Freundinnen aus meiner Klasse – neben Otti und Bärbel –, zu mir in die Friedrichstraße zu kommen, und erhielt von ihnen auch nie eine Absage. Anscheinend wollten mich die Eltern meiner Mitschülerinnen nicht in der eigenen Wohnung sehen, hatten aber nichts dagegen, wenn diese mich besuchten. Erklären konnte ich mir das seltsame Gebaren nicht, aber im Grunde war es symptomatisch für die Zeit, in der jeder Angst hatte, seine wirkliche Meinung deutlich zum Ausdruck zu bringen.

Ich fand es toll, Geburtstag zu haben. Wir durften dann auf dem großen Boden unter dem Dach herumtoben, den ich zuvor mit Oma zusammen ausgeräumt und ausgewischt hatte. Oma servierte uns Kekse, abends gab es Würstchen und kleine Frikadellen. Anschließend sahen wir uns auf einem kleinen Filmprojektor, den mir einst meine Mutter geschenkt hatte, mehrere Micky-Maus-Filme hintereinander an. Nichts konnte uns mehr begeistern, als wenn Goofy oder Donald Duck von einer Eisenbahn oder einer Tür überfahren beziehungsweise zerquetscht wurden und hinterher wieder vollkommen heil und lebendig ihre Abenteuer weiterverfolgen konnten.

Mit dem Fortschreiten des Krieges lauerte in dem Wort «arisch» eine Gefahr, die mich unbewusst Tag für Tag begleitete. Wenn ich es hörte, stellte ich meine Ohren auf Durchzug, denn es war nicht zu übersehen, dass es für viele Menschen in meiner Umgebung immer mehr an Bedeutung gewann – als wenn davon Sieg oder Niederlage im Krieg abhinge. Sicher, ich gehörte nicht zu den Juden, die in der Schule als etwas ganz Schlimmes hingestellt wurden, aber jetzt verstand ich langsam, was meine Großmutter gemeint hatte, als sie sagte, dass Hitler auch für Weiße nicht gut sei. Ich fühlte, dass ich mehr zu den Juden als zu den Ariern gezählt wurde und dass es keinen Zweck hatte, die Leute davon zu überzeugen, dass ich – bis auf die Hautfarbe – so wie alle anderen Menschen war und zu ihrem «Stamm» gehörte.

Da meine Großmutter mit vielen Juden befreundet war, wusste sie, welche Gefahren mir drohen konnten. Sie erzählte wenig von ihren Schicksalen, sicher auch deswegen, weil sie mich schützen wollte. Ein Erlebnis ist mir aber noch gut im Gedächtnis geblieben, es war noch kurz vor Ausbruch des Zweiten Weltkriegs. Ich war sehr krank, und Dr. Blumenthal, unser jüdischer Hausarzt, kam vorbei. In meinem Fieberwahn hörte ich, wie er sagte: «Die Mia hat Scharlach mit Komplikationen. Die ganze Haut schält sich bei ihr ab. Eigentlich müsste sie ins Krankenhaus.»

«Was heißt ‹eigentlich›?», fragte meine Oma verunsichert.

«Sie wissen doch, Frau Nejar, die Rassengesetze. Man würde Ihre Enkelin zwar behandeln, aber mit größter Wahrscheinlichkeit würde man sie sterilisieren, damit sie als junge Frau keine Kinder bekommen kann. Sie kennen doch das ‹Gesetz zum Schutze des deutschen Blutes und der deutschen Ehre›.»

Das war ein Schock: Mehr und mehr verstand ich, was es mit diesen Rassengesetzen auf sich hatte, dass ich zum «arischen Gesindel» gehörte und somit «unedles Blut» in mir hatte. Bislang waren sie für mich abstrakt geblieben, nun zeigten sie zum ersten Mal Auswirkungen auf mein Leben.

«Das kommt nicht in Frage», schnaubte meine Oma. «Rinder können sie sterilisieren, aber nicht meine Enkelin. Sie ist doch kein Vieh. Gibt es denn keine Möglichkeit, sie zu Hause wieder gesundzubekommen?»

«Wir können es versuchen», sagte Dr. Blumenthal.

Von nun an kam er jeden Tag, morgens und abends, um nach mir zu sehen und mir die notwendigen Medikamente zu verabreichen. Mit seiner Hilfe wurde ich wieder gesund.

Monate später war das Schild an seiner Haustür, auf dem sein Name und die Behandlungszeiten standen, abmontiert. Wir wussten nicht, ob Dr. Blumenthal abgeholt worden war oder noch rechtzeitig emigrieren konnte, wie es viele Juden zu dieser Zeit versuchten. Er war einfach nicht mehr da. Wir hofften, dass er noch eines der Schiffe erwischt hatte, die mit jüdischen Emigranten an Bord von den Landungsbrücken aus in See stachen. Immer wieder hatten wir auch mitbekommen, dass man Kommunisten abgeholt und sie in ein Arbeitslager gesteckt hatte. Es gingen die ersten Gerüchte um, dass mit Juden ähnlich verfahren wurde. Wir wünschten Dr. Blumenthal von ganzem Herzen ein anderes Schicksal.

Auf der Reeperbahn wohnte eine jüdische Familie mit zwei gleichaltrigen Kindern, die wir ab und zu sahen. Aber wir hatten keinen weiteren Kontakt zu den jüdischen Geschwistern, weil die Eltern sehr reich waren, in einem Gründerzeithaus eine ganze Etage bewohnten. Der Junge und das Mädchen durften zwar zum Spielen auf die Straße, meist standen sie aber nur da und schauten uns zu, wie wir herumtobten. Niemand wagte den ersten Schritt, und so kam es, dass wir nie mit ihnen sprachen. Und plötzlich waren sie weg.

«Judenkinder» fielen mir erst wieder auf, als ich später in einem Berliner Treppenhaus – ich war als Filmkomparsin in der Reichshauptstadt und wohnte in einer Pension – zwei Mädchen begegnete. Als sie mich erblickten, ließen sie die Arme an den Seiten herunterhängen, mit denen sie zuvor noch wild herumgestikuliert hatten, damit ich ihren gelben Judenstern erkennen konnte. In der Zwischenzeit hatte ich von dem «Schandmal» gehört, aber in Hamburg noch nie jemanden damit gesehen. Auch hatte ich mitbekommen, dass Juden nur noch zu bestimmten Zeiten in den Geschäften einkaufen durften, was mich sehr bedrückte. Umso entwürdigender empfand ich diese Geste für die beiden Mädchen. Ich lächelte sie besonders freundlich an – und erleichtert lächelten sie zurück. Als ich abends in meinem Bett lag, nahm ich mir vor, sie bei der nächsten Begegnung anzusprechen. Auf eine bestimmte Weise fühlte ich mich ihnen nahe, denn, wenn auch nur unbewusst, das Gefühl des Ausgeschlossenseins war mir vertraut. Immerhin hatte ich die Erfahrung gemacht, wie es ist, «gekennzeichnet» zu sein – durch meine

Hautfarbe. Doch obwohl ich noch einige Tage in der Pension wohnte, sah ich die beiden Mädchen nie wieder. Ich hätte ihnen gern gesagt, dass sie den Stern ja abreißen und im Notfall wieder anheften könnten – ich dachte, das könnte eine gute Strategie für sie sein, so wie es eine für mich war, meine Ohren zu verschließen, wenn ich das Wort «Nigger» oder andere obszöne Äußerungen vernahm.

Farbige Menschen in Deutschland waren nicht zentral im Blickfeld der Nazis, zum einen waren die meisten von ihnen nicht sehr reich, da konnte man nichts holen, außerdem gab es letztlich nicht allzu viele, die eine dunkle Haut besaßen. Sie konnten Hitler nicht gefährlich werden. Doch ich denke, wenn der Führer seinen «großen Endsieg» errungen hätte, wären wir mit größter Wahrscheinlichkeit ebenfalls geschlossen ins KZ gekommen. Wir passten einfach nicht in seine Ideologie vom arischen Menschen.

Traurige Tage

Der Oktober 1940 war ein besonders schöner Monat. An einem sonnigen Sonntag hatte Oma aus meinem Kraushaar zwei winzige Zöpfe herausgeflochten. Am liebsten hätte ich auch diese blonden, dicken Zöpfe gehabt, die so viele meiner Klassenkameradinnen besaßen. Das war unmöglich, dennoch bat ich meine Großmutter, es mit dem Flechten wenigstens einmal zu versuchen. Ich war stolz auf meine kleinen

Pinsel, endlich hatte auch ich Zöpfe! Zum Schluss sagte ich zu meiner Oma: «Du musst große, lange Schleifen hineinbinden, dann wirken sie noch länger.» Die dunkelblauen Seidenbänder, die sie für mich ausgewählt hatte, gingen mir bis zur Schulter – die tatsächliche Länge meiner Zöpfe will ich lieber verschweigen.

An diesem Wochenende besuchte uns meine Mutter. Zum ersten Mal nach langer Zeit sprang ich ihr aufgeregt entgegen, um ihr meine neue Frisur vorzuführen.

«Mami, Mami, schau mal, ich habe Zöpfe.»

«Was soll der Blödsinn», sagte sie unwirsch. «Und dann auch noch die albernen Schleifen. Das ist ja widerlich.»

Meine Oma kam bei diesen Worten aus der Küche, sie war so erbost über die Reaktion meiner Mutter, wie ich es nur selten erlebt habe.

«Jetzt ist aber Schluss. Nie hast du ein liebes Wort für deine kleine Tochter. Ich habe nicht ein einziges Mal gesehen, dass du sie in die Arme genommen hast. Was bist du bloß für eine Mutter!»

Cécilie blieb ihr eine Antwort schuldig. Diese bestand lediglich darin, dass sie mit knallenden Türen die Wohnung verließ. Das wiederum war mir vertraut.

Tags darauf, es war der 12. Oktober, ich werde ihn nie vergessen, kam meine Mutter erneut zu uns. Sie war leichenblass. Sie schwankte und konnte sich kaum auf den Beinen halten. Irgendetwas musste ihr geschehen sein, irgendetwas Schlimmes, das war nicht zu übersehen. Meine Oma wechselte ein paar Worte mit ihr, die ich nicht verstand, und lief sofort zu einer Nachbarin auf der anderen Straßenseite, um einen Arzt anzurufen, denn wir hatten kein Telefon. Doch sie erreichte niemanden. Daraufhin ließ sie ein Taxi kommen, mit dem die beiden Frauen in Richtung Krankenhaus davonfuhren. Ich war ein Stockwerk tiefer zu Frau Baumann geschickt worden, wo ich aufgewühlt wartete, bis Oma wieder zurück war.

Nach einer Stunde sah ich das Taxi in die Friedrichstraße einbiegen. Doch sie war nicht allein, meine Mutter war immer noch bei ihr. Es ging ihr so schlecht, dass sie es erst nach einigen Minuten und nur mit Hilfe meiner Oma schaffte, auszusteigen. Vielleicht kam es mir auch nur so lange vor.

Mit vereinten Kräften schafften Oma und Frau Baumann meine Mutter die Treppen nach oben, wo sie gleich ins Schlafzimmer gelegt wurde.

Leise schlich ich hinterher, meine Mutter lag, von Kissen gestützt, mit geschlossenen Augen auf dem Bett. Da es am Tag zuvor meinetwegen zwischen meiner Großmutter und meiner Mutter Krach gegeben hatte, fühlte ich mich schuldig an der Misere. Meist sprachen die beiden Frauen liebevoll miteinander und stritten sich nur selten, wodurch ich mich doppelt elend fühlte.

Auf einmal sagte meine Mutter: «Du kannst wohl nicht gute Nacht sagen?»

Ich sagte: «Gute Nacht, Mami.» Und war anschließend schnell wieder aus dem Zimmer verschwunden. Meine Großmutter blieb jedoch die ganze Zeit über bei ihrer Tochter.

Kurz vor Mitternacht kam unser neuer Hausarzt, Dr. Busch. Er bestellte einen Krankenwagen und fuhr mit meiner Mutter in die Finkenau-Klinik. Aber es war zu spät. Am nächsten Morgen kam meine Oma mit völlig verweinten Augen aus dem Krankenhaus zurück.

«Mami ist tot», sagte sie.

Meine Mutter war in der Nacht, am 13. Oktober 1940, um drei Uhr morgens gestorben. Sie war nur einunddreißig Jahre alt geworden. Mir wurde erzählt, sie sei an einer Gallenentzündung gestorben, aber ich bekam später heraus, dass die Todesursache eine misslungene Abtreibung gewesen war. Sie war verblutet. Vielleicht hatte sie sogar selbst Versuche unternommen, ihr Kind loszuwerden. Doch zu welcher Klinik sie auch mit meiner Großmutter gekommen war, keine wollte sie aufnehmen: Sie hatte abgetrieben und sie war schwarz. Im Grunde lag die Ablehnung allein an ihrer Hautfarbe. Es war zwar verboten abzutreiben, und es wurde auch bestraft, aber Frauen, die es dennoch taten, wurden trotzdem behandelt. Manchmal fragte ich mich, ob meine Mutter etwas versucht hatte, als sie merkte, dass sie mit mir schwanger war. Ich hatte von Schwangerschaften gehört, wo die Frauen immer noch ihre Regel bekamen, und als sie dann merkten, dass sie ein Kind bekamen, war es zu spät, um es wegmachen zu lassen. Noch immer versuchte ich herauszufinden, warum sie mich weggegeben hatte.

Mit meiner Mutter starb fast auch meine Großmutter. Sie konnte mit dem Weinen nicht aufhören, verweigerte das Essen und fing mit dem Trinken an. Ich wusste nicht, was ich tun sollte, wie ich ihr helfen konnte. Sie hatte meine Mutter immer in den Himmel gehoben, alle zwei Minuten hieß es: «Deine Mutter macht dies, deine Mutter macht das ...» Als ich einmal dabei die Augen verdrehte, bekam ich gleich eine gelangt.

Ich hatte furchtbare Angst um meine Oma, dachte, sie würde auch bald sterben. Denn kurz nach dem Tod meiner Mutter starb Arthur, der dreizehnjährige Sohn unserer Nachbarin Frau Baumann. Er hatte eine schwere Diphtherie gehabt, die nicht rechtzeitig behandelt worden war. Was hatten sich andere Nachbarinnen hinter vorgehaltener Hand zugeflüstert? «Wenn einer im Haus stirbt, werden's drei.» Nun waren es schon zwei Menschen, die nicht mehr am Leben waren – und Oma war die Älteste, die in unserem Haus wohnte. Sie durfte nicht sterben, sie war die einzige Person, die mir blieb.

Trotz ihrer Trauer vernachlässigte sie mich aber nicht. Die

Mahlzeiten wurden pünktlich eingenommen, sie beaufsichtigte weiterhin meine Schularbeiten, die Wohnung war sauber. Sie überreichte mir auch einige Schallplatten meiner Mutter, von denen sie wusste, dass ich sie besonders gern hörte, beispielsweise eine Platte mit Josephine Baker. Aber sie gab mir auch eine, auf der Louis Armstrong «Gloomy Sunday» sang, das «Lied vom traurigen Sonntag», das meine Mutter immer das «Lied der Selbstmörder» nannte. Sie und meine Oma hörten es sich zusammen wieder und wieder an, jede in sich selbst versunken, mir unbekannten Gedanken und Empfindungen nachgehend. Ich war immer froh, wenn dieses traurig-düstere Stück vorbei war und Oma eine Operette auflegte, bei der ich mitsingen und ein paar Tanzschritte machen konnte.

Eines war anders geworden: Oma lachte nicht mehr. So unverständlich ihre früheren Gefühlsausbrüche oft für mich waren, ich konnte sie wenigstens einordnen. Jetzt sah sie nur noch durch mich hindurch. Manchmal fragte sie unvermittelt: «Warum deine Mutter, warum nicht ich?» Für mich sah es danach aus, als wollte sie nicht mehr leben.

Mein eigener Kummer über den Tod meiner Mutter währte nicht lange. Im Grunde hatte sie ja nie eine Rolle in meinem Leben gespielt. Und wenn wir uns sahen, hatte sie kaum ein nettes Wort für mich übrig. Zu den üblichen Feiertagen wie Weihnachten und Geburtstag hatte sie sich allerdings stets die größte Mühe gegeben und all meine Wünsche erfüllt. Weihnachten war für mich als Kind immer das schönste Fest. Nach dem ersten Advent fuhr ich mit Oma in die Stadt, gemeinsam sahen wir uns die Schaufenster der Warenhäuser in der Innenstadt an, die mit Märchenfiguren geschmückt waren. Diese Figuren konnten sich bewegen und winkten uns Kindern – so wollte ich es glauben – zu. Anschließend gingen wir in die Spielwarenabteilung, jedes Mal war ich überwältigt von der großen Auswahl.

Auf dem Heimweg schlug meine Großmutter mir vor, einen Wunschzettel zu schreiben. Zu Hause angekommen, setzte ich mich sofort an den Küchentisch, der Zettel wurde natürlich ellenlang, weil ich noch all die schönen Spielsachen vor Augen hatte. Inzwischen kochte Oma einen Teepunsch, und das erste Weihnachtsgebäck kam auf den Tisch. Auf der noch warmen Herdplatte hatte sie Orangenschalen ausgebreitet, und ein Tannenzweig wurde angezündet – ein wunderbarer Duft verbreitete sich in unserer Wohnküche. Als ich ihr meinen Wunschzettel zeigte, strich sie sofort einige Geschenke, meinte, der Weihnachtsmann könne das alles nicht tragen. Das sah ich ein, selbst als ich längst nicht mehr an den Herrn mit dem roten Mantel und dem weißen Rauschebart glaubte. Dieser trug übrigens, als er noch zu uns kam, die zierlichen Stiefel meiner Tante Agathe, der Frau von Onkel Egbert.

Ich vergesse auch nicht, wie meine Mutter mich immer erstaunt ansah, wenn ich an Heiligabend unter dem Tannenbaum ein Lied vortrug. Als könnte sie es nicht fassen, dass ihre Tochter eine musikalische Begabung besaß. Zu den wenigen schönen Erinnerungen an meine Mutter gehörten auch die Abende, an denen Onkel Egbert, der auch Musiker war, zu uns kam und zusammen mit meiner Mutter auf der Geige spielte – dann wurde unsere Küche zum Konzertsaal.

Meine Großmutter wurde immer geistesabwesender. Am Silvesterabend 1940 kam sie blutspuckend ins Krankenhaus. Als ich sie am 1. Januar besuchen wollte, wurde ich gleich wieder weggeschickt. Es stand schlecht um sie. Ich hörte, wie Tante Berta zu einer Nachbarin sagte: «Frau Nejar liegt nun auch im Sterben, das wird wohl nichts mehr. Die Kleine ist dann ein richtiges Waisenkind.» Ich lief weg, lief die Friedrichstraße hinunter, über den Wilhelmsplatz, lief zur Reeperbahn runter, bis ich vor der Wohnung von Bärbel und Otti stehen blieb. Als ich auf die Klingel drückte, öffnete mir der Vater meiner Freundinnen.

«Was ist denn los, Mia?», fragte er erschrocken, als er mich tränenüberströmt und völlig außer Atem vor sich sah.

«Oma liegt im Krankenhaus. Sie wird sterben. Wie Mama. Was wird dann aus mir? Ich will nicht in ein Waisenhaus.» Ich war so verzweifelt, dass ich kaum einen Satz ohne Stottern und Schluchzen herausbringen konnte.

«Komm erst mal rein.»

Herr Borcholt führte mich in die Küche, in der seine Frau gerade einen Kuchen backte. Sie hatte alles mit angehört und schloss mich in ihre Arme: «Sollte die Omi sterben, dann wirst du zu uns kommen, nicht wahr, Theo?»

«Keine Frage, es passt noch ein drittes Bett in das Zimmer von Otti und Bärbel. In diesen harten Kriegszeiten müssen wir alle zusammenhalten.»

«Und wir schicken dich zum Ballettunterricht», sagte Frau Borcholt, wohl wissend, dass das mein sehnlichster Wunsch war, den mir meine Oma trotz allen Bittens und Bettelns bisher nicht erfüllt hatte.

Langsam versiegten meine Tränen. Getröstet konnte ich nun meine Freundinnen anlächeln, die mit großen Augen in der Küchentür standen und das Gespräch mitverfolgt hatten.

«Das wäre doch toll, wenn du immer bei uns wohnen würdest», sagte Bärbel. «Dann wären wir fast Geschwister.»

Glücklicherweise verbesserte sich bald der Zustand meiner Großmutter. Sie war immer noch sehr schwach und musste noch fast fünf Monate im Krankenhaus bleiben, aber ihre Situation war nicht mehr lebensbedrohlich. Ich atmete auf. So gern ich meine Freundinnen mochte, Oma war mir doch der liebste Mensch. Ich konnte mir einfach nicht vorstellen, wie es wäre, wenn sie sich nicht mehr um mich sorgen würde.

In der Zeit von Omas Krankenhausaufenthalt nahmen mich Onkel Egbert und seine Frau Agathe auf, die in unserer Nähe wohnten, in der Annastraße. Auf diese Weise konnte ich weiterhin auf meine Schule gehen und mit meinen Freunden spielen. Tante Agathe versuchte in dieser Zeit, sich gut um mich zu kümmern, bereitete mir einen wunderschönen Geburtstag, zu dem ich auch Otti und Bärbel einladen durfte. Wir hatten ein gutes Verhältnis. Doch der Krieg veränderte die Menschen, machte sie härter, gereizter, und die Sorge um die Männer an der Front ging auch an Tante Agathe nicht spurlos vorbei. Als meine Oma und ich nach den heftigen Bombardements auf Hamburg im Sommer 1943 nach Lurup in eine Laube evakuiert wurden, musste ich das am eigenen Leib erfahren. Oma hatte für Tante Agathe, die mit meinem Onkel in eine Laube unmittelbar in unserer Nachbarschaft eingezogen war, Gardinen für die Laubenfenster genäht, ich sollte sie rüberbringen. Egberts Frau öffnete mir die Tür; gerade wollte ich ihr das Paket mit den Vorhängen überreichen, da verpasste sie mir eine kräftige Ohrfeige, dass mir die Gardinen aus der Hand flogen. Der Grund: Ich hatte sie nicht gegrüßt, als sie kurz zuvor an mir vorbeigeradelt und ich in ein Spiel vertieft war – sie hatte mein Verhalten als unmöglich empfunden. Ich erzählte meiner Oma von dem Vorfall, und umgehend suchte sie ihre Schwiegertochter auf: «Es war das letzte Mal, dass wir bei euch waren. Keiner von euch darf Mia schlagen. Wenn sie ungezogen war, sagt es mir, ich werde das dann regeln.» Nach dieser Auseinandersetzung nahm mich meine Großmutter nie wieder mit zu ihnen, und ich ging Tante Agathe aus dem Weg, wo ich nur konnte.

Als Oma endlich aus der Klinik entlassen wurde, war sie fast wieder wie früher. Nur sollte ich jetzt mehr Pflichten im Haushalt übernehmen, damit sie sich körperlich nicht mehr so anstrengen musste. Sie zeigte mir, wie man den Boden feudelte und die Fenster sauber machte. Anfangs hinterließ ich noch einige Schlieren, aber mit der Zeit machte ich es immer besser. Diese Arbeiten machten mir sogar Spaß, und von Oma erhielt ich viel Lob.

Als Nächstes schaffte sie sich wieder eine Katze an. Tante Berta hatte in der Zeit, als meine Großmutter in der Klinik lag, Jonny weggegeben, ohne uns davon zu erzählen. Oma stellte ihre Freundin zur Rede, wo denn das Tier hingekommen sei. Aber je wütender sie reagierte, umso störrischer verhielt sich Tante Berta. Das Endergebnis war, dass Oma Peter mit nach Hause brachte. Der angebliche Kater war wieder einmal weiblichen Geschlechts, also eine Petra. Ein Jahr später kam noch Cora hinzu, eine Schnauzerhündin, die gerade drei Monate alt war. Die Beschäftigung mit Peter und Cora schien meiner Oma gutzutun, und da ich Tiere liebte, waren sie auch für mich ein Glücksfall.

Eines Tages bekamen wir in der Schule eine größere Hausaufgabe auf: Wir sollten bis zu den Sommerferien mehrere Hitlerreden abschreiben. Als ich meiner Oma davon erzählte, sagte sie mit strenger Stimme: «Das machst du nicht. Mit den hohlen Phrasen dieses Mannes beschäftigst du dich nicht.» Ich war erstaunt, dass meine Großmutter, die sonst so viel Wert darauf legte, dass ich meine Schularbeiten mit Sorgfalt erledigte, so negativ auf die Aufgabenstellung reagierte. Aber hatte sie mich nicht auch dazu aufgefordert, meiner Lehrerin zu sagen, ich dürfe all das nicht lernen, was Hitler betraf?

Jedenfalls, die Sommerferien standen kurz bevor, und wir sollten die Hausaufgabe abgeben.

«Ich habe sie nicht», flüsterte ich meiner Lehrerin zu. «Meine Oma hat es mir nicht erlaubt.»

Ohne weiter darauf einzugehen, sammelte Fräulein Hoffmann die Hefte der anderen Schüler ein; es gab noch ein weiteres Mädchen in meiner Klasse, Hedwig, die wie ich von zu Hause das Verbot erhalten hatte, diese Aufgabe zu machen.

Zwei Tage vor Beginn der Ferien stand meine Lehrerin vor unserer Tür. Eindringlich bat sie meine Großmutter, mich diese schriftliche Arbeit nachholen zu lassen. Ich müsste nur ein paar Hitlerreden mit Punkt und Komma abschreiben, es ginge ja nicht darum, den Inhalt zu interpretieren. Zum Schluss sagte sie: «Sie ersparen Ihrer Enkelin damit eine Menge Ärger.»

Während Oma Fräulein Hoffmann zuhörte, wiegte sie den Kopf hin und her. Ich wusste, sie hätte nur zu gern ihrer Wut Luft gemacht, deutlich zum Ausdruck gebracht, was sie von dem Führer hielt. Seit dem Tod meiner Mutter hatte sie angefangen, noch vehementer auf die Diktatur, «die uns alle ins Verderben ziehen wird», zu wettern. Aber sie riss sich zusammen und gab schließlich ihr Einverständnis: «Mia wird die Aufgabe nachholen.» Ich sah ihr an, wie schwer es ihr fiel, diesen Satz über die Lippen zu bringen, aber die Vernunft hatte bei ihr obsiegt. Jetzt war guter Rat teuer. Oma las nicht den *Völkischen Beobachter*, den man für die Schularbeit brauchte, weil in dem Parteiorgan der NSDAP sämtliche Hitlerreden in ungekürzter Länge abgedruckt wurden. Aber es gab ja Tante Berta, die jeden Tag dieses Blatt in ihrem Briefkasten stecken hatte. Und tatsächlich, fein säuberlich hatte unsere Retterin sämtliche Reden der letzten Jahre von Hitler mit der Schere ausgeschnitten und neben ihrem Volksempfänger aufbewahrt.

Als Tante Berta uns ihre «Schätze» zeigte, baten wir sie, ob wir uns einige Zeitungsausschnitte ausleihen könnten. Sie freute sich über unser Interesse. «Endlich kommt ihr doch noch zur Vernunft», sagte sie und überreichte uns die gewünschten Artikel mit einem triumphierenden Lächeln.

Fast die ganzen Ferien über durfte ich nun diese Reden abschreiben, die in meinen Ohren wie gestelztes Theater klangen, wenn ich auch nicht wirklich verstand, worum es inhaltlich in ihnen ging. Vielleicht wollte ich das auch gar nicht wissen. Seit dem BDM-Erlebnis war es mit meiner einstigen Schwärmerei für Hitler endgültig vorbei.

Hedwigs Eltern hatten sich übrigens ebenfalls von Fräulein Hoffmann überzeugen lassen. So konnte ich mich damit trösten, dass ich nicht allein bei schönstem Sonnenschein drinnen am Küchentisch saß, statt mit den anderen Kindern schon morgens Ball zu spielen.

Haremsdienerin bei *Münchhausen*

1942 war das Jahr, in dem sich die nächtlichen Fliegeralarme häuften, die später zu einer der größten Bedrohungen und Herausforderungen in meinem Leben wurden. Es war aber auch das Jahr, in dem meine kleine «Filmkarriere» begann. Lieselotte Schuppenhauer, einst eine enge Freundin meiner Mutter, kam eines Nachmittags zu uns in die Friedrichstraße. Das tat sie oft, seitdem Cécilie nicht mehr lebte, vielleicht um durch Oma die Erinnerungen an ihre Freundin wachzuhalten. Kennengelernt hatten sich Lieselotte und meine Mutter in einem Etablissement, in dem Lieselotte als Tänzerin arbeitete und meine Mutter musikalisch zur Unterhaltung der Gäste beitrug.

Frau Schuppenhauer, zierlich und drahtig, konnte sich verbiegen wie ein Schlangenmensch, und während sie an unserem

Küchentisch saß, erzählte sie, dass sie zusätzlich zu ihren Tanz-auftritten als Statistin beim Film beschäftigt sei. Gerade habe sie gehört, dass man für eine andere Ufa-Produktion Kinder suchen würde.

«Aber doch keine schwarzen Mädchen wie Mia», sagte meine Großmutter skeptisch. «Auf der Leinwand muss alles rein arisch zugehen. Goebbels hat das bis zum Erbrechen betont.»

«Das mag bei den Stars so sein, aber bei den Statisten scheinen andere Gesetze zu gelten. Mich haben sie doch auch genommen. Und außerdem hat das Volk, wie Goebbels auch verkündete, ei-nen berechtigten Anspruch ‹auf Entspannung und Erheiterung›. Dazu gehört in Filmen eindeutig das exotische Element.»

Lieselotte war das, was wir eine «Mischlingsfrau» nannten, sie hatte wie meine Mutter einen schwarzen Vater und eine weiße Mutter. «Denk doch mal nach», fuhr sie fort, «wenn die einen Film drehen, der in Afrika spielen soll, dann können sie doch nicht nur Weiße nehmen. Erst das farbige Element bringt die richtige Unterhaltung.»

«Das mag schon sein. Aber soviel ich weiß, verwenden sie einfach nur Unmengen von Schuhwichse, die sie den Weißen ins Gesicht schmieren. Du setzt dem Kind nur Flausen in den Kopf.»

Es hörte sich tatsächlich sehr aufregend an, was Lieselotte von den weiblichen Diven erzählte: wie ihnen mit Vaseline Tränen von einem Maskenbildner aufgetragen wurden, weil sie nicht auf Kommando weinen konnten, wenn die Kameras liefen und sie doch aber einen Liebsten verabschieden mussten, der in den Krieg zog. Wie die Statisten zu jubeln hatten, wenn ein römischer Held in einem Streitwagen durch die Straßen fuhr. Kino, das war für mich seit meiner Verehrung für Shirley Temple das Größte.

Da ich so erzogen wurde, mich nicht einzumischen, wenn

Erwachsene miteinander sprachen, versuchte ich die Aufmerksamkeit meiner Großmutter auf mich zu ziehen. Unentwegt schaute ich sie an, und tatsächlich schaffte ich es, dass sie schließlich meinen bittenden Blick bemerkte. Ich bildete es mir wenigstens ein.

«Gib mir doch ein paar Aufnahmen von Mia mit», sagte Lieselotte. Sie hatte genau den richtigen Moment erwischt. «Die Leute von der Ufa können dann immer noch nein sagen. Immerhin würdet ihr auf diese Weise euer Einkommen aufstocken.»

Das Argument war nicht von der Hand zu weisen. Für mich gab es nur eine winzige Waisenrente von rund 18 Reichsmark, und Großmutter konnte seit der Zeit im Krankenhaus auch nicht mehr so viel nähen wie früher. Seufzend erhob sie sich von ihrem Küchenstuhl, ging ins Wohnzimmer, wo sie, wie ich wusste, in dem schweren Mahagonischrank eine Zigarrenkiste mit Fotos aufbewahrte.

Mein Herz schlug höher. Ich hörte, wie meine Großmutter eine Schranktür öffnete, wie ihre Fingernägel das Holz der Kiste streiften. Sie suchte tatsächlich nach Bildern von mir!

Nach einer Weile kam sie mit drei Fotos zurück, die sie Lieselotte in die Hand drückte. Mein Herz machte einen Freudensprung. Und für meine Oma war das Thema erst einmal erledigt.

Einen Monat später erreichte uns ein Brief, eigenhändig vom Reichspropagandaleiter Joseph Goebbels und selbsternannten «Schirmherr des deutschen Films» unterzeichnet. Ich sollte in dem Ufa-Film *Münchhausen* eine Statistenrolle spielen, dafür würde ich von der Schule vierzehn Tage freigestellt werden. Ein entsprechendes Schreiben für meinen Direktor lag dem Umschlag bei. Ich fühlte mich wie ein Filmstar: Ich tanzte durch die Wohnung mit einem imaginären, natürlich ziemlich gut aussehenden Partner, ich zupfte verlegen an meinem Rock, nahm effektvoll einen vorgestellten Hut von meinen krausen Locken, wie ich es auf der Leinwand beobachtet hatte, bevor etwas Aufregendes passierte, ein Kuss beispielsweise. Mit hoher Stimme versuchte ich einen Schlager zu singen und so virtuos zu pfeifen, wie ich es von Ilse Werner oft genug im Radio gehört hatte. Im Durchhalteprogramm des Reichssenders Berlin wurde im «Wunschkonzert» immer wieder das gleichnamige Lied aus dem Kinokassenschlager *Wir machen Musik* gespielt. Goebbels soll in dieser wohl populärsten Unterhaltungssendung des Nazifunks sogar die Reihenfolge der Musikstücke festgelegt haben. Zwischen den einzelnen Melodien aus Filmen und Operetten wurden Jubelnachrichten verkündet, Erfolgsmeldungen von soldatischen Heldentaten, Grüße von der Front an die Heimat, und die Spendenbereitschaft der Deutschen mobilisiert. Mich interessierten damals nur die Lieder.

In dem Film *Münchhausen*, das erzählte mir Lieselotte, sollte Ilse Werner eine Prinzessin darstellen. Vielleicht durfte ich ihre kleine Schwester spielen? Auf die Idee, dass dies aufgrund meiner Hautfarbe unmöglich war, kam ich nicht. Eigentlich hatte ich auch nie darüber nachgedacht, was es bedeutete, für eine Statistenrolle engagiert zu werden. Lieselotte hatte das auch nicht genauer erklärt.

Meine Großmutter schüttelte nur den Kopf über meine Flausen. Was uns beiden letztlich nicht klar war, war die Tatsache, dass die Schwarzen in den Filmen der Nazizeit missbraucht wurden, um die Ideologie der Nationalsozialisten zu untermauern. Für mich zählte damals jedoch nur der Glamour der Filmwelt, von dem ich ein Teil zu werden glaubte.

Für mein neues Leben als Filmstar musste ich nach Berlin fahren. Oma setzte mich am Hamburger Hauptbahnhof in den Zug, in der Reichshauptstadt sollte mich am Bahnhof Zoo eine Kinderbetreuerin der Ufa abholen. Nie zuvor hatte ich eine so lange Reise unternommen, noch dazu allein. Oma hatte mir zum Abschied Vanillepudding zubereitet und mir aufgetragen: «Wenn du in deinem Zimmer ankommst, dann machst du den Tisch hübsch zurecht und stellst für jeden einen Pudding hin.» Also steckte ich die fünf kleinen Puddingschalen ein, für die Betreuerin, Frau Tessen, die drei anderen Kinder, mit denen ich zusammenwohnen sollte, und für mich. Während der gesamten Fahrt schaute ich aus dem Fenster, jedes Haus und jeden Baum wollte ich in mich aufnehmen, doch die Landschaft raste viel zu schnell an mir vorbei.

Frau Tessen erkannte ich auf dem Berliner Bahnsteig sofort, die ältere Dame in ihrem blaugrauen Kostüm und dem streng nach hinten gebundenen grauen Haar hielt ein Ufa-Schild hoch. Während sie mir mein kleines Köfferchen aus der Hand nahm, sagte sie: «Wir fahren gleich in die Filmstudios. Sie liegen etwas außerhalb, in Potsdam, genauer gesagt, in Babelsberg. Dort wirst du wunderschöne Kostüme anziehen dürfen.»

Ich nickte nur. Mir schwirrte der Kopf angesichts der vielen neuen Namen. Unterwegs erzählte mir Frau Tessen, dass Goebbels zum fünfundzwanzigjährigen Ufa-Jubiläum einen «Spitzenfilm» in Auftrag gegeben habe, der den *Dieb von Bagdad* übertrumpfen solle. «Mit diesem Film, eben *Münchhausen*, wird die Leistungsfähigkeit der deutschen Filmindustrie überzeugend präsentiert. Das willst du doch auch, oder?»

Wieder nickte ich. Ich war nach der langen Reise und den vielen neuen Eindrücken zu müde, um auf das Geplapper meiner Betreuerin einzugehen. Sie schien auch nicht wirklich eine Antwort zu erwarten, denn sie redete sofort weiter.

«Du kannst stolz darauf sein, dass du in einem so wichtigen Projekt für Hitler mitmachen darfst. *Münchhausen* muss besser werden als jeder Hollywoodfilm, du weißt ja, dass unser siegreicher Führer inzwischen Krieg mit den Amerikanern führt.

Es geht in *Münchhausen* aber nicht um Politik, es ist ein richtig spannendes Märchen. Am Drehbuch durfte, weil das Prestige von unserem Führer auf dem Spiel steht, sogar ein Dichter mitarbeiten, Erich Kästner. Natürlich kann nicht sein richtiger Name im Abspann auftauchen, aber er hat ein Pseudonym bekommen, Bertold Bürger.»

Wieso erzählte sie solche Dinge einem Kind? Und warum durfte Kästner nicht unter seinem richtigen Namen auftauchen? Erst viel später erfuhr ich, dass Kästner zu den verfemten Dichtern gehörte und von den Nazis offiziell mit einem Berufsverbot belegt worden war. Im Moment fand ich es einfach nur spannend, dass Kästner an «meinem» Film mitgewirkt hatte, denn sein *Pünktchen und Anton* und *Emil und die Detektive* hatte ich geradezu verschlungen.

Und was sagte Frau Tessen jetzt? «Der Hans Albers spielt die Hauptrolle in dem Film.» Zum Glück fragte die Betreuerin nicht, ob ich den Darsteller kennen würde. Zwar hatte ich bislang keinen Film mit diesem «blonden Hans», der äußerlich dem NS-Ideal von einem germanischen Menschen sehr nahekam, gesehen. Aber ich hatte vor vielen Jahren ein Erlebnis mit diesem Abenteurer und Gentleman, das ich so schnell nicht vergaß.

Ich war fünf Jahre alt, als mich meine Großmutter zum Operettenhaus auf der Reeperbahn brachte: Für die Paul-Lincke-Operette «Grigri», in der es um den schwarzen König Magawewe und seine Tochter Grigri ging, wurde ein schwarzes Kind gesucht – und ich wurde schließlich ausgewählt. Der Regisseur der Operette sagte während der Proben zu mir: «Du musst in das Bühnenbild hineinlaufen und ein paar Tanzschritte machen. Anschließend nimmt dich der König auf seinen Schoß, denn du bist seine Tochter.» Bislang hatte ich den König nicht gesehen, verstand aber schon, was von mir erwartet wurde, obwohl es meine erste Bühnenerfahrung war. Los ging es. Doch

Filmplakat Münchhausen

als ich auf die Bühne hopste, den Schauspieler erblickte und dieser mich auch noch auf den Schoß hob, wurde ich schlagartig zur Heulboje. König Magawewe war so pechschwarz angemalt, dass ich richtig Angst vor ihm bekam. Alle machten sich über meine Furcht lustig, einzig der Regisseur hatte tröstende Worte für mich übrig. Oma sagte: «Wein doch nicht immer gleich, das ist ja furchtbar. Das ist doch ein ganz normaler Mann, er ist nur angemalt.» Ich heulte weiter und klammerte mich an sie, ich hatte einfach große Angst vor diesem schwarzen Mann. Der Schauspieler, an dessen Namen ich mich nicht mehr erinnern kann, kam dann später noch einmal ohne Schuhwichse im Gesicht auf mich zu und meinte: «Pass mal auf, dass ich so schwarz bin, ist nur für die Rolle. Guck mal, ich kann doch nicht so weiß sein, wie ich jetzt bin, wenn du meine Tochter sein sollst.» Das leuchtete mir ein, und ich fand es auch überaus tröstlich, dass der König deutsch sprach.

Am nächsten Tag kam Hans Albers in das Operettenhaus und hörte den Proben zu. Ich hatte hin und wieder seinen Namen gehört, mehr aber auch nicht. Er lachte mit seinen blitzenden, klaren Augen aus vollem Herzen über die Vater-Tochter-Szene und gab dem Regisseur einen klugen Tipp: «Die Kleine sieht in ihrem Strohröckchen süß aus, aber für den König ist sie viel zu hell. Den müsst ihr einfach weniger schwarz schminken.»

Ich war ihm dankbar für diesen Hinweis, der auch sogleich in die Tat umgesetzt wurde, und die Proben konnten ohne weitere Heulbojen-Zwischenfälle ihren Lauf nehmen.

Ich riss mich zusammen, um mich wieder auf meine Begleiterin zu konzentrieren. Ihr Redeschwall schien nicht aufhören zu wollen. Jetzt sagte Frau Tessen: «Hans Albers spielt den Baron Münchhausen, der von seinem Heimatschloss Bodenwerder aus nach St. Petersburg fährt. Er gewinnt die Gunst von Katharina II., duelliert sich mit einem Grafen Potemkin und erhält schließlich das Geschenk der ewigen Jugend. Auf einer Kanonenkugel gelangt er dann in das Lager eines türkischen Sultans, und es gelingt ihm, die im Harem gefangene venezianische Prinzessin Isabella d'Este zu befreien.»

«Hat die Prinzessin eine Schwester?», fragte ich, hellhörig geworden.

«Ich weiß nur, dass ihr Bruder sie wieder raubt und in ein Kloster steckt. Münchhausen reist dann noch auf den Mond, kommt wieder zurück und verzichtet auf die ewige Jugend, einzig seiner Frau zuliebe.»

«Das klingt wirklich wie ein Märchen», sagte ich. «Aber was mache ich dabei?»

«Du bekommst eine ganz schöne Aufgabe. Ihr Kinder werdet als Pagen in der Haremsszene eingesetzt. Du wirst mit einem riesigen Wedel einer Haremsdame frische Luft zufächeln.»

«Mehr habe ich nicht zu tun? Dafür braucht man doch keine zwei Wochen.»

«Warte nur ab», sagte Frau Tessen. «In dem Film werden ganz viele Tricks ausprobiert. Da dauern die Szenen viel länger als üblich.»

In diesem Moment erreichten wir das Filmgelände in Babelsberg. Von außen wirkten die vielen Hallen wie eine riesige Industrieanlage. Die Betreuerin führte mich in eine Halle, in der in einer abgeteilten Ecke die Kostüme für die Komparsen aufbewahrt wurden. Auf dem Weg dorthin entdeckte ich ein altes Plakat von Marlene Dietrich, das für den *Blauen Engel* warb. Einmal mehr wünschte ich in diesem Moment, so schöne Haare wie sie zu haben.

In der Halle überreichte man mir ein Kostüm, es war aus grünem Satin mit Verzierungen aus Goldbrokat. Ich zog es an, und weil es ein bisschen zu weit war, steckte eine Näherin es ab, bis es richtig saß. Am Ende setzte man mir eine Art Turban auf, sodass ich etwas sarottimäßig aussah, und gab mir einen Wedel in die Hand, von dem Frau Tessen mir schon erzählt hatte: riesige Pfauenfedern, die zu einem Fächer drapiert und an einem Stock befestigt waren.

An diesem Tag hatte ich nach der Kostümprobe nichts weiter zu tun, und meine Begleiterin brachte mich zurück nach Berlin-Mitte, in eine Pension, in der die Komparsen untergebracht waren. Das Zimmer teilte ich mir mit drei anderen schwarzen Kindern, die mich beim Eintreten aber kaum wahrnahmen, jedes von ihnen war in ein Buch vertieft. Sie sollten ebenfalls als Statisten auftreten, zwei Mädchen, davon eines jünger, das andere älter als ich, und ein Junge, ein Mischling.

«Könnt ihr kurz mal nach draußen gehen», sagte ich geheimnisvoll, kurz nachdem ich den Raum betreten hatte. «Ich habe eine Überraschung für euch mitgebracht.» Die Kinder erhoben sich etwas widerwillig von ihren Betten, die Betreuerin schaute mich leicht missmutig an. Dennoch taten sie, was ich ihnen aufgetragen hatte.

Ich holte den Pudding heraus, den mir Oma gut eingepackt hatte, und verteilte ihn auf dem Tisch, der in der Mitte des Zimmers stand. Anschließend rief ich alle vor der Tür Stehenden wieder rein, als wäre Heiligabend.

«Du bist vielleicht ein eigenartiges Kind», sagte Frau Tessen. «Sperrst uns aus, nur um ein bisschen Pudding auf den Tisch zu stellen.» Wenn die Betreuerin meine Aktion auch seltsam fand, die anderen Kinder stürzten sich jedenfalls mit Freude auf die süßen Sachen.

Am nächsten Tag wurden wir früh geweckt. Im Frühstücksraum wimmelte es von Menschen, und fast alle hatten eine dunkle Hautfarbe. Ich staunte darüber, wie viele Schwarze es in Berlin offensichtlich geben musste. Aber dann erzählte man mir, dass die schwarzen Statisten aus ganz Deutschland kämen. Die meisten von ihnen waren allerdings Mischlinge wie Lieselotte; ich war die Einzige, die diesen tiefdunklen Teint hatte – was wenigstens den Vorteil mit sich brachte, dass ich vor Beginn der Dreharbeiten nicht nachgeschminkt werden musste.

In Hamburg hatte ich nur sehr wenige Schwarze kennengelernt. Außer Lieselotte gab es noch eine weitere Freundin von Oma, Tante Henny, deren Eltern schwarz waren. Tante Henny war eine rundliche und fröhliche Frau mit einem gewaltigen Lockenkopf – eine typische «Negermama», wie sie in amerikanischen Südstaaten-Geschichten häufig dargestellt wurde. Sie hatte einmal erzählt, sie sei mit ihrem Mann Yuan und den Kindern im Tierpark Hagenbeck ausgestellt worden.

«Im Zoo werden Menschen gezeigt?», fragte ich verwundert.

«Ja, hinter den Gehegen mit den Gämsen wurde ein ganzes afrikanisches Dorf aufgestellt, mit echten strohgedeckten Lehmhütten. Die schwarzen Männer posierten immer im Vordergrund, mit einen Speer in der Hand. Wir Frauen mussten im Hintergrund vor den Hütten Hirsebrei kochen oder irgendwelche Tänze vorführen, immer begafft von weißen Zoobesuchern. Einzig eine Art Gartenzaun aus Holz trennte uns von ihnen. Auf diese Weise sollte man sich ein Bild von den ‹primitiven Völkern› machen. Als wir keine Attraktion mehr waren, mussten die Indianer dran glauben, und auch die Eskimos kamen dran.»

Das klang schrecklich. Oft war ich mit Oma in Stellingen gewesen, um uns die Tiere bei Hagenbeck anzuschauen, nie aber hatte ich etwas Derartiges gesehen. Später erfuhr ich, dass es diese Völkerschauen nur bis 1931 gab. Meine Oma hatte mich also nicht absichtlich von diesem Platz ferngehalten, wie ich es anfangs vermutete.

Manchmal wurde mir von Erwachsenen auf der Straße zugerufen: «Ach, du bist aus Hagenbeck!» Ich fühlte mich beleidigt, wusste aber nie, was ich darauf antworten sollte. Verwechselten die mich wirklich mit einem Tier? Oder hatten sie früher die Völkerschauen gesehen? Oft hieß es auch: «Du siehst ja aus wie ein kleiner Affe!» Na ja, «Affe» oder «Äffchen» konnte ich noch akzeptieren, ich war verspielt wie diese Primaten, und manchmal merkte ich am Ton der Leute, dass sie es nicht böse meinten, ihnen diese Worte auch nur so rausrutschten wie andere Sprüche, die zu damaliger Zeit über mich kursierten, etwa: «Die ist ja ziemlich kurz geraten.»

Nach dem Krieg, in den fünfziger Jahren, wurde ich immer wieder für Toxi gehalten. «Ach, du bist ja das Besatzungskind Toxi!» Ich sagte: «Nein, ich bin bestimmt kein Besatzungskind. Oder sehe ich aus wie zehn?» Der Film *Toxi* kam in die Kinos, als die ersten Kinder von deutschen Frauen und amerikanischen schwarzen Soldaten eingeschult wurden. Aus diesem Grund sollte das melodramatische Leinwandwerk von Regisseur Robert A. Stemmle (es spielte in Hamburg) für mehr Verständnis und Mitgefühl werben, was die Besatzerkinder betraf. In Ansätzen ist das auch sicher gelungen. Wie heißt es in dem Film? «Es gibt noch ein Rassenproblem, aber wir haben gelernt, es mit anderen Augen zu sehen.»

Als ich 1952 schließlich Gesangsaufnahmen für den Film *Toxi* machte (die aber nur auf Platte herauskamen) und ihn im Zuge dessen im Kino sah, erinnerte er mich auch an meine eigene Kindheit, insbesondere an die Negerkuss-Geschichte bei Bäcker Mamero: Das Mischlingskind Toxi, dargestellt von Elfie Fiegert, erlebte eine ganz ähnliche Szene. Es ist die Geburtstagsfeier von Ilse, einem der beiden Mädchen, von deren Familie das ausgesetzte Kind aufgenommen wurde. «Was für einen Kuchen willst du?», fragt Ilse das Findelkind. «Einen Mohrenkopf», antwortet Toxi. Ein eingeladenes Mädchen sagt daraufhin schnippisch: «Du hast doch selber einen!» Der Mohrenkopf bleibt unberührt auf Toxis Kuchenteller liegen, sie kann nicht in ihn hineinbeißen.

Filmplakate Toxi

Ich selbst habe zum Beispiel auch nie wieder Lakritzschlangen gegessen, als ich hörte, dass man sie abschätzig «Negerpimmel» nannte. Seit dem Erlebnis bei Bäcker Mamero hasste ich sogar meine schwarzen Puppen, viel lieber spielte ich von da an mit Gretchen, die dicke blonde Zöpfe hatte.

Nach dem Frühstück fuhren wir erneut nach Babelsberg hinaus. Zuerst wurden wir zu der Halle mit den Komparsenkostümen geführt. Die Männer mussten einen lilafarbenen Seidenanzug mit goldener Schärpe anziehen, auf den Kopf wurden ihnen ballonartige Turbane aus dem gleichen Stoff aufgesetzt, prächtig sahen sie aus, die Haremswächter. Andere Schwarze sollten nur in einem vielfarbig gestreiften Lendenschurz herumlaufen, goldene Kreolen, natürlich nicht echt, baumelten dabei an ihren Ohren.

Als wir fertig ausstaffiert waren, brachte man uns in ein riesiges Aufnahmestudio, um viele Quadratmeter größer als die Kostümhalle – und die hatte schon enorme Ausmaße. Ich kam aus dem Staunen fast nicht mehr heraus, welche mehr oder weniger künstliche Filmwelt sich da vor meinen Augen auftat, wenigstens was die architektonische Ausstattung betraf. Weiße Marmorsäulen, rote Perserteppiche, die typischen orientalischen Fenster, in der Mitte ein rundes Schwimmbassin. Dies war der Harem, in dem ich einer Dame frische Luft zufächeln sollte. Es stellte sich heraus, dass es eher heiße Luft war, denn wir hatten nicht nur einen Sommer mit hohen Temperaturen, die Scheinwerfer heizten das gesamte Atelier noch zusätzlich auf. Weil ich die Hitze nicht mehr ertrug und es so anstrengend war, über Stunden den Fächer zu halten und zu wedeln, wurde ich während der Dreharbeiten sogar einmal ohnmächtig. Aber nach ein paar Schluck Wasser und einer kleine Pause ging es mir schnell wieder gut.

Nach und nach betraten jetzt immer mehr Haremsfrauen die Halle – der Sultan, so wurde mir gesagt, hätte das Vergnügen, zwölf Hauptfrauen und dreihundertsieben Nebenfrauen zu besitzen. Sie waren vornehmlich in bunte Gewänder mit raffinierten Schleiern gehüllt. Einige Frauen trugen nur einen Bademantel, darunter blitzte einzig ein goldener Tanga. Später, als die Kameras liefen, wurden ihnen die Überwürfe abgenommen, und sie sprangen mit entblößter Brust in das Bassin, dass das Wasser nur so spritzte. Zum Glück war meine Großmutter nicht dabei, sie hätte es bestimmt nicht zugelassen, dass ich in einer solch freizügigen Szene mitspielte. Ich selbst hatte kein Problem damit, weil ich in den Schaukästen auf St. Pauli schon viele leichtbekleidete Damen gesehen hatte, nicht zuletzt natürlich auch bei meinem Ausflug durch die Herbertstraße. In diesem Film – und auch später in *Quax in Afrika* – wurde mehr und länger nackte Haut gezeigt, als es Hildegard Knef in Willi Forsts Nachkriegsfilm *Die Sünderin* je gewagt hätte.

Ilse Werner betrat als Letzte den imaginierten Harem. Sie trug ein weißes Kostüm mit Ornamenten, einen weißen Seidenturban, der von Federn gehalten wurde, unter dem ihr dunkles Haar herausschaute. Die Lippen waren tiefrot geschminkt, die Wimpern nachtschwarz, die Augenbrauen exakt geschwungen. Ich musste bei ihrem Anblick – selbst in dieser mörderischen Hitze – an eine wunderschöne Schneekönigin denken. Als Gefangene des Königs saß sie, die Prinzessin Isabella d'Este, am Ende des Harems auf einem erhöhten Podest. Marion, ein Mädchen, das mit mir das Pensionszimmer teilte und ein, zwei Jahre jünger war als ich, sollte der Werner die stickige Luft zuwedeln. Der Inhalt der Szene: Hans Albers, der selbst nicht zu sehen war, sich aber als unsichtbarer Zaubermensch Zutritt zum Harem verschaffte, sollte Ilse Werner an sich nehmen und mit ihr, sie auf seinen Händen tragend, durch den Harem rasen. Das sollten wenigstens die Zuschauer denken. In Wirklichkeit saß Ilse Werner auf einem Draht, den man sich als eine Art Sessellift vorstellen muss, der dreißig Meter durch die Halle gezogen wurde. Hans Albers spazierte währenddessen seelenruhig vor dem Studioeingang herum und rauchte eine Zigarette.

Meine Aufgabe war einfach: In dem Moment, als der unsichtbare Hans Albers die Prinzessin scheinbar davonträgt und sie von ihrem Schicksal erlöst, hatte ich erschrocken zu schauen und den Wedel fallen zu lassen. Das Problem war, dass ich nie wusste, wann genau Ilse Werner auf ihrem Drahtbügel davonflog, wann sich die kunstvoll gebaute Maschinerie, die im Film nicht erkennbar ist, in Gang setzte.

Die gesamte Szene sollte ohne einen einzigen Schnitt gedreht werden, und bis sie in den Augen des Regisseurs Josef von Baky perfekt saß, dauerte es tatsächlich zwei Wochen. Hinzu kam, dass die Dreharbeiten für einige Tage ausgesetzt werden mussten, weil Ilse Werner einen Zusammenbruch erlitt: Wie auch ich hatte sie die Hitze nicht vertragen. Ich mochte die Schauspielerin und Sängerin sehr gern, weil sie sich während dieser anstrengenden Dreharbeiten immer natürlich verhielt. Nur zu gut konnte ich es nachvollziehen, als sie nach endlosen Probeeinstellungen auf dem Drahtsitz laut ausrief: «Ich kann's nicht mehr aushalten.»

Im Grunde lebten wir in dieser Zeit in einem Universum aus parallelen Welten. Zum einen gab es den Krieg, den ganz normalen Alltag zu Hause in Hamburg, zum anderen aber auch die glamouröse Schweinwelt des Films – inklusive der unbeschwerten drehfreien Tage, an denen wir Kinder ins Schwimmbad durften und ich von Myriel das Schwimmen beigebracht bekam. Sie stammte aus Berlin, aber weil ihre Mutter am äußersten Rand von Spandau wohnte, durfte sie, um ihr die langen Fahrtwege in diesen gefährlichen Kriegszeiten zu ersparen, ebenfalls in der Pension übernachten. Myriels Vater war ein Schwarzer, ein Amerikaner, der mit seiner Jazztruppe quer durch Europa getourt war, den sie aber nie kennengelernt hatte.

Einmal traf ich Hans Albers während einer Drehpause auf dem Studiogelände. Ich traute mich, ihn anzusprechen, und fragte, ob er sich noch an die Geschichte im Operettenhaus erinnere und dass im Schaukasten draußen Bilder von uns beiden gehangen hätten. Er lachte nur und sagte «ja, ja, ja». Wahrscheinlich hatte er dieses für mich so einprägsame Erlebnis schon längst vergessen.

Später, als ich mir den Film anschaute, habe ich kaum erkannt, welcher Haremsdame ich Luft zufächerte, weil die Kamera so eingestellt war, dass sie die Reihen der wedelnden Pagen nur streifte. Am meisten amüsierte mich der Dialog, der einzige in dieser Szene, eigentlich ein Monolog, der später beim Filmschnitt einmontiert wurde. Hans Albers war – eben unsichtbar – bei Ilse Werner angelangt, in seiner volltönenden Stimme sagte er: «Prinzessin, ich bin's. Kommen Sie rasch.» Von «kommen» konnte bei dieser Schwebeszene nun wahrlich nicht die Rede sein.

Obwohl die Ufa bereits am 18. Dezember 1942 ihr fünfundzwanzigjähriges Bestehen feierte, wurde *Münchhausen* wegen Verzögerungen bei seiner Fertigstellung erst am 5. März 1943 im Berliner Ufa-Palast am Zoo uraufgeführt. Goebbels nutzte den Anlass, um vor dem geladenen Publikum die internationale Bedeutung des Films zu betonen – die zu diesem Zeitpunkt nur noch als Wunschvorstellung existierte. Sechs Wochen zuvor, am 1. Februar, war Stalingrad gefallen, und nur zwei Nächte vor der Premiere wurde Berlins Innenstadt bei einem Großangriff alliierter Bomber zur Trümmerwüste. Dennoch hatten es der Regisseur, der Ungar Josef von Baky, und die Drehbuchautoren geschafft, in den Dialogen über alle vorstellbaren NS-Niederungen hinwegzugleiten. Was erstaunlich war, da die Ufa, damals Deutschlands größter Filmkonzern, sich im Dritten Reich zum Erfüllungsgehilfen des Propagandaministeriums gemacht hatte – ohne lange zu zögern.

Operation Gomorrha

Als die Dreharbeiten beendet waren und ich wieder nach Hamburg fuhr, schlug meine Großmutter beim Wiedersehen die Hände zusammen. «Je älter du wirst, umso mehr siehst du Onkel Alphons ähnlich», sagte sie. Ob das nun als Kompliment gemeint war, da sie früher ja immer an meinem Äußeren herumgemäkelt hatte, vermochte ich nicht zu sagen. Ich fand das eher zwiespältig, denn sie erzählte mir, dass ihr jüngster Sohn sie einmal verleugnet hatte. Er war sechzehn Jahre alt gewesen und hatte gerade seine Lehrstelle in einem Restaurant am Rödingsmarkt angetreten. Auch meine Großmutter arbeitete in diesem Lokal, sie war dort zweimal in der Woche als Garderobiere tätig. Eines Tages ließ sich ein Gast seinen Mantel herausgeben, genau in diesem Moment lief Alphons an meiner Großmutter und dem Herrn vorbei, mit einem Tablett, auf dem einige leere Gläser standen. Der Gast sah ihm nach, drehte sich anschließend zu meiner Oma um und sagte zu ihr, voller Mitleid in der Stimme: «Der arme Junge. Sein Vater ist tot, seine Mutter lebt in Afrika, er ist hier ganz allein in der Fremde.»

Als sämtliche Gäste gegangen waren, rief meine Oma Alphons zu sich und empfing ihn mit einer kräftigen Ohrfeige und den Worten: «Nur zu deiner Erinnerung, deine Mutter ist hier bei dir und nicht in Afrika.»

Während meine Großmutter noch einiges über das Restaurant berichtete, hörte ich ihr kaum zu, immerzu musste ich daran denken, was für Schlechtigkeiten sich Alphons wohl über seine Mutter anhören musste, wenn die Menschen mitbekamen, dass sie eine Weiße war. Nur so konnte ich mir erklären, warum er zu dieser Lüge gegriffen hatte. Wenn ich neben ihr ging, bekam sie nur wenig Spott und Häme zu hören, wahrscheinlich, weil sie schon eine ältere Frau war und ihr mehr Respekt gezollt wurde. Ich dachte auch darüber nach, wie unterschiedlich Geschwister sein konnten. Während meine Mutter stolz auf ihre schwarze Hautfarbe gewesen war, hatte ihr Bruder Alphons eine ganz andere Einstellung zu seinem Äußeren. Ich selbst vermied es, länger als nötig darüber nachzudenken, wollte weder stolz noch unglücklich darüber sein. Stolz war ich, wenn ich unseren Hund perfekt geschoren hatte oder als Komparsin ein Lob bekam, unglücklich, wenn geliebte Menschen krank waren oder aus einem anderen Grund litten.

Kurz vor Weihnachten 1942 passierte ein Vorfall, der sich mir tief eingebrannt hat. Meine Großmutter hatte es sich in den Kopf gesetzt, dass ich Geigenunterricht nehmen sollte – wie meine Mutter. Sie suchte sich den Musiklehrer aus, bei dem meine Schulfreundin mit den dicken blonden Zöpfen und dem umwerfenden Lachen, Gerda, die eine wunderschöne, hohe Sopranstimme hatte, Gesangsunterricht nahm. Eines Tages sagte mein Musiklehrer zu mir, ich hätte eine gute Altstimme, die ideal mit dem Sopran von Gerda harmonieren würde. Er brachte uns zusammen, damit wir im Tropeninstitut in der Bernhard-Nocht-Straße, in dem viele verwundete Soldaten lagen, Weihnachtslieder sangen. Mir gefiel die Idee, Gerda war regelrecht begeistert. Zu zweit studierten wir nun «Stille Nacht, heilige Nacht», «Ihr Kinderlein kommet» und andere bekannte Weihnachtslieder ein.

Als der große Tag gekommen war, traten wir als Duo an. Wir waren ein wenig eingeschüchtert, als wir die Treppen zum Hauptportal des riesigen Backsteingebäudes mit seinen weißen Fenstern betraten, Gerda mit ihren blonden Zöpfen, ich mit meinen schwarzen krausen Haaren, beide in unseren festlichsten Kleidern. In der Eingangshalle stand eine Tanne mit Lichtern, Strohsternen und Silberlametta. Eine Krankenschwester mit weißer Schürze und Haube führte uns in den zweiten Stock. Im ersten befand sich die Quarantänestation, die wir nicht betreten durften. Von den Krankenzimmern aus konnte man auf den Hafen schauen, wir gingen von Raum zu Raum, sangen jeweils zwei, drei Lieder, und oftmals stimmten die Soldaten mit ein. Viele von den Verwundeten hatten nur noch ein Bein, manchen fehlte auch ein Arm. Einige sahen sehr traurig aus. Krieg musste etwas Grausames sein, dachte ich. In meinem Alltag spielte er ja kaum eine Rolle, und Oma ging nie ins Detail, wenn ich sie einmal danach fragte. Aber durch die vielen Verwundeten, die im Lauf der Zeit zum Straßenbild gehörten, konnte ich mir mehr über den Krieg zurechtreimen, als mir lieb war. Richtig laut schmetterte ich jetzt «Oh du fröhliche, oh du selige», damit die Soldaten doch wenigstens an diesem Tag ihre Schmerzen ein wenig vergessen konnten.

Am Ende waren Gerda und ich ganz heiser. Es gab sehr viel Beifall; wir wussten, wir hatten unsere Sache gut gemacht. Dennoch wurden wir erstaunlich schnell von den Schwestern mit ein paar zugesteckten Keksen verabschiedet, obwohl man uns vorher versprochen hatte, dass man uns im Anschluss an unsere Darbietung zum Essen einladen würde. Da es mit den Lebensmitteln immer knapper wurde, hatte uns auch die Aussicht auf ein gutes Mahl gefreut. Nun hatten wir lediglich ein Paket Kekse erhalten – aber immerhin, es war unser erster «Lohn». Nichtsdestotrotz konnten Gerda und ich uns nicht erklären, warum das Personal uns plötzlich so kühl behandelt hatte.

Unser Auftritt sollte tatsächlich ein unerfreuliches Nachspiel haben, unsere Wahrnehmung hatte uns nicht getäuscht: Mein Musiklehrer durfte mich nicht mehr unterrichten. Die Leitung des Bernhard-Nocht-Instituts war empört gewesen, dass er ein arisches Kind mit einem Negerkind zusammen hatte singen lassen. Auch in dieser Situation hatte mir der Lehrer mehr leidgetan als ich mir selbst: Wie er so vor mir stand und sich vor Verlegenheit wand, um mir zu erklären, dass ich in Zukunft ohne ihn auskommen müsse … Ich wurde richtig wütend auf das Tropeninstitut, das größte seiner Art in Deutschland. Es war um 1900 errichtet worden, um die Deutschen, die nach Übersee fuhren und mit irgendwelchen Infektionen wieder zurückkamen, zu heilen. Auch kranke Matrosen aus Südamerika, Asien und Afrika wurden in diesem Krankenhaus behandelt – wer, wenn nicht die dort arbeitenden Ärzte und Schwestern, wusste, dass dies auch Menschen waren. Die Welt wurde für mich immer unbegreiflicher.

Als Trost erlaubte mir meine Großmutter, Ballettunterricht zu nehmen. Ich konnte es kaum fassen – endlich ging mein langgehegter Wunsch in Erfüllung! Mir war es sowieso die ganze Zeit ein Rätsel gewesen, warum Großmutter mir bisher nicht erlaubt hatte, zum Ballett zu gehen, ständig wurde sie darauf angesprochen: «Gucken Sie mal, Ihre Enkelin, die läuft nicht, die tanzt. Die müssen Sie zum Tanzen schicken!»

Ich hatte ein solches Musikgefühl in meinem Körper, dass mich schon die kleinsten Ballerinaschritte glücklich machten. Auch wenn der Unterricht in der Anneliese-Sauer-Schule in der

Talstraße eigentlich mehr Ballettgymnastik als «echtes» Ballett war – ich schwebte im siebten Himmel und strengte mich sehr an, um für die richtigen Kurse ausgesucht zu werden. Mit Erfolg, denn ich schaffte nach dem Anfängerkurs den «Aufstieg» – leider beendete meine Oma kurzerhand meine Ambitionen.

«Du bist bald Konfirmandin, da kommt Ballett nicht mehr in Frage.»

«Aber eine Klassenkameradin von mir darf auch weitermachen.»

«Das ist schön für sie, für dich ist das dann nichts mehr.»

Wie immer konnte ich mich gegen meine autoritäre Großmutter nicht durchsetzen.

Im Frühjahr 1943 erhielt ich meinen nächsten Einsatz als Statistin, diesmal in München, in einem heroisierenden biographischen Film um den Nationalökonomen Friedrich List mit dem Titel *Der unendliche Weg*. List wurde von Eugen Klöpfer verkörpert.

«Wer ist denn überhaupt der Friedrich List?», fragte ich einen Mann, der in dem Studio herumlief. Ich hatte dieses Mal keine Betreuerin, weil ich nur wenige Tage gebraucht wurde.

«Genau weiß ich das auch nicht», sagte der Mann. «Er lebte im 19. Jahrhundert und wollte, dass man aus eigener Kraft Reichtum schuf. Irgendwann floh er in die Vereinigten Staaten und wurde dort Farmer.»

«Und wofür brauchen Sie dann mich?»

«Na, auf der Farm haben doch sicher schwarze Familien gearbeitet.»

«Und ist der Eugen Klöpfer ein bekannter Schauspieler?», fragte ich weiter. Da der Mann mir so freundlich und geduldig Auskunft gegeben hatte, konnte er meine Neugierde ja noch weiter befriedigen.

«Hast du noch nie von dem Film *Jud Süß* gehört?» Ich schüttelte den Kopf. «Na, das ist auch nicht weiter schlimm.» Bei dem letzten Satz flüsterte der Mann, dann winkte er mir zu und wünschte mir viel Glück.

Viel weiß ich von den Dreharbeiten nicht mehr, nur dass wir ständig in einer mit Erde aufgeschütteten Halle (was ein Feld darstellen sollte) und in einer nachgebauten Scheune herumlaufen mussten. Wir trugen Kleider, die meiner Meinung nach eher Lumpen waren, so wie man sich zu dieser Zeit arme Schwarze auf einer Farm in den Staaten vorstellte. Klöpfer sah ich ein einziges Mal, sein eindrucksvolles Gesicht wirkte ein wenig müde. Wegen seiner Leinwandauftritte in Nazi-Propagandafilmen wurde er nach dem Krieg mit einem Spielverbot belegt, zudem musste er zwei Monate in Haft verbringen.

In meiner Zeit als Statistin hatte ich aber nie zu spüren bekommen, dass mich Schauspieler ablehnten. Von einer einzigen Schauspielerin hatte ich gehört, dass sie Schwarze nicht ausstehen könne – das war Kirsten Heilberg. Die Norwegerin hatte 1938 mit dem Film *Napoleon ist an allem schuld* ihren großen Durchbruch in Deutschland. Aber erst nach dem Krieg begegnete ich ihr persönlich in einer der für die damalige Zeit typischen Revuen, in der auch ich eine kleine Rolle haben sollte. Sie verachtete noch immer Schwarze. Mir schien, dass sie, weil sie im Nazi-Deutschland Karriere gemacht hatte, dieser Diktatur nun nachtrauerte, da sie kaum noch Filmengagements bekam. Ihre Ressentiments mir gegenüber führten aber zu keinen Konsequenzen, ich musste meine Rolle nicht abtreten. Zu Hitlerzeiten wäre das sicher anders gewesen, sie hätte mehr Macht gehabt.

Am 24. Juli 1943 feierten Oma und ich bei Freunden Geburtstag, die in der Großen Bergstraße wohnten, im angrenzenden

Stadtteil Altona. Es war ein Sonnabend. Erst spät waren wir wieder zu Hause, und gerade als wir zu Bett gegangen waren, heulten die Sirenen kurz auf. In den Nächten davor hatte es auch immer mal wieder Fliegeralarm gegeben, aber jedes Mal kam nur wenige Minuten danach die Entwarnung, sodass wir auch jetzt nicht sonderlich beunruhigt waren. Ich wollte gerade erklären, dass ich keinen Bunker aufsuchen und lieber im Bett bleiben wolle, als wir ganz nah Flugzeuge hörten. Im nächsten Moment fielen die ersten Bomben. Ein unbeschreiblicher Lärm war zu hören, Menschen schrien, es war die Hölle.

«Hinter unserem Haus brennt es», rief Oma. «Wir müssen hier raus.»

In unseren Nachthemden flüchteten meine Großmutter, Tante Berta, unsere Hündin Cora und ich in das Treppenhaus. Wir setzten uns auf die Stufen, weil es uns nach einem kurzen Blick durch die Fensterspalten in der Haustür zu gefährlich erschien, nach draußen zu laufen und einen Luftschutzkeller oder den Bunker unterhalb der Reeperbahn aufzusuchen.

«Das ist das Ende», sagte Oma. «Das haben wir deinem Hitler zu verdanken.»

Tante Berta, an die die letzten Worte gerichtet waren, schien ihre heroischen Hymnen, die sie ansonsten über diesen Mann in jeder Situation anstimmte, vergessen zu haben. «Das ist nicht mein Hitler», erwiderte sie kleinlaut.

Plötzlich wurde die Haustür aufgerissen, und Herr Krüger, der Hausbesitzer von gegenüber, kam, um uns zu sich in seinen Luftschutzkeller zu holen.

In der Nacht hörten wir eine Bombe nach der anderen einschlagen, die Kellerwände bebten. Die Geräusche der Detonationen nahmen kein Ende und uns fast den Atem. Wir wussten nicht, ob wir jemals wieder lebendig aus dem Keller herauskommen würden oder ob Herrn Krügers Haus uns über dem Kopf wegbrannte. Ab drei Uhr war es still, keiner sagte ein Wort, jeder lauschte, ob nicht im nächsten Moment vielleicht wieder eine Detonation zu hören sei. Doch nichts geschah. Gegen vier Uhr morgens nahmen wir an, dass die Bomber wieder zurückgeflogen waren. Vorsichtig stiegen wir die Kellertreppe hoch, die direkt auf die Friedrichstraße führte. Sofort fingen wir an zu husten – wir standen in einer riesigen Rauchwolke. Es war ein schrecklicher Anblick, überall gab es in den Häuserreihen Lücken, die Friedrichstraße war ein einziges Trümmerfeld aus Gesteinsbrocken, Glassplittern und verbrannten Teilen, die keiner mehr identifizieren konnte. Unser Haus stand zum Glück noch da, einzig unser Dach wies massive Schäden auf, es war größtenteils abgedeckt.

Als wir zur Reeperbahn und zum Spielbudenplatz blickten, sahen wir in ein einziges Flammenmeer, das bis hinauf zum Millerntor reichte. Hamburg brannte. Es war bei weitem der heftigste Luftangriff, den ich erlebt hatte. Bei jedem Schritt, den ich tat, hatte ich das Gefühl, dass mir im nächsten Moment der Boden unter den Füßen entrissen würde. Meine Oma hatte gleich zu Anfang gesagt, dass Krieg etwas Furchtbares war. Die bisherigen Fliegerangriffe hatten mir auch immer wieder Angst gemacht, aber dieses Ausmaß überstieg auch die schrecklichsten Vorstellungen. Einzig Hitler war der Schuldige, er war schuld, dass jetzt die Alliierten Bomben auf Hamburg warfen, er hatte all diese Menschen, die zu Tode gekommen waren, auf dem Gewissen. Angesichts dieser Hölle war es nur schwer zu begreifen, dass wir zu den Überlebenden zählten. Ich schämte mich fast ein wenig dafür.

Später erfuhren wir, dass es britische Bomber gewesen waren, die unter dem Kommando von Arthur «Bert» Harris den Angriff geflogen hatten. Die Vernichtung der Hafenstadt war eines der wichtigsten Ziele der Royal Air Force (RAF) geworden, um den

Krieg abzukürzen. Man wollte die Werftindustrie treffen und hatte deshalb die Zerstörung der Arbeiterquartiere angeordnet. Harris hatte (in Absprache mit den Amerikanern) den Befehl «Hamburg Goodwood, late» ausgegeben, das hieß: Die Hansestadt sollte nach Mitternacht (late) mit dem größten Einsatz an Männern und Maschinen (Goodwood) angegriffen werden. Der Codename der Operation: «Gomorrha». Zuerst wurden Brandbomben über der Stadt abgeworfen, die als Leuchtfeuer für weitere Sprengstoffladungen dienen sollten.

Den ganzen Tag über wurde es nicht hell, die Brand- und Sprengbomben hatten einen so verheerenden Schaden angerichtet, dass dunkle Rußschwaden über der Stadt lagen, sich Wolken aus Rauch und Asche hoch in den Himmel türmten. Es gab keinen Strom mehr, kein Gas und vor allem kein Wasser – bei der glühenden Hitze war das besonders schlimm.

Meine Großmutter machte sich auf in Richtung Hafen, um nach Freunden zu sehen; ich lief mit zwei Eimern los, vielleicht gab es irgendwo ja doch noch Wasser. Mein Kopf schmerzte von dem Rauch, von dem, was ich sah. Ich war entsetzt, als ich erkannte, dass es verkohlte Menschen waren, die auf der Straße lagen. Verbrannte Leichen sind so klein, dass ich im ersten Moment dachte, ich würde über Kinder steigen, was mein Entsetzen noch steigerte. Meine Oma, der ich von dem Grauen hätte erzählen können, war noch nicht wieder aufgetaucht, sie hätte mir sicher gesagt, dass es Erwachsene gewesen waren. Ich war dermaßen verstört, dass ich gar nicht mehr wusste, warum ich eigentlich losgegangen war, und am Ende mit leeren Eimern in die Friedrichstraße zurückkehrte.

Nachdem ich einige Zeit auf den Treppenstufen zu unserem Haus zugebracht hatte, dachte ich plötzlich, meine Großmutter könnte unterwegs umgekommen sein. Um nicht durchzudrehen, gab es nur eines: Ich musste mich noch einmal durch das

Chaos wagen. Die Reeperbahn lag ja gewissermaßen um die Ecke – und wohnten dort nicht Otti und Bärbel? An meine beiden Freundinnen hatte ich bei all dem Schrecken noch gar nicht gedacht! Statt weiter herumzusitzen und mich in meine Angst hineinzusteigern, erschien es mir sinnvoller, herauszufinden, was mit meinen Freundinnen passiert war. Unterwegs stürzte vor meinen Augen ein Haus zusammen, Funken stoben von den verkohlten Balken empor, und ich rannte, so schnell ich konnte, weiter. Das St.-Pauli-Theater stand noch, auch die Davidwache, aber direkt daneben sah ich schwelende Trümmerfelder. Insgesamt waren nach diesem Angriff auf St. Pauli von einem Drittel der Gebäude einzig Skelette übrig geblieben.

Als ich vor dem Haus meiner Freundinnen angekommen war, standen sie und ihre Eltern davor, beziehungsweise vor seinen Resten, denn es war völlig ausgebrannt. Wir umarmten uns alle, glücklich darüber, dass wir uns lebend wiedersahen.

«Wir sind in den Reeperbahn-Bunker geflüchtet», sagte Otti. «Das war so grauenvoll, das kannst du dir gar nicht vorstellen. Immer mehr Menschen drängten sich hinein, alle schrien durcheinander.»

«Ja, und die Luft wurde immer unerträglicher», erzählte Bärbel weiter. «Der Rauch drang sogar durch die Lüftungsanlagen. Wir dachten schon, wir müssten ersticken. Und da es kein Wasser mehr gab, konnten auch die Toiletten nicht mehr gespült werden. Es stank bestialisch. Wir wollten nur noch nach oben, aber alle sagten, dort sei es noch schlimmer.»

«Ihr müsst jetzt Abschied nehmen», unterbrach Frau Borcholt plötzlich unser Gespräch. Erstaunt schaute ich die Mutter von Otti und Bärbel an, sie hatte Tränen in den Augen. «Wir werden in unser Gartenhäuschen ziehen. Der Schrebergarten liegt in Tonndorf, weit von St. Pauli entfernt. So oft werdet ihr euch in nächster Zeit nicht mehr sehen können.»

Ich fing ebenfalls an zu weinen. Was wollte Hitler noch von mir? Er lehnte mich wegen meiner Hautfarbe ab, hatte den Tod meiner Mutter zu verantworten und all der anderen Menschen, die bei den Bombenangriffen umgekommen waren, und nun nahm er mir auch noch meine beiden liebsten Freundinnen! Lange winkte ich ihnen nach.

Als ich hörte, dass die Oma und die Tante von Bärbel und Otti am nächsten Tag bei einem weiteren Bombenangriff getötet wurden, weil die beiden älteren Frauen in ihren Wohnungen in dem Hamburger Stadtteil Hammerbrook geblieben waren, war ich trotz allem froh, dass meine Freundinnen in Tonndorf in Sicherheit waren.

Bei uns in der Friedrichstraße hatten sich in der Zwischenzeit eine Menge Leute versammelt, auch Onkel Alphons mit seiner Frau Thea. Sie gehörten zu den vielen Hamburgern, die in der letzten Nacht ausgebombt worden waren und alles verloren hatten. Oma war wohlbehalten unter ihnen. Erst jetzt entdeckte ich, dass unsere Hündin Cora blutete, ihr musste wohl ein Stein auf den Kopf geflogen sein. Da es nicht erlaubt war, Tiere in den Bunker oder in den Luftschutzkeller mitzunehmen, musste sie sich während der Detonationen allein durchschlagen. So frech, wie die Hündin sonst war, diese Angriffe hinterließen selbst bei ihr Spuren. Wollte sie nicht gehorchen, brauchte ich seit diesen schrecklichen Tagen nur «Cora, Alarm!» rufen, schon lag sie lang ausgestreckt auf dem Boden und schaute mich verwirrt aus ihren braunen Augen an.

Mittags gab es schon wieder Sirenengeheul. Diesmal flogen die Boeing-Bomber der US Air Force über uns, die die Werftanlagen von Blohm & Voss ins Visier genommen hatten. Sie befanden sich gegenüber von St. Pauli, auf der anderen Seite der Elbe. Sofort rannten wir in den Keller von Herrn Krüger, der dieses Mal sein Radio mitgenommen hatte. Staatsrat Ahrens versuchte über den Äther die Bevölkerung zu beruhigen, man solle nicht die Stadt verlassen, das sei sowieso nur mit einer Genehmigung erlaubt. Schon bald nannte man ihn wegen seiner einschläfernden Stimme «Onkel Baldrian».

Das Haus direkt neben dem von Herrn Krüger wurde bei diesem Einsatz von einer Sprengbombe getroffen, es gab Tote, darunter drei Kinder, mit denen ich oft gespielt hatte. Wieder hatten wir Glück, nur Geröll und Schutt bröckelten von den Kellerwänden und der Decke. In der Nacht kamen erneut die RAF-Bomber. Fast schon stoisch suchten wir Herrn Krügers Luftschutzkeller auf. Zum Nachdenken kamen wir kaum. Eine Explosionswelle nach der anderen erschütterte den Kiez. Wann immer ich vom Ende der Welt gehört oder gelesen hatte, jetzt schien es tatsächlich gekommen zu sein. «Da ließ der Herr Schwefel und Feuer regnen vom Himmel, vernichtete die Städte und was auf dem Land gewachsen war.» So beschreibt die Bibel die Zerstörung der Städte Sodom und Gomorrha. Ich las es nach, nachdem ich von dem Namen «Operation Gomorrha» gehört hatte.

Oma sagte mir am nächsten Tag, dass im Panoptikum am Spielbudenplatz sämtliche Wachsfiguren geschmolzen seien, leider sei der Kopf von Hitler nicht darunter gewesen. Die NSDAP hatte dessen öffentliche Ausstellung in dem Kabinett untersagt.

Am darauffolgenden Tag tauchte Onkel Egbert auf, er hatte von der Stadt zwei Gartenlauben in Lurup zur Verfügung gestellt bekommen. In die eine sollten Oma, unsere Hündin Cora und ich einziehen, in die andere er selbst und Tante Agathe. Tante Berta wollte unbedingt in ihrem Zimmer bleiben; für sie kam eine Evakuierung nicht in Frage, das hätte ja einen Vertrauensverlust gegenüber dem Führer bedeutet. Onkel Alphons zog mit seiner Frau Thea wiederum bei uns in der Friedrichstraße ein, sie waren der Überzeugung, es würde keinen weiteren so schweren Angriff mehr geben, weshalb sie keine Furcht hätten, in unserer Wohnung zu sein.

Die Lauben erwiesen sich als sehr klein, aber nach dem, was wir durchgemacht hatten, fühlten wir uns trotz der Beengtheit wohl – und auf jeden Fall sicher. Wir hatten ein paar Sachen zum Anziehen mitgenommen und mein Fahrrad, damit ich jederzeit nach Hause radeln konnte, um neue Kleidung zu holen, sollte es nötig sein. In dieser Geborgenheit fingen nun auch die Tränen an zu fließen, ich weinte wegen der ganzen schrecklichen Ereignisse, ich weinte um meine Freundinnen, ich weinte auch um die Oma und die Tante, die Bärbel und Otti verloren hatten.

Die Bombenangriffe, insbesondere auf die Hamburger Arbeiterviertel, wurden noch heftiger. Aus der Ferne konnten wir sehen, wie die Stadtteile Hamm, Barmbek und Rothenburg in Flammen aufgingen. Als die Feuer gelöscht waren, sahen wir über diesen Gebieten nichts als schwarze Wolken. Was mussten die Menschen, die dort wohnten, gelitten haben!

Bis tief in den Herbst hinein lebten wir in Lurup. Ich spielte mit den Kindern von den anderen Parzellen, las jeden Tag mit meiner Großmutter in meinem Schullesebuch weiter oder rechnete Aufgaben, die sich meine Großmutter ausgedacht hatte. Da sie immer ein Auge auf meine Hausaufgaben gehabt hatte, wusste sie genau, was ich konnte und was unsere Lehrerin als Nächstes durchgenommen hätte.

In Hamburg herrschte nach wie vor ein großes Durcheinander, viele Monate war nicht klar, wie es weitergehen würde. Da die Taubenstraße nur in einem geringen Ausmaß beschädigt wurde und meine Schule nahezu unzerstört geblieben war, sollte Anfang November der Unterricht wieder aufgenommen werden. Meine Großmutter entschied, dass wir zurück in die Stadt ziehen sollten, Onkel Alphons und Tante Thea waren längst in ihre Wohnung zurückgekehrt. Als wir dann die Treppen zu unserer Wohnung in der Friedrichstraße hochgingen – das Dach war provisorisch repariert worden –, waren wir richtig froh. Das Laubenleben mochte einigen Menschen paradiesisch erscheinen, wir vermissten jedoch den Hafen, die Nachbarn, die Kinos und das bunte Treiben auf St. Pauli. Und ich sehnte mich auch nach der Schule, nach meinen Klassenkameraden und unserer netten Lehrerin.

Tante Berta war erleichtert, als sie uns wiedersah. Sie hatte keine leichte Zeit gehabt, Nacht für Nacht hatten den Sommer über die Sirenen geheult. Manche Tage waren sie aus dem Keller von Herrn Krüger nicht mehr rausgekommen. In den letzten Wochen sei es aber wieder etwas ruhiger geworden, erzählte sie, man hätte auch Zeit gefunden, die Straßen von den Trümmern zu räumen. Von Hitler und seinen Verdiensten sagte sie kein Wort. Hatte sie ihre Meinung geändert?

Der Unterricht sollte in der nächsten Woche starten und uns auf das letzte Schuljahr vorbereiten. Drei meiner Mitschülerinnen, darunter meine Banknachbarin Ingrid, fehlten. Fräulein Hoffmann erklärte ihre Abwesenheit damit, dass sie nach den schweren Zerstörungen aufs Land gezogen seien, weil sie nicht mehr in ihre Wohnungen zurückkehren konnten. Auf den Straßen wurde aber anderes gesagt, nämlich dass sie in dem Feuersturm umgekommen seien. Über Ingrid erzählte man sich, dass sie mit ihren Eltern und vielen anderen Menschen in einem Röhrenbunker in Altona gesessen habe, der durch eine Bombe regelrecht auseinandergerissen wurde. Sämtliche Schutzsuchenden kamen dabei ums Leben.

Es war eine furchtbare Zeit.

Einige Klassen der Schule Seilerstraße, die jenseits der Reeperbahn lag, wurden bei uns einquartiert – durch die Bombenangriffe waren mehrere Räume des Backsteingebäudes ausgebrannt. Am ersten Schultag nach der langen Unterrichtsunterbrechung bat mich Fräulein Hoffmann, die Lagepläne für die Schule in eine der Seilerstraßen-Klassen zu bringen, damit sich Lehrer und Schüler besser bei uns orientieren könnten.

Mit den Unterlagen in der Hand klopfte ich an der Tür des besagten Klassenzimmers an, und als ich ein freundliches «Herein» hörte, trat ich ein. Der Lehrerin, die an der Tafel stand, entgleisten bei meinem Anblick augenblicklich die Gesichtszüge.

«Was willst du hier?», fragte sie barsch. Noch nie hatte ich eine Stimme vernommen, die so schnell von einem freundlichen in einen unfreundlichen, fast bösen Ton wechselte.

«Ich soll Unterlagen von Fräulein Hoffmann vorbeibringen.»

«Was für Unterlagen? Hat deine Lehrerin eigentlich keine andere Schülerin? Musste die gerade dich schicken?», fuhr sie mich harsch an.

Ich drehte mich wortlos um, die Unterlagen noch immer in der Hand, und ging zurück in meine Klasse.

«Sie müssen eine andere Schülerin schicken», flüsterte ich Fräulein Hoffmann zu.

Die Lehrerin sah mich durchdringend an, nahm mir die Lagepläne der Schule ab und sagte, zur Klasse gewandt: «Ihr schreibt die Geschichte aus dem Lesebuch auf Seite 76 ab. Ich bin gleich wieder da.»

Während der Abwesenheit von Fräulein Hoffmann fing ich an zu zittern. Mir wurde in diesem Moment bewusst, dass ich ein unglaubliches Glück hatte, in der Schule Taubenstraße aufgenommen worden zu sein. Wäre ich in der Seilerstraße gelandet, mit Lehrern wie dieser Frau, die ich eben erlebt hatte, ich hätte gewiss kein so unbesorgtes Leben gehabt. Was hatte der Reichsminister für Wissenschaft, Erziehung und Volksbildung, Bernhard Rust, 1939 über die «Zigeuner» und «Negermischlinge» gesagt? «Soweit solche Kinder in sittlicher und sonstiger Beziehung für ihre deutschblütigen Mitschüler eine Gefahr werden, können sie jedoch von der Schule verwiesen werden. In solchen Fällen wird es sich empfehlen, die Polizeibehörde entsprechend zu benachrichtigen.» Die staatliche Erziehung war ein Grundstein der nationalsozialistischen Ideologie, und ich zweifelte nicht daran, dass mich diese Lehrerin aus der Seilerstraße auch ohne «Gefahr» angezeigt hätte.

Als Fräulein Hoffmann wieder das Klassenzimmer betrat, war ihr Gesicht knallrot. Ich dachte, sie würde gleich einen Herzinfarkt bekommen. «Mia», sagte sie, «nach der Stunde möchte ich dich kurz sprechen.»

Anschließend setzte sie den Unterricht an der Stelle fort, an der sie ihn vor ihrem Weggang unterbrochen hatte, ganz so, als wäre nichts geschehen. Ich allerdings konnte mich kaum mehr konzentrieren. Als es zur Pause klingelte, ging ich langsam zu ihrem Pult. Ich ahnte, was sie sich von der anderen Lehrerin hatte anhören müssen.

«Es tut mir leid, dass du so behandelt wurdest», fing Fräulein Hoffmann an. «Du gehörst zu uns, du bist kein Mädchen, das uns Schande bringt.»

«Wir brauchen nicht darüber zu reden», blockte ich ab. «Es tut mir eher leid für Sie. Noch dazu haben Sie sich die Mühe gemacht, die Unterlagen selbst hinzubringen. Ich kenne solche Reaktionen schon, sie machen mir nichts mehr aus. Aber anhören will ich mir das nicht. Deshalb bin ich gegangen.»

«Was wollen wir denn jetzt machen?», fragte meine Lehrerin. «Ich möchte nicht, dass du dich wegen dieser Angelegenheit grämst.»

«Machen Sie sich keine Sorgen, für mich ist die Sache erledigt.»

Fräulein Hoffmann streichelte mir mit ihren langen, schönen

Fingern übers Haar. Plötzlich mussten wir beide lächeln, wir wussten auf einmal nicht mehr, wer in dieser Situation wen getröstet hatte.

Großaufnahme mit Heinz Rühmann

Bevor das Jahr 1943 endete, bekam ich erneut ein Angebot, als Komparsin zu arbeiten. Zusammen mit einer anderen jungen Frau wurde ich auf eine lange Reise ins ostpreußische Dorf Nidden auf der Kurischen Nehrung geschickt, das heute zu Litauen gehört. Ich fühlte mich wie im Paradies. Ich war umgeben von einer unglaublichen Natur, mit dichten Wäldern, in denen ich einige Elche mit ihren gewaltigen Schaufeln sah, und endlosen Wanderdünen, die ganze Ortschaften unter sich begraben konnten, weshalb die Kurische Nehrung auch als «Sahara des Nordens» bezeichnet wurde. Besonders beeindruckt war ich von der vom Wind aufgeschäumten Ostsee. Nie zuvor hatte ich das Meer gesehen, ich konnte nun verstehen, warum Menschen ihr halbes Leben auf den Ozeanen zubrachten und warum mein Vater gern ein Seemann gewesen war. Hatte ich bei den vorherigen Filmen immer Heimweh gehabt – Heimweh nach der Friedrichstraße, die keinen Baum hatte, überhaupt nichts Grünes, nur am Pfingstfest standen überall große Maibüsche vor den Türen –, war es beim Anblick der tiefblauen Wellen augenblicklich verschwunden und kam auch nicht mehr zurück. Und was meinen Traum vom Paradies vervollständigte: Hier gab es keine Bombenangriffe.

Die Ufa brachte mich in einem Fischerhaus unter, nicht weit von dem einstigen Feriendomizil von Thomas Mann gelegen. Meine Herbergseltern servierten mir geräucherten Zander zum Essen, und zum ersten Mal in meinem Leben aß ich ein Bauernfrühstück. Es schmeckte so herrlich, dass ich es sofort nach meiner Rückkehr für Oma zubereiten wollte. Speck und Kartoffeln konnten wir auftreiben, aber es scheiterte an den Eiern, die nirgendwo mehr zu bekommen waren. Es gab nur noch wenige Dinge, alles war über die Lebensmittelkarten rationiert, selbst Binden, Mäntel und Vorhänge konnte man nur mit bestimmten Bekleidungsbezugskarten erhalten. Auf dem Land war die Situation jedoch noch eine völlig andere.

Eines Tages brannte es an einer Stelle des Fischerhausdaches, das aus Holzschindeln bestand.

«Mia, hilf mir, die Sachen herauszutragen», rief mir meine Herbergsmutter zu, während ihr Mann und die zwei Söhne versuchten, das Feuer zu löschen.

Ohne dass ich wusste, wie ich dazu kam, hielt ich plötzlich ein Bild von Hitler in der Hand, das ich nach draußen tragen sollte. Nie erzählte ich meiner Großmutter, dass ich «den Führer» gerettet hatte, der allerdings auch ohne meinen Einsatz nicht in Flammen aufgegangen wäre, da das Feuer eingedämmt werden konnte, bevor es größeren Schaden anrichtete.

Ein anderes Abenteuer lief ebenfalls glimpflich ab, es hätte aber auch schrecklich enden können. Hin und wieder passte ich auf ein zweijähriges Mulattenkind auf. Mit Tobias durchstreifte ich die Wälder, kletterte die Dünen hoch; er war ein quietschvergnügtes Kind mit fast blondem Kraushaar. Der Junge gehörte zum Stab der Komparsen, die bei seinem Vater unter Vertrag waren – also auch ich. An einem Nachmittag dachte ich, die Welt würde mich tief in ihr Innerstes ziehen, aufgesogen von einem Wirbel. Tobias und ich waren gerade vom Kamm einer Düne heruntergelaufen, als der Sand sich mit einem mächtigen Sog unter meinen Füßen bewegte. Ich griff sofort nach dem Jungen, der plötzlich bis zu den Knien im Sand stand. Zum Glück konnte ich ihn rechtzeitig aus der Gefahrenzone ziehen und mit ihm bis zum Waldrand laufen. Mein Puls ging heftig, als ich sicheren Boden unter den Füßen fühlte. In diesem Moment wusste ich, was das Wort «Wanderdüne» bedeutete und warum die Leute in Nidden immer wieder vor ihrer Gefährlichkeit warnten.

Abends schrieb ich meiner Großmutter von diesem Erlebnis, eine Antwort erhielt ich prompt: «Hörst du, nie wieder darfst du auf Tobias aufpassen...» – das war der erste Satz, eine Anrede hatte sie einfach ausgelassen. Einen Brief mit ähnlichem Inhalt schickte sie an den Vater von Tobias. Der war selbstverständlich aufgebracht gewesen, als ich ihm von unserem waghalsigen Ausflug erzählte, aber zum Schluss sagte er nur: «Das hätte mir auch passieren können. Denk nicht weiter darüber nach.»

Dennoch konnte ich nicht so leicht das Bild von jenem Augenblick abschütteln, als Tobias schreiend nach mir fasste. Mir fiel ein, dass schon früher die eine oder andere Nachbarin bei meiner Großmutter angefragt hatte, ob ich nicht für ein, zwei Stunden auf ihre Kinder aufpassen könnte. Sie hatte nie die Erlaubnis dazu gegeben, weil sie mich für zu verspielt, zu kindlich hielt. War ich wirklich so unachtsam? Wenn bislang alles nur eitel Sonnenschein gewesen war, so hatte ich nun mit einem Schatten zu kämpfen, der nie ganz weichen sollte.

Neben all diesen neuen Erfahrungen musste ich mich auch mit dem Inhalt des Films vertraut machen, in dem Heinz Rühmann und seine zweite Ehefrau, Hertha Feiler, die Hauptrollen spielen sollten. Seit die beiden 1939 geheiratet hatten, galten sie als neues Traumpaar des deutschen Films. Es gab einen beliebten Vorläufer zu dem neuen Film, er hieß *Quax der Bruchpilot*. Rühmann stellte in dieser Leinwandkomödie den Flieger

Filmplakat Quax in Afrika

Otto «Quax» Groschenbügel dar, der es nun, in dem Folgeprojekt *Quax in Fahrt*, zu einem perfekten Piloten gebracht hatte, so perfekt, dass er zum besten Fluglehrer auf dem Fliegerhorst Bergried (diese Szenen wurden im Allgäu gedreht) aufstieg. Mit dem Ergebnis, dass er sich nun durch einen Disziplinfimmel auszeichnete, sich regelrecht wie ein Diktator gebärdete, ständig einen Stock in der Hand trug, den er nur zu gern einsetzte.

Eines Tages, so der Inhalt des zweiten *Quax*-Filmes, werden ihm weibliche Anwärter auf den Pilotenberuf zugeteilt. Er unternimmt alles, um das «Wollhosen-Geschwader» von seinem Vorhaben abzubringen, Fliegen ist für ihn Männersache. Doch zwei Flugschülerinnen bleiben standhaft – Renate (Hertha Feiler) und Julchen (Bruni Löbel). Quax lässt sie schließlich sogar an einem Flugturnier teilnehmen, das sie ins ferne Afrika führt. Ein Motorschaden führt zu einer Notlandung auf diesem Kontinent – und der Fluglehrer ist froh, die «afrikanisch» sprechende Renate (sie war laut Drehbuch in Timbuktu aufgewachsen) an seiner Seite zu haben.

Afrika, das sollte nun durch die «Sahara»-Dünen und den Sandstrand der Kurischen Nehrung dargestellt werden – zum Glück in Schwarz-Weiß. Auf diese Weise fiel kaum auf, dass in der «Wüste» viele Strandhafergräser wuchsen, die typisch für die deutsche Küste waren.

Nebst Ostseestrandhafer und Silberbuchenhecken wurde hier und da eine Palme aus einem Berliner Gewächshaus in den Sand eingegraben, andere Palmen waren pure Attrappe. In dieser «verlassenen afrikanischen Wüstengegend» baute Quax nun mit seiner zweisitzigen «Elli» die Bruchlandung. Ein Geier oder ein Pelikan, hieß es, hätte die Propeller gerammt. Schwarze Stammesmitglieder (dargestellt von uns Komparsen), im Film «Eingeborene» genannt, hatten gesehen, wie etwas vom Himmel fiel. Als sie dann zwei Weiße entdeckten, wurde Quax als

Gott verehrt, konnte er doch fliegen. Der Stammeshäuptling schenkte ihm daraufhin eine junge Braut mit Namen Banani. Mir selbst wurde eine große Rolle versprochen, Genaueres konnte mir meine Betreuerin allerdings nicht sagen.

Doch bevor die Hochzeit von Quax und Banani gefeiert werden konnte, wurden die Dreharbeiten abgebrochen, und wir mussten das Strandparadies verlassen: Die russische Front rückte näher. Bis klar war, wie es mit den Dreharbeiten weiterging, sollte ich erst einmal in Hamburg bleiben.

In der Schule nahm unsere Lehrerin die Klassiker mit uns durch, Gedichte von Goethe, Schillers Theaterstück *Kabale und Liebe* und Lessings Lustspiel *Minna von Barnhelm*. Diese Aufgaben bereiteten meiner Oma viel Spaß, stundenlang übte sie mit mir die verschiedenen Rollen ein. Der Erfolg: Ich durfte in der Schule viele Hauptrollen lesen und erhielt in Deutsch eine gute Note.

Über eine Szene aus *Minna von Barnhelm* brach die gesamte Klasse in großes Gelächter aus. Meine Schulkameradin Regina Feddersen übernahm den Part des verabschiedeten Major Tellheims, ihres Verlobten, ich las die Rolle des Edelfräuleins Minna. Als ich zur Passage kam, bei der ich «Mein Tellheim» zu sagen hatte, sollte Regina mit den Worten «Oh, meine Minna» antworten, es kam aber «Oh, meine Mia» aus ihr heraus. Es war zu komisch, selbst Fräulein Hoffmann konnte nicht ernst bleiben. Wahrscheinlich hatten meine Mitschülerinnen mit dieser Namensähnlichkeit spekuliert, als sie sich einstimmig dafür aussprachen, dass ich die Minna lesen sollte.

Später fiel mir auf, dass sich niemand aus der Klasse darum geschert hatte, dass die Minna von einer Schwarzen vorgetragen wurde. Lessing hätte sich sicher darüber gewundert, und ich bin überzeugt, dass dies nur möglich war, weil das Stück nicht öffentlich in unserer Schule aufgeführt wurde. Hätten wir es etwa im Tropeninstitut vorgetragen, Einsprüche wären gewiss gewesen.

Die Stimmung unter den Menschen wurde immer feindseliger. Jeder schien wie verstummt zu sein, jeder war vorsichtig, etwas Negatives über den Führer zu sagen, obwohl allen klar war, dass Deutschland den Krieg verlieren würde. Die Nachbarn krochen mit ihren Radiogeräten unters Bett, keiner sollte mehr mitbekommen, dass man englische Sender hörte. Zuvor konnte man noch das unverkennbare Rauschen aus den Fenstern vernehmen, ein Hinweis darauf, dass BBC empfangen wurde.

In der Schule versuchte man mit den üblichen Propagandaparolen eine optimistische Einstellung aufrechtzuerhalten. Es hieß, Hitler hätte noch genügend Waffen, in Kürze würde eine «Wunderwaffe» eingesetzt werden, eine «Vergeltungswaffe», eine ferngesteuerte Rakete, die bis nach England durchfliegen könne und zum Sieg führen würde. Gemeint war die V 2, die in Peenemünde von Freiherr von Braun entwickelt wurde. Ich war durch die Bombenangriffe viel zu misstrauisch geworden, um an solche «Wundertaten» noch zu glauben.

Ende März wurde mir nach achtjähriger Schulzeit mein Abschlusszeugnis in der Aula ausgehändigt, ich war gerade vierzehn Jahre alt geworden, im April wurde ich konfirmiert. Nach der Konfirmation verlangte meine Oma, dass ich jeden Sonntag in die Kirche gehen sollte. Selbst in der Zeit des Konfirmationsunterrichts mussten wir nur jeden zweiten Sonntag die Kirchenbank drücken.

«Aber wir waren vorher auch nie in der Kirche», erwiderte ich entrüstet, «nicht einmal zu Weihnachten.»

«Das spielt keine Rolle», bekam ich zu hören. «Das gehört sich einfach für eine Konfirmandin.»

Zu meinem Glück konnte ich mich vor den nächsten Kirchenbesuchen drücken, weil sich die Ufa meldete, *Quax in Fahrt* würde weitergedreht werden, und zwar in Babelsberg.

In den ersten Tagen in der Reichshauptstadt passierte wenig, da unentwegt die Sirenen heulten und Bomben auf Berlin und Potsdam fielen. Während der Wartezeiten musste ich unentwegt an meine Oma denken. Ich hoffte, dass die Flieger nicht noch einmal Hamburg angriffen, dass meiner Oma nichts passierte. Seit der «Operation Gomorrha» konnte ich das Dröhnen der Flugzeuge und das Donnern der einschlagenden Bomben kaum noch ertragen. Ich wünschte mir nur noch den Zeitpunkt herbei, an dem der Krieg zu Ende sein würde und wir nie wieder zusammenzucken mussten, wenn der Alarm losging.

In ruhigeren Stunden gelang es, die Hochzeitsszene abzudrehen, mit allen erdenklichen Klischees: wilden Tänzen, bei denen die entblößten Brüste der jungen Frauen wippten, Schwarzen an Trommeln, die vor Trunkenheit zusammensackten, mit Tieren, die über einem Bodenfeuer am Spieß gebraten wurden.

Bei diesem Dreh sah ich auch Myriel wieder, die mir während der *Münchhausen*-Zeit das Schwimmen beigebracht hatte. Sie besaß eine viel hellere Haut als ich, und auf einmal hatte sie eine Menge an mir auszusetzen. Warum, das ist mir nie klargeworden. «Ach, du bist ja so schwarz», sagte sie fast jeden Tag zu mir, immer im Vorbeigehen. Und da ich langsam in die Pubertät kam und wir nackt, nur mit Muschelketten und einem Basttröckchen bekleidet, herumlaufen mussten, sah man in Ansätzen, wie sich meine Brust entwickelte. Myriel musste auch das kommentieren: «Also, wenn ich so aussehen würde wie du, dann würde ich mich ja nicht mehr filmen lassen.» Obwohl ich älter war und nicht auf die dummen Sprüche von den Jüngeren hören wollte, traf mich diese Bemerkung sehr. Ja, warum lief ich eigentlich so herum? Diese Frage ging mir nicht mehr aus dem Kopf.

Aber ich hatte ein viel schwerwiegenderes Problem: Meine

Briefe, die ich nach Hamburg schickte, wurden von meiner Oma nicht beantwortet. War ihr etwas passiert? Ich hielt die Ungewissheit nicht mehr aus und wollte nur noch eines: nach Hause. Mein Heimweh wurde so groß, dass ich schließlich nichts mehr aß. Meine Betreuerin, die gestrenge Frau Tessen, beschwerte sich bei der Filmcrew über mich, sagte in meiner Anwesenheit, mit mir könne man nicht umgehen, ich würde sogar die Mahlzeiten verweigern. Sie schloss mit den Worten, sie könne sich nicht mehr um mich kümmern. Seit der Geschichte mit dem Pudding, die damals ja nur nett gemeint war, hielt sie mich für ein schwieriges Kind, was sie auch deutlich zum Ausdruck brachte.

Kurze Zeit später musste ich mich im Büro der Filmproduktion melden. Ein Mann mit einer dunklen Brille und grauen Haaren saß hinter einem Schreibtisch und musterte mich freundlich. Nach einer Weile sagte er: «Pass mal auf, Kind, wir brauchen dich hier.»

«Ich möchte aber nach Hause», erwiderte ich.

«Aber warum denn?»

«Weil mir meine Oma nicht schreibt. In Hamburg könnten wieder Bomben gefallen sein. Ich weiß gar nicht, ob sie noch lebt. Ich möchte einfach bei ihr sein.» Mein ganzer Kummer musste raus.

«Das verstehe ich gut», tröstete der Mann. «Aber der Herr Rühmann benötigt dich für eine Großaufnahme. Du bist sehr dunkel, da müssen wir nicht so furchtbar viel nachschminken, und das Ganze sieht authentischer aus. Hmmm, da müssen wir uns was überlegen.» Mit diesen Worten verabschiedete er sich und schob mich zur Tür hinaus.

Ich ging in meine Pension, die ich schon vom letzten Dreh in Berlin kannte, und fing an, meinen Koffer zu packen. Fest war ich davon überzeugt, dass man mich zu meiner Oma zurückschicken würde. Als ich damit fast fertig war, wurde ich wieder ins Büro gerufen.

«Ich habe eine Lösung gefunden», grinste mich der Mann an. «Morgen Nachmittag bist du um 13 Uhr auf dem Bahnhof Zoo, Gleis 3. Dort kommt ein Zug aus Hamburg an.»

Erstaunt schaute ich den Produktionsmitarbeiter an. Was bedeutete denn das?

«Soll ich denn nicht nach Hamburg? Nicht nach Hause fahren?», fragte ich.

«Nein, du holst jemanden ab!»

Gut erzogen, wie ich war, widersprach ich nicht. Als ich zur Tür hinausging, überlegte ich, ob ich losheulen sollte. Nee, dachte ich, das bringt ja alles nichts. Zu dieser Zeit hatte ich schon begriffen, dass eine Vierzehnjährige mit Tränen nichts mehr erreichte.

Am nächsten Tag führte ich mich wie eine tragische Diva auf. Während der Fahrt zum Bahnhof sagte ich zu mir: «Was interessiert mich überhaupt derjenige, den ich da abholen soll? Und wieso machen die so ein Geheimnis aus dieser Person?»

Der Zug kam erstaunlicherweise pünktlich an, gemäß meiner Eingeschnapptheit schaute ich sonst wohin, nur nicht auf die aussteigenden Reisenden. Plötzlich stand meine Großmutter vor mir.

«Oma, wo kommst du denn her?», fragte ich verblüfft. Die Freude, sie zu sehen, war unbeschreiblich, ich vergaß sogar, sie danach zu fragen, warum sie nicht geschrieben hatte. Weinend vor Glück und Erleichterung warf ich mich in ihre Arme.

«Na ja, vom Himmel bin ich nicht gefallen», antwortete meine Großmutter und drückte mich an sich. Gleich danach fügte sie hinzu: «Die Ufa hat mich angestellt. Sie haben sich bei mir gemeldet, telegrafisch Geld überwiesen, und nun bin ich Betreuerin für die Kinder unter den Komparsen.»

Erleichtert atmete ich auf, endlich war ich den grauhaarigen, verkniffenen Drachen los, der mehr Bewacherin als Betreuerin gewesen war!

Die Bombenangriffe auf Berlin wurden heftiger und heftiger und störten permanent die Dreharbeiten; es war nicht mehr möglich, in den Studios von Babelsberg zu filmen. Den ganzen Sand hatte man nahezu umsonst in den Ateliers aufgeschüttet. Eines Tages wurde uns mitgeteilt, dass das gesamte Filmteam in die Umgebung von Königs Wusterhausen umziehen würde, nicht weit von Berlin und seinem Flugplatz Schönefeld entfernt, im Brandenburgischen. Zwei, drei Baracken mit Betten und allem Drum und Dran wurden mitten im Spreewald aufgebaut, und im ersten Moment konnte man das alles ganz romantisch finden. Heinz Rühmann wohnte natürlich nicht in den Holzbaracken, er fuhr nach Drehschluss zurück in seine Berliner Wohnung.

Wir waren sehr viele schwarze Kinder, da es in dem Film eine Art Chorszene gab, bei der afrikanische Kinder «Eingeborenen-Gesänge» darbieten sollten. Wenn meine Oma die Kleinen ins Bett gebracht und ihnen noch ein Märchen vorgelesen hatte – sie war sehr beliebt bei den Kindern –, durften wir Älteren noch eine Stunde länger aufbleiben. Meist saßen wir draußen vor den Baracken, legten Kartoffeln ins Lagerfeuer und sangen Lieder, deutsche, englische, aber auch einige in einer afrikanischen Sprache. Plötzlich war ich stolz, schwarz zu sein. Aber es zog mich auch in diesem Moment nicht nach Afrika, eher hatte ich Sehnsucht nach der Karibik, vielleicht, weil es sich anders anhörte, exotischer. Afrika, das Wort hatte für mich – wahrscheinlich durch die abfälligen Bemerkungen, die ich darüber in der Schule oder auf der Straße gehört hatte – einen negativen Beigeschmack. Von der Karibik sprach kaum einer, und wenn, dann klang es gut. Doch auch später in meinem Leben war ich nie in der Heimat meines Vater oder meines Großvaters gewesen.

Die Großaufnahme, von der der Mann im Produktionsbüro gesprochen hatte, sollte zusammen mit einem bildhübschen, fast gleichaltrigen Mischlingsjungen aufgenommen werden. Ulfo und ich saßen auf einer sandigen Erhöhung, die nun mitten im Wald aufgeschüttet worden war, gemeinsam mit Heinz Rühmann, der uns erklärte: «Ihr beide seid in Afrika. Plötzlich hört ihr ein Geräusch. Ihr schaut zum Himmel. Niemals zuvor habt ihr ein Flugzeug gesehen – und jetzt taucht eines am Horizont auf. Und nun wird es schwierig für euch, denn ihr müsst in diesem Augenblick Verschiedenes gleichzeitig zum Ausdruck bringen. Ihr müsst Angst haben, erstaunt und zugleich auch neugierig sein.»

Wir fanden das ziemlich absurd, denn nichts bestimmte unseren Alltag in den letzten Jahren so sehr wie herankommende Flugzeuge. Aber wir rissen unsere Augen weit auf und saßen mit offenen Mündern auf dem von der Ostsee herantransportierten Sand. Unsere Aufgabe schienen wir gut gelöst zu haben, denn Heinz Rühmann lobte uns im Nachhinein: «Das gefällt mir, wie ihr das gemacht habt.» Ich freute mich sehr über seine Worte, denn ich hatte ihn als einen äußerst strengen und kritischen Menschen wahrgenommen, der mit großem Ehrgeiz an seiner Karriere arbeitete. Wie sagte er im Film? «Ich bin streng, aber gerecht.» Besser hätte ich den realen Heinz Rühmann nicht beschreiben können. Nur selten sah ich ihn lachen. Ich erinnere mich noch an eine Szene, die sehr komisch war. Heinz Rühmann war darin besser als jeder Clown, den ich bislang gesehen hatte. In dieser Szene musste er, dessen großer Kummer seine geringe Körpergröße war, stolpern, sich wieder fangen und noch ein paar Schritte gehen. Seine Frau Hertha Feiler lachte dann auch spontan laut los, was zu einem Abbruch der Szene führte. Heinz Rühmann war das gar nicht recht, er wurde sogar richtig böse und konnte sich in seinem Unmut über ihr unbändiges Lachen kaum beherrschen. Mir war Hertha Feiler sehr sympathisch, und als sie über ihren Mann so herzhaft losprustete, war ich geradezu begeistert von ihr. Aber nach dieser Szene wagten weder sie noch wir Statisten jemals in Lachen auszubrechen, obwohl wir es manches Mal gern getan hätten.

Rühmann, der Staatsschauspieler, war ein begeisterter Flieger, aber sicher war es auch für ihn nicht leicht, während der ständigen Bombenangriffe heiter zu sein, wenn Regisseur Helmut Weiss sagte: «Zur Aufnahme bitte, Herr Rühmann.» Zugleich hatte er während der Dreharbeiten zu *Quax II* erfahren, dass sein letzter Film, *Die Feuerzangenbowle*, von Reichserziehungsminister Rust verboten worden war. Weil sich Himmler und Eva Braun aber über die verrückten Streiche des als Schüler verkleideten Johannes Pfeiffer (Heinz Rühmann) amüsierten, erlebte der Film dann doch noch im Jahr 1944 seine Premiere.

In Königs Wusterhausen konnten wir nicht lange bleiben, auch hier kamen die Bombenabwürfe näher und immer näher. Zudem gab es im Wald keine Schutzräume, es wurde mithin zu gefährlich.

Einmal flogen mehrere englische Flugzeuge über uns hinweg, und wir sprangen alle sofort in den eigens für diese Fälle angelegten Graben. Die Baracken wären noch unsicherer gewesen, Brandbomben hätten sie schnell zerstören können. Plötzlich war der ganze Himmel voll von Stanniolfolien, die langsam auf die Erde flatterten. Es war ein unheimliches Schauspiel, auch wenn ich wusste, dass die Silberfolien nicht gefährlich waren, sondern einzig das Radarsystem der Nazis irritieren sollten.

Die Dreharbeiten wurden danach abgebrochen, meine Großmutter und ich fuhren wieder nach Hamburg. Oma war froh darüber, denn Hund und Katze hatte sie Tante Berta anvertraut, die bekanntermaßen kein Herz für Tiere besaß.

Einige Zeit später erhielten wir erneut eine Aufforderung,

nach Berlin zu kommen. Jetzt drehten wir für fünf Tage in einem Lichtspielhaus, das auch eine Auftrittsbühne hatte. Im Dachgeschoss des Kinos wurde ich mit zwei fünfundzwanzigjährigen Frauen untergebracht, abends, direkt vom Bett aus, konnten wir den Film anschauen, der gerade gezeigt wurde: *Die Frau meiner Träume*, maßgeschneidert für den Ufa-Filmstar Marika Rökk. Der Film ist eine rauschende Revue um den Star Julia Köster, gespielt von der Rökk. Die umjubelte Schöne mit den roten Haaren braucht Ruhe vom ganzen Trubel um ihre Person, so die Geschichte, sie ist theatermüde geworden. Überstürzt flüchtet sie mit dem Zug ins Gebirge, schafft es jedoch nicht mehr, noch einige Sachen einzupacken. Da sie ein falsches Abteil erwischt, steigt sie aus dem Zug, als er wegen einer Felsensprengung anhält. Bis sie ihr richtiges Abteil findet, setzt sich die Lokomotive wieder in Bewegung – ohne sie. Schließlich steht sie in der Wildnis, nur in Unterwäsche und mit einem Pelzmantel bekleidet. Zwei Bergbauingenieure nehmen sich ihrer an, ein turbulentes Liebeskarussell beginnt. Jeden Abend lief der Film, nach den fünf Tagen konnte ich sämtliche Lieder und Tanzschritte auswendig – und Marika Rökk kaum noch sehen.

Später, als Leila Negra, lernte ich die Frau, die für mich die aufregendsten Beine der Welt hatte, persönlich kennen. Ich hatte ein Gastspiel im Kölner Raum, wo auch Marika Rökk auftreten sollte und gerade Tanzproben abhielt. Ich wusste gar nicht, dass sie dort und dieser Saal tagsüber für sie gemietet worden war. Als es für mich an der Zeit war, meine Probe für den Abend abzuhalten, und ich die Bühne betrat, war Marika Rökk gerade am Weggehen. Als sie mich erblickte, sagte sie: «Hach, ich will eigentlich keine Autogramme mehr geben, ich habe es satt.» Daraufhin erwiderte ich: «Ich will auch kein Autogramm von Ihnen, Frau Rökk. Ich kann mir selber eins geben, wenn ich will.» In diesem Moment betraten einige Bühnenarbeiter den Saal und grinsten mich an: «Gott sei Dank, es gibt nicht nur Diven, sondern auch noch normale Leute.»

Tagsüber wurde nun auf der Berliner Bühne Sand aufgeschüttet, Ulfo und ich probten – eigentlich zum vierten Mal – unsere Großaufnahme mit Heinz Rühmann. Eine absurde Situation.

Quax in Fahrt wurde 1945 fertiggestellt, gelangte aber vor Kriegsende nicht zur Aufführung, nach dem Krieg wurde er von den alliierten Militärregierungen verboten. Ein Grund dafür waren die Aussagen, die in dem Film über Schwarze gemacht wurden und mit denen wir als Menschen zweiter Klasse dargestellt wurden. Heinz Rühmann, der auch künstlerischer Leiter des Films war, bekam deswegen Schwierigkeiten und durfte eine Zeit lang nicht filmen. Ich hatte nicht das Gefühl, dass er das, was er im Film über die Afrikaner sagte, wirklich meinte. Trotzdem gibt es Aussprüche wie: «Die Brüder kenne ich schon, die hab ich mal im Berliner Zoo gesehen» oder «Die Jungen spuren wie die nackten Wilden.» Außerdem verprügelte Quax seiner afrikanischen Braut Banani mit seinem Stock den fast nackten Hintern. Ich kann nur sagen, dass Rühmann darauf bestanden hatte, dass ich bleibe und meine Großmutter geholt wurde. Und durch die Art und Weise, wie er mit uns umging und redete, fühlte ich mich nicht gedemütigt. Wäre ich älter gewesen und hätte den Inhalt mehr reflektiert, hätte ich wahrscheinlich nicht in dem Film mitgemacht. Übrigens fiel die «berühmte» Großaufnahme, wegen der so viel Wind gemacht wurde, dem Schnitt zum Opfer. Und als der Film dann am 22. Mai 1953 in mehreren deutschen Städten unter dem Titel *Quax in Afrika* anlief, gab es kaum eine nennenswerte Resonanz.

Als Französin zum Kohlenklau

Zurück in Hamburg, erwartete uns eine unangenehme Überraschung. In unserem Briefkasten lag ein Schreiben, das amtlich aussah. Erst hofften wir, es sei von der Handelsschule, an der mich meine Großmutter angemeldet hatte. Sie war der Meinung, eine Ausbildung zur Büroangestellten sei das Beste für mich. Eine genaue Vorstellung hatte ich nicht, was das für meine Zukunft bedeutete. Aber Maschineschreiben zu lernen und mit Schriftstücken umzugehen, schien mir keine schlechte Perspektive zu sein. Doch der Brief war vom Arbeitsamt, in ihm stand, ich solle mich umgehend bei einer Munitionsfabrik in Altona melden – als Zwangsarbeiterin, eine Verweigerung würde strafrechtlich verfolgt werden. Die «Nürnberger Gesetze» hatten zugeschlagen. Ich war von der Handelsschule, einer weiterbildenden Schule, ausgeschlossen worden. Es war klar, ich durfte keinen Beruf ausüben, wenigstens keinen, der mir ein normales Leben garantierte. Hätte das Naziregime länger gedauert, mit Sicherheit wäre ein Eheverbot auf mich zugekommen; Beleidigungen, Übergriffe und gesellschaftliche Ausschlussmechanismen hätten meinen Alltag bestimmt.

Oma war völlig aufgelöst: «Zwangsarbeit, Kriegseinsatz und dann auch noch eine Munitionsfabrik. Du bist doch erst vierzehn!» Ich selbst konnte mir gar nichts richtig unter «Zwangsarbeit» vorstellen; das Wort selbst jagte mir allerdings etwas Angst ein.

Tags darauf fuhren Oma und ich zu der Eisenfabrik nach Ottensen, das zu Altona gehört. Als der Direktor mich sah, beruhigte er meine Großmutter, die für mich, völlig ungewohnt, den Tränen nahe war: «Frau Nejar, was soll ich mit so einem

Kind? Die Kleine können sie gleich wieder mitnehmen. In einer so kriegswichtigen Firma brauche ich Leute, die zäh und kräftig sind. Sagen Sie das dem Arbeitsamt.» Dass ich trotz meiner zierlichen Erscheinung ziemlich zäh war, wusste er nicht. Und das war auch besser so.

Auf dem Arbeitsamt wies man mir nun eine Stelle in der Keks- und Zwiebackfabrik Triumpf – mit den berühmten Trumph-Schogetten hatte sie nichts zu tun – am Berliner Tor zu, die mit ihren Produkten die Soldaten an der Front versorgte. Meine Oma protestierte immer noch gegen diese Zuweisung, aber die Frau, die für mich zuständig war, konnte nur mit den Schultern zucken: «Wir können nichts machen. Ihre Enkelin ist zur Zwangsarbeit verpflichtet.»

Jeden Morgen fuhr ich nun bis zum Ende des Krieges mit der Straßenbahn in die Fabrik, die in der Lohmühlenstraße lag – für ein vierzehnjähriges Mädchen war das eine weite Reise. Aber ich freute mich auch auf die Menschen, die dort arbeiteten. Jean, Paul und Marcel waren Zwangsarbeiter aus Frankreich, dann war da noch Audrey Fischer, die eine entfernte Cousine von Hans J. Massaquoi gewesen sein soll, der als Mischlingsjunge seine Kindheit in Hamburg und im Harz in einem Buch festgehalten hat. Audrey war ein Jahr älter als ich und trotz ihrer afrikanischen Abstammung sehr hell. Alle zusammen waren nett und fröhlich, obwohl es für die Franzosen sicher kein leichtes Schicksal war, gleich Gefangenen in der Fremde zu arbeiten. Nie verloren sie darüber aber ein böses Wort. Meiner Großmutter wagte ich nicht zu erzählen, dass ich mich unter diesen munteren Menschen äußerst wohl fühlte.

Audrey war eines Tages ein wenig betrübt wegen ihrer Haut, was ich überhaupt nicht verstehen konnte. «Sie ist so schön. Du bist eigentlich fast weiß», versuchte ich sie zu trösten. «Guck mal, wie dunkel ich bin. Mit dieser Hautfarbe brauchst du es gar nicht erst versuchen, dich zu verstecken. Jeder erkennt dich sofort. Aber bei dir müssen die Leute schon genauer hinschauen.» Audrey lachte laut, und ich hoffte, es hatte ihr ein wenig eingeleuchtet, was ich ihr sagte.

Anfangs beschäftigte mich die Chefin, Frau Clausen, im Büro. Da ich damals eine ansehnliche Handschrift hatte, durfte ich die Gehaltsabrechnungen in ein Buch eintragen. Zudem gab es im Keller der Fabrik eine gewaltige Katzenschar, die ich zu versorgen hatte. Monate später ließ mich Bäckermeister Niemeyer schließlich an die großen Maschinen, unter seiner Anleitung lernte ich, Zwieback herzustellen. Mir machte die Arbeit viel Spaß, besonders jener Teil, bei dem wir den Teig zu kleinen runden Stücken rollten. Diese wurden zur Hälfte gebacken, aufgeschnitten und die Ober- und Unterhälften anschließend erneut in den Ofen geschoben.

Während der Arbeit sangen wir meistens, vorwiegend französische Lieder, die uns Jean, Paul und Marcel beibrachten. Natürlich hatten sie einen unanständigen Inhalt, aber das begriff ich erst später, als ich selbst Französisch lernte.

Im Dezember 1944 schaffte es Frau Clausen sogar, ein Weihnachtsfest für uns auf die Beine zu stellen. Sicherlich hatten es nicht viele Zwangsarbeiter so gut getroffen wie wir. Also versuchten wir uns dankbar zu zeigen und gaben eine lustige Vorstellung inklusive Gesangseinlagen und einer Katzendressurnummer zum Besten, die Jean mit «Petit Pierre», einem schwarzen Kater, einstudiert hatte. Der Franzose stand mit seinen wilden, dunklen Locken und einem Stock in der Hand da, sagte zu Petit Pierre: «Allez hopp!», und tatsächlich sprang der Kater über das Hindernis hinweg. Am Ende dichteten wir noch ein Lied auf die Firma: «Ja, bei Triumpf, da ist nix los, da ist die Arbeit nur zu groß.» Jeder von uns durfte beim Nachhausegehen eine große Tüte mit Butterkeksen mitnehmen.

Selbstverständlich mopsten die Mitarbeiter zwischendurch immer wieder Kekse, es fing die Zeit an, in der die Leute hungerten. Die Chefin duldete das heimliche Verschwinden von Gebäck, dennoch beteiligte ich mich nicht daran. Oma wunderte sich schon: «Komisch, du arbeitest in einer Großbäckerei, aber nie bringst du etwas mit.»

«Nein, Oma, das mache ich nicht. Ich nehme da nichts weg. Du hast mir selber beigebracht, dass man nicht stehlen darf.»

Am Ende einer Arbeitswoche kam Frau Clausen auf mich zu und überreichte mir eine riesige Tüte mit Zwieback und trockenen Frontkeksen. Lachend sagte sie: «Kind, du bist ja zu dumm zum Klauen.»

Stolz hielt ich die Tüte meiner Großmutter entgegen: «Siehst du, es macht sich bezahlt, wenn man nichts unerlaubt wegnimmt.»

Was mich nachträglich wundert, ist die Tatsache, dass ich vom 20. Juli 1944, dem Tag, an dem ein Attentat auf Hitler verübt worden war, das als stärkstes Zeichen des Widerstands von Deutschen gegen das nationalsozialistische Regime gewertet wurde, nichts mitbekommen hatte. Meine Großmutter hätte eigentlich jubeln müssen, was mir, wenn sie dies getan hätte, sicherlich nicht entgangen wäre. Vielleicht war sie durch den Tod ihrer Tochter doch ein wenig in ihren Gefühlsäußerungen gedämpft oder hatte schlichtweg ihr Interesse an der Nazidiktatur verloren. Vorstellbar war aber auch, dass sie mit ihren freimütigen Äußerungen zu oft angeeckt war und dachte, sich nun, um mich zu schützen, zusammenreißen zu müssen. Möglicherweise befahl sie sich selbst: «Ab jetzt sage ich eben nichts mehr.»

Der Fliegeralarm hörte nicht mehr auf. Fuhr keine Straßenbahn, lief ich nach der Arbeit vom Berliner Tor zu Fuß nach Hause. Das war eine gewaltige Strecke, und immer wieder schlugen Bomben in meiner Nähe ein. Es war nicht einfach, einen sicheren Ort zu finden, da die Innenstadt fast völlig zerstört war und die Trümmer jederzeit einstürzen konnten. Der einzige Vorteil: Je mehr die Stadt zerbombt war, umso weniger heftig wurden die Angriffe. Es gab ja auch kaum noch etwas, das man als «kriegsverkürzendes Ziel» in Betracht ziehen konnte.

Oma sah es nicht gern, dass ich mich auf diese Weise in Gefahr brachte. Sie wies mich ständig darauf hin, dass ich den Bunker am Berliner Tor aufsuchen sollte, statt in der Gegend herumzulaufen. Aber ich wollte sie nicht allein lassen, ich musste zu ihr. Je älter ich wurde, umso mehr Verantwortung wollte ich für meine Großmutter übernehmen. Manchmal setzte der Alarm vormittags ein, und ich lief in Richtung Friedrichstraße. Dort angekommen, war oft schon wieder Entwarnung gegeben worden. Doch erst nachdem ich mich vergewissert hatte, dass meiner Oma nichts passiert war, lief ich den ganzen Weg wieder zur Bäckerei zurück, um weiterzuarbeiten. Frau Clausen schaute mich dann immer ganz erstaunt an.

In unserer Straße waren jeweils am Anfang und am Ende Barrikaden errichtet worden. Mir leuchtete diese Maßnahme nicht ein, ein Panzer hätte durch die schmale Gasse sowieso nicht gepasst, also wer sollte dadurch abgehalten werden? Stattdessen machte meine Großmutter mit ihnen bald Bekanntschaft.

Eines Tages heulten wieder die Sirenen, Oma sagte zu mir, ich solle schon mal vorlaufen, sie würde gleich nachkommen. Ich rannte einfach los, seit dem Sommer 1943 in den Röhrenbunker unterhalb des Wilhelmsplatzes. Er war durch den Stahlbeton sicherer als der Luftschutzkeller von Nachbar Krüger. Wir hätten auch in den unterirdischen Reeperbahn-Bunker gehen können, aber meine Großmutter hasste ihn, weil ihr dort zu viele Menschen Unterschlupf suchten.

Während draußen die Hölle los war, stand ich im Eingangsbereich des Röhrenbunkers und wartete auf meine Oma. Sie kam und kam nicht. Als ich schon überlegte, nach ihr zu schauen, klopfte es an der Stahltür. Der Luftschutzwart riss sie auf und zerrte meine Großmutter herein. «Wie können Sie nur so spät kommen, Sie bringen die Leute hier in Gefahr. Eine Bombe muss nur die offene Bunkertür treffen», fuhr er sie an und schüttelte sie an den Armen. Oma stand da, mit aufgelöstem Haar und verlegen wie ein Schulmädchen. So hatte ich sie noch nie erlebt.

«Was ist passiert?», fragte ich sie, als wir einen Platz weit entfernt von dem Luftschutzwart gefunden hatten.

Oma lächelte gequält: «Ich wäre ja rechtzeitig hier gewesen. Aber plötzlich saß ich auf einer der Barrikaden fest. Da hockte ich nun in meinem Kleid, das sich im Stacheldraht verfangen hatte. Zum Glück kam ein älterer Mann mit einer Taschenlampe vorbei, der mich aus dem Dilemma befreite.»

Erleichtert atmete ich auf, und ich schwor mir, nie wieder allein zum Bunker zu rennen.

«Keine Angst, mich wirst du nicht so schnell los», sagte Oma zu mir, als sie sah, wie sehr ich mich um sie gesorgt hatte. Sie hatte sich getäuscht.

Der Krieg war verloren. Hamburg war größtenteils ein Ruinenfeld, Hunderttausende von Menschen waren in Trecks aus der Stadt geflüchtet, Hunderttausende irrten als Obdachlose durch die Straßen. Ende April 1945 hatte der Stadtkommandant, Gauleiter Karl Kaufmann, Befehl erhalten, um Hamburg zu kämpfen, die Engländer hatten aber ein Ultimatum gestellt, dass sie, falls Hamburg nicht übergeben würde, mit ihrer Luftwaffe einen noch schwereren Angriff als im Sommer 1943 auf die Stadt fliegen würden. Kaufmann ließ einen Aufruf an die Bevölkerung drucken, in dem stand: «Hamburger, nach heldenhaftem

Kampf, nach unermüdlicher Arbeit für den deutschen Sieg und unter grenzenlosen Opfern ist unser Volk dem an Zahl und Material überlegenen Feind ehrenvoll unterlegen.» Am 2./3. Mai wurde Hamburg durch den Gauleiter an die britischen Truppen übergeben, angeführt von General David Spurling. Am 3. Mai, wenn mich meine Erinnerung nicht täuscht, durften wir unsere Häuser nicht verlassen.

«Der Himmel hätte mir kein besseres Geschenk machen können», rief Oma aus. Lautlos rollten Tränen über ihre Wangen. Erst in diesem Augenblick begriff ich das ganze Ausmaß ihrer Wut auf das Naziregime und den Krieg.

Gebannt sahen wir aus unseren Fenstern auf die Straße und harrten der Dinge, die auf uns zukommen würden. Als dann die Nachricht von der Übergabe durchsickerte, fielen Oma und ich uns in die Arme. Tante Berta stand weinend in ihrem Zimmer, mit der roten Hakenkreuz-Fahne in der Hand, und wusste nicht, wohin mit ihr.

«Schmeiß sie weg», sagte Oma. «Verbrenne sie, nur dass sie mir nie wieder unter die Augen kommt.»

«Ach, das schöne Deutschland ...», jammerte Tante Berta.

«Denk lieber daran, wer dieses schöne Land in den Ruin geführt hat. Wir können froh sein, dass wir so gut davongekommen sind.»

Gegenüber am Fenster entdeckte ich Herrn Krüger in einer Uniform, der wie Tante Berta in Tränen aufgelöst war. Ich war darüber überrascht, denn ich hatte ihn nie als einen überzeugten Hitler-Anhänger erlebt, nie hatte er sich mir gegenüber als Nazi-Rassist zu erkennen gegeben. Freudig winkte ich ihm zu, aber er schüttelte nur müde den Kopf und weinte weiter vor sich hin. Ich erinnerte mich daran, wie er uns in den furchtbaren Bombennächten zu sich in den Luftschutzkeller geholt hatte, und ich beschloss, mich gleich morgen bei ihm zu bedanken.

Zu spät, Nachbarn trugen uns am nächsten Tag zu, dass er an der Decke seines Kellers einen Strick angebracht und sich das Leben genommen hatte.

Überall hörten wir Schluchzen und Lamentieren, aus manchen Wohnungen drangen die ersten Strophen von «Deutschland, Deutschland, über alles». Oma und ich waren nur froh, wussten wir doch, dass es nun keine Bombenangriffe mehr geben würde. Als sich das nächste Sommergewitter über Hamburg entlud, tanzte ich auf der Straße, diese Donner waren das Schönste, was es für mich gab, waren sie doch im Vergleich zu den Bombendetonationen geradezu ungefährlich.

Die erste Tat meiner Oma nach der Kapitulation von Hamburg bestand darin, dass sie mich sofort aus der Keksfabrik herausholte. Meine Chefin, Frau Clausen, bot meiner Großmutter noch an: «Frau Nejar, ich bilde Ihre Enkelin fürs Büro aus, sie ist gut», aber Oma sagte definitiv: «Nein, sie soll jetzt Musikerin werden.» Als ich das hörte, wunderte ich mich und fragte sie, wie das gehen, wer mich unterrichten sollte. Und hatte sie mich nicht auf eine Handelsschule schicken wollen? Aber meine Großmutter wäre nicht sie gewesen, wenn sie nicht ihre eigenen Pläne für mich gehabt hätte.

Ihre zweite Tat bestand darin, dass sie mich aufs französische Konsulat schleppte. Aus dem hintersten Winkel ihres Schranks hatte sie ihre Heiratsurkunde und andere Papiere von meinem verstorbenen Großvater hervorgekramt und sagte: «Mia, du bist staatenlos.»

«Ja, wieso denn, ich bin doch Deutsche?», fragte ich.

«Nein, während des Krieges haben dir die Nazis die Staatsangehörigkeit genommen. Du hast ja von den Rassengesetzen gehört.»

Bis heute weiß ich nicht, ob tatsächlich je ein Dokument existierte, auf dem «staatenlos» aufgestempelt war.

«Ich möchte, dass du Französin wirst und später in die Karibik auswanderst», fuhr meine Großmutter fort. Jetzt, wo der Krieg zu Ende war, schien sie zu ihrer alten Zielstrebigkeit, zumindest was mich betraf, zurückzufinden.

In dem französischen Konsulat am Pöseldorfer Weg nahe der Außenalster wurden die Papiere, die meine Großmutter überreichte, angenommen und überprüft. Als wir zu einem verabredeten Termin nach einigen Wochen wieder dort erschienen, sagte man uns, dass ich nun Französin sei, mit einer unbefristeten Aufenthaltserlaubnis in Deutschland.

Nun war ich also Französin geworden, ohne überhaupt Französisch zu sprechen. Das ging natürlich nicht, und so meldete mich Oma in einer Sprachenschule in der Lilienstraße zum Französischunterricht an. Der Kurs lief seit drei Wochen – es war erstaunlich, was so kurz nach Kriegsende alles auf die Beine gestellt wurde. Dank meines musikalischen Gehörs konnte ich das, was man mir vorlas, schnell aus- und nachsprechen. Schwierigkeiten hatte ich aber bei der Grammatik, da ich die zu ihrer Erklärung benutzten lateinischen Begriffe nicht verstand. Ich wusste, dass ich die Prüfung, die zehn Tage nach Beginn meines Unterrichts stattfinden sollte, nicht bestehen würde.

Meine Lehrerin aber versuchte mich bei den Prüfern durchzuboxen: «Die Mia kann das, sie muss sich nur noch mehr in die Sprache einleben, sie ist erst vor kurzem in den Kurs gekommen. Hören Sie doch, wie gut sie liest!»

Die Lehrerin setzte tatsächlich durch, dass ich bleiben durfte, aber ich wollte nicht mehr. Mir war es peinlich, dass ich all die lateinischen Ausdrücke nicht verstand, außerdem war mir erst jetzt bewusst geworden, dass der Kurs Geld kostete, Geld, das wir eigentlich nicht hatten.

«Es wird sich eine andere Gelegenheit ergeben, Französisch

zu lernen», sagte ich zu meiner Oma. «Wenn ich selber etwas verdiene, werde ich mich darum kümmern.»

Nennenswerter Widerstand gegen meine Entscheidung kam von meiner Großmutter nicht, was mich nicht weiter verwunderte – wir brauchten das Geld.

Nachdem Oma mich nun aus der Fabrik geholt und zur Französin hatte werden lassen, schritt sie zur dritten Tat. Sie wollte, dass ich in die Fußstapfen meiner Mutter trat: «Du hast eine Geige, du hast das Akkordeon von Cécilie, jetzt wirst du üben und üben.» Ich bekam also Geigenunterricht, zweimal in der Woche musste ich mit meinem Instrument zu Onkel Egbert. Dieser hatte seine eigene Meinung von mir: «Sie ist talentiert, aber sie ist faul.»

Ich hasste diese Stunden, denn ich wollte keine Geige spielen. Ich wollte tanzen, nichts als tanzen – Musik stand überhaupt nicht auf meinem Programm.

Glaubte Oma, dass Schwarze es leichter hätten, wenn sie im Showgeschäft unterkamen? Ganz unrecht hätte sie damit sicher nicht gehabt. Jedenfalls bestärkte Onkel Egbert meine Oma in ihrem Ansinnen, mich zu einer Musikerin zu machen. Er hielt mich für hochbegabt, hätte ich meine Faulheit überwunden, ich hätte in seinen Augen eine Karriere als Violinistin machen können. «Diese Deern», hatte er immer wieder gesagt, «das ist ein Wunderkind.»

Was stimmte: Ich konnte die zweite Stimme singen und parallel auf der Geige die erste spielen, noch dazu im Kanon. Das war sicher nicht ganz leicht, aber auch nichts Weltbewegendes. Aber ich mochte das Instrument einfach nicht. Meine Kinnpartie hielt ich sowieso für viel zu spitz, legte ich die Geige an, sah es noch alberner aus. Außerdem war die Violine ein Instrument, das erst krächzende Geräusche von sich gab, bevor man einen ersten Ton schön streichen konnte. Klavier hätte mir viel besser gefallen, da hörte man gleich einen wundervollen Klang. Aber ein Klavier kam in meiner Familie nicht in Frage, sicherlich auch, weil es in der Anschaffung zu teuer war.

Meine Großmutter kannte kein Erbarmen. Stundenlang musste ich zu Hause auf dem Instrument meiner Mutter üben. Wenn ich bestimmte Töne spielte, zählte meine Oma aus dem Nebenzimmer immer mit: «Eins, zwei, drei ...» Mischte sie sich nicht ein, versuchte ich irgendwelche Schlager auf dem Instrument umzusetzen. Bekam sie das mit, ging das Schimpfen los: «Was ist denn das? Wie kannst du die Geige nur so missbrauchen!»

Auch um den Kirchgang kam ich nicht herum. Laut sang meine Oma am frühen Sonntagmorgen «Morgenstund' hat Gold im Mund», um mich aus dem Bett zu holen.

«Mia, mach schnell. Du musst zum Gottesdienst.»

Sie brachte mich damit zur Weißglut, doch einigermaßen ruhig erwiderte ich: «Oma, mich interessiert die Kirche im Moment gar nicht.»

«Widersprich mir nicht. Die hat dich zu interessieren.»

Wütend zog ich mich an, frühstückte und machte mich widerwillig auf den Weg zur St.-Pauli-Kirche, einem schönen klassizistischen Gotteshaus am Pinnasberg. Mein Missmut legte sich erst, als ich meine Freundin Gerda mit ihrer traumhaften Sopranstimme im Kirchenchor ein Solo singen hörte. Nachdem der Gottesdienst geendet hatte, wartete ich draußen vor dem Kirchenportal auf sie.

«Du bist auch hier?», begrüßte sie mich freudig.

«Ich habe dich gerade gehört.»

«Warum kommst du nicht zu uns in den Kirchenchor? Wir haben früher doch auch zusammen gesungen. Du hast eine gute zweite Stimme.»

Ich war augenblicklich von der Vorstellung begeistert. Als ich mich bei der Organistin vorstellte, gab es keine Frage: Sie fand, dass ich eine perfekte zweite Stimme abgab. Nun hatte Oma das, was sie wollte: Ich war nur noch in der Kirche oder überhaupt außer Haus. Was auch daher kam, dass wir neben den geistlichen ebenso weltliche Lieder einstudierten, die wir in Krankenhäusern und Seniorenheimen vortrugen. Zu den Festtagen artete die Singerei regelrecht zu einem Marathon aus, aber ich genoss sie trotzdem sehr.

Der Krieg war zwar vorbei, aber es kamen andere Schwierigkeiten auf uns zu. Die rationierten Lebensmittel waren sehr knapp bemessen, und ich war nur noch hungrig.

«Du musst langsamer essen», sagte meine Großmutter bei fast jeder Mahlzeit, es war inzwischen schon zu einem Ritual zwischen uns geworden. «Immer schlingst du dein Brötchen so herunter. Kein Wunder, dass es nicht reicht.»

Oma selbst schnitt ihr Brötchen stets in kleine Scheiben auf, auf denen sie dann, so kam es mir jedenfalls vor, stundenlang herumkaute. Trotz ihrer strengen Worte und obwohl sie sicherlich auch Hunger hatte, hatte sie aber Mitleid mit mir und gab mir meist ihre untere Brötchenhälfte ab.

Als wieder einmal das Mittagessen äußerst dürftig ausfiel, heulte ich einfach los. Entsetzt sprang meine Großmutter auf und zog ihre Jacke an. Nach kurzer Zeit kam sie mit einem heißen Topf Suppe zurück, den sie in der Eckkneipe Friedrichstraße / Davidstraße von dem netten Wirt erhalten hatte. Ich schämte mich, dass ich mich nicht hatte zusammenreißen können, gleichzeitig war ich überglücklich, mich endlich einmal wieder satt essen zu können.

Der eintreffende Winter machte uns besonders zu schaffen. Es gab kein Brennmaterial, auf die eine oder andere Weise musste Kohle oder Holz besorgt werden, wollten wir nicht erfrieren. Oft stand ich morgens um vier Uhr auf und traf mich mit Onkel Alphons am Hauptbahnhof. Von dort aus fuhren wir mit dem dunkelgrauen Bummelzug und seinen lackierten Holzbänken in Richtung Veddel, ein Hamburger Industrie- und Hafengebiet, in der Hoffnung, dort irgendwo Kohlen zu finden. Für meine Oma waren diese Unternehmungen viel zu anstrengend, sie blieb zu Hause. Nach einigen Stationen stiegen wir aus, mit uns viele andere Menschen. Wir liefen immer an den Gleisen entlang. Wenn wir Glück hatten, sichteten wir nach einer Weile riesige Kohlenberge, die auf den Abtransport warteten. Sofort stürzten wir uns auf die schwarze Pracht. Jeder von uns sammelte so viel in Körbe, Säcke und Beutel ein, wie er nur tragen konnte. Einige Male ging es gut, doch dann wurden wir von britischen Soldaten entdeckt. Es war der einzige direkte Kontakt, den ich mit den Besatzern hatte. Sie nahmen uns alles ab und begleiteten uns, mit ihrem Gewehr im Anschlag, zur Bahnstation zurück. Ein paar englische Brocken hatte ich durch die Besuche meines Vaters aufgeschnappt, und ich stammelte so etwas wie «My granny is very ill», meine Großmutter sei sehr krank, ich hätte sie zu versorgen. Der Soldat blieb stumm. Gerade als der Zug abfahren sollte, schmiss er mir meinen Beutel mit Kohlen hinterher. So laut ich konnte, schrie ich: «Thank you!» Ich freute mich über die Kohlen, die anderen, dass wir so glimpflich davongekommen waren: Wer beim Kohlenklauen erwischt wurde, musste mit einer Gefängnisstrafe rechnen.

Nach und nach wurde Hamburg von den schlimmsten Trümmern befreit, und im Hafen kamen wieder Schiffe an. Auf St. Pauli waren südamerikanische und afrikanische Seeleute zu sehen. Meine Großmutter sprach einige Matrosen an, fragte sie immer wieder nach meinem Vater, ob sie etwas von ihm gehört hätten. Sie hatte die Hoffnung nicht aufgegeben, dass er doch noch lebte. Alle schüttelten aber nur den Kopf.

Bei diesen Gesprächen auf offener Straße wurden unweigerlich die schweren Zeiten thematisiert, die knappen Lebensmittel, die leeren Mägen. Eines Tages kamen drei afrikanische See-
männer, Freunde meines Vaters, in unsere Wohnung, schwer
bepackt bis unter die Achselhöhlen. Was sie dann auf unserem
Küchentisch ausbreiteten, dafür gab es keine Worte: Reis, Zucker, Marmelade ... Wir standen sprachlos und mit Tränen in
den Augen da, während die afrikanischen Seeleute uns an-
strahlten. Ohne Maß aßen wir uns satt. Oma wurde hinterher
von den vielen ungewohnten Dingen krank, aber das war es
wert gewesen.

Als nach dem Krieg immer mehr die Grausamkeiten ans Licht
kamen, die die Deutschen Juden, Kommunisten, Homosexu-
ellen und anderen Menschen, die nicht in ihr ideologisch mo-
tiviertes Rassenbild passten, angetan hatten, rief keiner mehr
«Neger, Neger» hinter mir her. Das Wort schien auf einmal
nicht mehr existent zu sein. Hatten die Menschen nach den
Gräueltaten gelernt, einander zu respektieren? Ich hoffte es,
musste aber später feststellen, dass ich mich getäuscht hatte.
Schon 1955 schrie ein Mann wieder nach einem Bühnenauftritt
in Hamburg-Harburg – ich war gerade auf dem Weg zum Bus –
laut «Nigger» in meine Richtung. In diesem Moment dachte ich,
jetzt geht es wieder los.

In den nächsten Jahren kam es nicht selten vor, dass ich in Geschäften nicht bedient wurde oder mich Hotelbesitzer, besonders in süddeutschen dörflichen Regionen, mit scheinheiligen
Ausreden abwimmelten. Einige sagten es auch ganz direkt: «Neger kommen bei uns nicht rein. Wollen wir nicht», was letztlich
hieß: «Anständige» Gäste könnten dann ja fernbleiben. Viele
meiner Kollegen, das fand ich großartig, erklärten sich jedes Mal
solidarisch und wollten dann auch nicht mehr in diesen Hotels
untergebracht werden.

Es gab aber auch einige Tourneekünstler, die mich miss-billigend betrachteten. Hin und wieder kam es vor, dass einer meinte: «Bei Niggern reicht es, wenn sie auf die Bühne gehen, schon kriegen sie Beifall. Ansonsten brauchen die nichts zu können.»

Schlimme Ahnungen

Kurz vor Weihnachten 1946 schickte Onkel Alphons ein Ehepaar zu uns, das für einige Tage eine Bleibe suchte. Da Tante Berta in der Zwischenzeit in ein Seniorenheim gezo-gen war, weil sie fast nichts mehr sehen konnte, war ihr Zim-mer frei. Meine Oma nahm die Leute auf, die ich auf den ersten Blick nicht mochte, richtig unangenehm fand ich sie. Anschei-nend gab ich das deutlich zu verstehen, denn meine Großmut-ter ermahnte mich und bat mich, höflich zu sein. Gleich nach den Weihnachtstagen verließen die Frau und der Mann heim-lich in der Nacht die Wohnung. Mit ihnen verschwand meine Geige, das Akkordeon, meine neue Ledertasche, die ich am Hei-ligabend geschenkt bekommen hatte, unsere Pässe und die Le-bensmittelkarten, die sich in der Tasche befanden, weil ich am nächsten Tag etwas einkaufen sollte.

Auf der Davidwache erstatteten wir sofort Anzeige, aber die beiden wurden nie geschnappt. Es war damals ein Leichtes, ein-fach irgendwo unterzutauchen. Meine Großmutter schimpfte über Cora, die nicht angeschlagen hatte. «Wieso passt der Hund nicht auf? Der bellt doch sonst bei jeder Gelegenheit!» Aber wie sollte sie auch, nach einer Woche waren ihr die neuen Untermieter vertraut. Immerhin gingen sie bei uns ein und aus, kein Hund würde da einen Laut von sich geben. Das leuchtete meiner Oma dann auch ein, und nun ließ sie ihre ganze Wut an mir aus.

«Na, jetzt bist du wohl ganz froh, dass die Instrumente weg sind, was? Viel Mühe hast du dir beim Üben ja auch nicht gegeben. Wenn ich da an deine Mutter denke, so ganz unrecht hatte sie nicht mir dir.» Meine Großmutter konnte hin und wieder herumschreien, das war ich ja gewohnt, aber jetzt war ihre Stimme ein einziges fürchterliches Keifen.

Ihre Worte trafen mich hart. Aber es stimmte: Ich wollte keine Musikerin werden, obwohl ich Musik liebte und gern lustige Schlager sang. Und in meinem Innern war ich tatsächlich nicht ganz unglücklich über diese Geschichte, denn nun musste ich nicht mehr Geige spielen, war von den Übungsstunden befreit. Ein neues Instrument hätten wir uns nicht leisten können. Oma hat mir nie verziehen, dass ich nicht über den Verlust der Geige in Tränen ausbrach oder alles daransetzte, irgendwie eine neue aufzutreiben. Sie musste diese Situation akzeptieren, aber verstehen konnte sie es nicht. Ich ging davon aus, dass ihre Enttäuschung und der damit verbundene Unmut mir gegenüber irgendwann vorübergehen würde – aber das passierte nicht. Zwischen uns stand seitdem eine Mauer, die ich nicht mehr einzureißen vermochte. Ich war Omas letzte Hoffnung gewesen – und ich hatte sie enttäuscht.

Ich war nun siebzehn Jahre alt, auf St. Pauli machten die Varieté-Theater wieder auf. Das Allotria hieß wieder Alkazar (später wurde es noch einmal in Bayrisch Zell umbenannt), und in einer kleinen Revue, die in einem Theater in den Wallanlagen aufgeführt wurde, bot man mir für einige Monate einen kleinen

Auftritt an. In einer Szene sollte ich den «Schwarzmarkt» darstellen. Dazu musste ich ein schwarzes Kleid anziehen, einen ebenso schwarzen Hut aufsetzen und mit einem Schäferhund von einer Bühnenseite zur anderen gehen. In der Mitte kam mir ein älterer Mann mit den Worten «Gibt es das immer noch?» entgegen, worauf ich aber keine Antwort geben sollte. Nach dem kurzen Halt sollte ich dann mit dem Hund die Bühne verlassen. Im Anschluss an diese Szene trat Lieselotte Malkowski auf, eine damals berühmte Sängerin, sie trug so schöne Shantys vor wie «Eine einsame Harmonika» und «Was macht ein Seemann, wenn er Sehnsucht hat». Ihr größter Erfolg aber war «Stadt Hamburg an der Elbe Auen».

Bei dieser Revue gab es auch ein Kinderballett, und weil ich Überschläge so gut beherrschte, sollte ich einigen Jungen und Mädchen, die weniger geschickt darin waren, Nachhilfestunden geben. Das klappte so prima, dass eine Artistengruppe auf mich aufmerksam wurde: «Die Dondos» gehörten einem Zirkus an und waren drei unglaublich faszinierende Trapezkünstlerinnen. Ich freundete mich mit den Frauen an, die meinten, ich solle mich ihnen doch nach Ende der Revue anschließen, es gäbe innerhalb ihrer Familie auch ein Ehepaar, das speziell für den Zirkus und fürs Varieté ausbilde.

Ich sprach mit Oma über diese Möglichkeit, und da ich selbst Geld verdienen wollte, mich gern bewegte und keine andere Perspektive für mich sah, zog ich mit den «Dondos» quer durch Deutschland. Nach einem Jahr hatte ich aber noch immer keine eigene Nummer einstudiert, was daran lag, dass ich für das Ehepaar hauptsächlich Besorgungen machen musste. Einzig das Abc der Akrobatik beherrschte ich, also Handstand und Überschläge. Mir war es zu wenig, Lehrmädchen für zwei Menschen zu sein, die keine Lust hatten, ihre Einkäufe selbst zu tätigen. Ich kehrte nach Hamburg zurück – zwölf Monate hatte ich vertan.

In der Hansestadt ging es trotz der schweren Kriegsverwüstungen mit den Aufbauarbeiten zügig voran. Im Herbst 1948 wurde in Hamburg am Neuen Wall an der Binnenalster die Er und Sie Bar eröffnet. Tante Henny erzählte uns von dem neuen Etablissement, sie hatte dort die Aufsicht über die Damentoilette übernommen. Es wurde ein Page für die Garderobe gesucht, und sie meinte, ich solle mich dort vorstellen, vielleicht würden sie auch ein junges Mädchen akzeptieren.

Das Ehepaar Dettmer, die Besitzer dieser Bar, stellte mich sofort ein, ein schicker Pagenanzug wurde für mich nach Maß angefertigt, mit einem weißen Oberteil und schwarzen Hosen. Später, als noch mehr Pagen eingestellt wurden, wurde diese Kleidung gegen eine graue Uniform eingetauscht – zum Glück ohne diese typische Kappe mit dem Band, das unters Kinn gezogen werden musste. Ich konnte diese Kopfbedeckung nicht ausstehen.

Die Arbeit gefiel mir: So exklusiv und hochelegant wie die Bar mit ihren dunkelblauen und hellgrauen bequemen Sesseln war auch das Publikum. An den Tischen wurde sehr gutes Essen serviert, und in der Mitte gab es eine Tanzfläche aus schwarzen und weißen Glasplatten, die von unten beleuchtet wurden. Für das Jahr 1948 war das eine Attraktion.

Schnell sprach es sich herum, dass man an diesem Ort einen Abend in angenehmer Atmosphäre verbringen konnte. Die Inhaber von anliegenden Pelz- oder Möbelgeschäften kamen vorbei, höhere Mitarbeiter großer Reedereien, die um die Alster herum ihr Büro hatten, aber auch viel Prominenz. Einmal entdeckte ich Grethe Weiser unter den Gästen. Das war auch kein Wunder, denn ab 22 Uhr traten so namhafte Musikensembles wie «Friedel Hensch und die Cyprys» auf. Nach dem verlorenen Krieg begeisterte diese vielseitige Gruppe mit ihrer quirligen Sängerin Friedel Hensch und ihren Swinging-Liedern, sie strahlten einfach viel Optimismus aus. Wenn sie und ihr Mann Werner Cyprys mit den beiden anderen Musikern «Max, wenn du den Tango tanzt» anstimmten und die weitschwingenden Satinkleider (mit entsprechend aufbauschenden Unterröcken) von Friedel Hensch im Takt mitgingen, dann war kein Halten mehr, und alle strömten auf die Tanzfläche. Ablenkung und Zerstreuung – die Menschen hatten ein großes Bedürfnis danach.

Das musikalische Programm wechselte mit Artistennummern ab, bei denen verschiedene Truppen in glitzernden, hautengen Kostümen Hebefiguren vorführten. Immer wieder trat auch eine spanische Band auf, zu deren schwungvoll-rhythmischer Musik Balletteinlagen dargeboten wurden. Ich erinnere mich besonders an ein Paar, das im die Schwerkraft auflösenden, manchmal sogar halsbrecherischen Tanzstil von Fred Astaire und Ginger Rogers zur Unterhaltung beitrug. In der Silvesternacht ging jedes Jahr ein Schornsteinfeger mit einem rosigen Ferkel von Tisch zu Tisch, jeder Gast konnte es anfassen, was Glück bringen sollte. Mit anderen Worten: Es war sehr kurzweilig in der Er und Sie Bar, und man konnte sich dort gut amüsieren.

Ich fing jeden Abend um halb neun mit der Arbeit an; meine Kolleginnen und Kollegen waren freundlich, und wir bildeten von Beginn an ein gutes Team, nie hörte ich eine abfällige Bemerkung wegen meiner Hautfarbe. Monatlich bekam ich einen Lohn von sechzig Mark, dazu gab es nicht geringe Trinkgelder und eine gutgelaunte Oma, die morgens mit mir das Geld zählte.

Da es inzwischen wieder nahezu sämtliche Lebensmittel zu kaufen gab, freute ich mich auf das vor der Tür stehende Weihnachtsfest 1948. Alles wollte ich toll vorbereiten und besorgte eine Gans und einen Karpfen. Meine Vorfreude war so groß, dass ich meinen Chef fragte, ob ich den ersten Weihnachtstag freihaben könne, ich würde diesen Abend so gern mit meiner Oma zusammen verbringen – Heiligabend war die Er und Sie Bar sowieso geschlossen. Der Urlaub wurde mir sofort gewährt.

Zu Hause angekommen, erzählte ich meiner Großmutter glücklich: «Oma, jetzt habe ich nicht nur am 24. keinen Dienst, sondern auch den Tag darauf!»

«Wieso hast du am ersten Weihnachtstag frei?», fragte meine Oma, ihr Blick verhieß nichts Gutes.

«Weil ich mit dir zusammen Weihnachten feiern möchte.»

«Was soll der Unsinn! An diesem Tag läuft das beste Geschäft. Die Leute gehen abends essen und anschließend in die Bar.» Jetzt schaute mich meine Großmutter richtig missmutig an: «Du musst dich damit abfinden, dass du kein Kind mehr bist. Weihnachten wird gearbeitet, wir brauchen das Geld.»

Ich war fassungslos. Kam es ihr nur noch auf das Geld an?

Seit vor einigen Wochen ein neuer Untermieter bei uns eingezogen war, mit dem sie sich gern das eine oder andere Gläschen Likör genehmigte, hatte sich meine Oma sehr verändert. Ich mochte es nicht, wenn sie trank. Oft genug hatte ich an den Wochenenden betrunkene Leute auf St. Pauli gesehen, ich ekelte mich vor ihnen. Doch immer öfter sah ich meine Großmutter von nun an mit unserem Untermieter in der Küche über den Gläsern sitzen.

So geschah es auch an Heiligabend. Während ich den Karpfen zubereitete, tranken sie ein Glas nach dem anderen. Als das Essen auf dem Tisch stand, war meine Großmutter kaum noch ansprechbar, sodass ich letztlich allein vor den Tellern saß und das meiste wieder wegräumen konnte. Nun war ich fast froh, dass ich meinen Urlaub nach dem Gespräch mit meiner Oma wieder rückgängig gemacht hatte und am nächsten Tag in die Er und Sie Bar gehen konnte.

Doch Weihnachten 1948 stand unter keinem guten Stern. Am Abend des ersten Feiertages kam ein Gast auf mich zu – ganz nüchtern war er wohl nicht mehr –, drückte mir einen Zwanzigmarkschein in die Hand und bedankte sich herzlich. Wofür?, dachte ich, aber im nächsten Moment hatte ich schon die Antwort: Er kam ganz dicht an mich heran und tätschelte meinen Po. Ich stieß ihn von mir und warf ihm den Geldschein ins Gesicht.

«Kind, wenn dir einer mal auf den Hintern klopft, dann passiert dir nix, davon kriegst du auch kein Kind», sagte der Mann mit schleppender Stimme.

Onkel Alphons, der in der Zwischenzeit die Toilette des Clubs als Pacht übernommen hatte, hatte mir schon einmal erzählt, dass ihn einige Männer fragten: «Ist die Schwarze da oben in der Bar Ihre Nichte?» Und die, wenn er das bejahte, nicht selten fortfuhren: «Das ist ja so eine, die darf man überhaupt nicht anrühren!» Das stimmte, meine Großmutter hatte mich immer vor einem zu lockeren Leben gewarnt – und als Produkt ihrer Erziehung hatte ich mich auch daran gehalten.

In diesem Augenblick trat eine Frau zu uns, es war eindeutig die Ehefrau des Gastes, die die Szene beobachtet hatte. Sie ließ sich von ihrem Mann hundert Mark geben, der irritiert die geforderte Geldsumme herausgab. Anschließend kam die Dame in dem nachtgrünen Abendkleid auf mich zu, entschuldigte sich für ihren Mann, lobte meine Haltung, sagte, das müsse belohnt werden, und bat mich, die beiden Fünfzigmarkscheine anzunehmen.

Einen Tag später, ich kam gerade in die Küche, hörte ich, wie im Wohnzimmer Onkel Alphons zu meiner Oma sagte: «Deine Enkelin ist ein wahres Tugendgänschen. Zu Weihnachten beschwerte sich wieder einmal ein Gast bei mir in der Herrentoilette, dass Mia sich so anstellen würde, wenn man sie nur mal kurz anfassen würde. Er wollte ihr sogar einen Zwanziger dafür geben. Entrüstet meinte dieser Herr: ‹Mein Geld stinkt doch nicht›, als er erzählte, dass unsere Mia den Schein abgelehnt hatte.»

«Ja, das ist meine Enkelin», lachte meine Großmutter. Ich hörte, dass sie stolz auf mich war, auch wenn ich aufgrund meines Verhaltens ein paar Scheine weniger nach Hause gebracht hatte. Onkel Alphons' Aussage machte mich indes wütend, und eigentlich hätte ich ins Wohnzimmer hinübergehen müssen, um mich mit ihm auseinanderzusetzen. Aber zugleich wollte ich mir von einem idiotischen Gast nicht mein Weihnachten verderben lassen. Doch von einem besinnlichen Fest konnte auch jetzt schon nicht mehr die Rede sein.

Die Nacht verbrachte ich auf dem Küchensofa. Ich schlief mit dem Gedanken ein, dass ich zwar das Geld von dem Mann abgelehnt hatte, nicht aber das der Ehefrau. Meine Großmutter würde davon nie etwas erfahren. Auch nicht, dass ein Gast wegen mir sogar Hausverbot bekommen hatte. «Kann ich dich nicht mal vernaschen?», hatte er mich angemacht. Mein Chef, Herr Dettmer, hatte diese Worte gehört und den Herrn sogleich zur Tür hinausgebeten. Anzüglichkeiten duldete er nicht in seinem Etablissement. Wahrscheinlich hatten auch die anderen weiblichen Beschäftigten mit diesem Problem zu kämpfen – und Herr Dettmer hatte sich für eine klare Linie entschieden: sanfter Rausschmiss.

Unabhängig davon war ich mir schon bewusst, dass ich in Situationen, in denen ich mich mit den Erwachsenen in meiner Umgebung, vor allem aber mit meiner Großmutter hätte aussprechen müssen, jedes Mal einen Rückzieher machte. Ich denke, dass ich speziell vor ihr ein wenig Angst hatte, vor allem fürchtete ich ihre berühmten Ausbrüche. Sie akzeptierte mich, wenn ich mich wie ein Kind verhielt, ihr nicht widersprach. Oft genug hatte ich von ihr den Satz gehört: «Mia, werde erst mal so alt wie ich.»

Der Alkohol und das Geld waren aber nicht die einzigen Gründe, warum es zwischen mir und meiner Oma immer schwieriger wurde. Wir hatten uns auseinandergelebt, weil sie mir immer noch nicht verziehen hatte, dass ich keine Musikerin werden wollte. Irgendwann sagte ich, als mir einmal der Kragen wegen ihres Gejammers platzte: «Deine Tochter hat es mit ihrer Musik auch zu nichts gebracht. Auch wenn die Nazis dazu beigetragen haben, aber sie hat ihr Talent auf der Reeperbahn und auf der Großen Freiheit vergeudet. Wo hat sie denn gearbeitet? Im Colibri. Dieses Etablissement kann man bestimmt nicht mit einem Konzerthaus vergleichen.»

Als ich die Worte ausgesprochen hatte, drehte sich meine Großmutter wortlos um und ging aus dem Zimmer, um an die Tür unseres Untermieters zu klopfen, von dem sie sich mit Sicherheit ein Glas einschenken ließ.

Nachmittags kam Onkel Egbert vorbei, die beiden verzogen sich ins Wohnzimmer, und ich hörte, wie wieder etwas gereicht wurde, Kaffee war es eindeutig nicht.

«Müsst ihr denn immer trinken!», rief ich aus. «Ich finde das so widerwärtig!» Wütend verschanzte ich mich im Nachbarzimmer. Bevor sich Onkel Egbert auf den Weg nach Hause machte, blickte er noch einmal ins Zimmer: «Deine Oma hat nicht wirklich viel vom Leben. Und wenn sie etwas trinkt, dann wird sie nicht unangenehm, sondern lustig. Und es geht ihr einfach besser.»

«Aber sie kann das Zeugs nicht vertragen. Sie isst auch nicht mehr richtig. Wenn sie zwei Gläser getrunken hat, ist sie reif fürs Bett.»

«Sei nachsichtig», meinte er nur und wandte sich zum Gehen.

Das war einfacher gesagt als getan. Für mich war es fürchterlich, sie immer öfter im Bett aufzufinden, nicht mehr fähig, sich zu bewegen oder auch nur ein Wort zu sagen.

Eines Abends ging ich in die Flora am Schulterblatt, seit der Jahrhundertwende eines der führenden deutschen Varieté-Theater, um den Film *Kinder des Olymp* zu sehen. Als «Französin» wurde ich vom Konsulat immer zu besonderen Vorstellungen eingeladen, im hiesigen Fall ging es darum, das großartige Werk des französischen Regisseurs Marcel Carné kennenzulernen. Der Film berührte mich sehr, eine Frau, vier Männer, all die emotionalen Verstrickungen, das ganze Liebeskarussell einschließlich Eifersucht und Mord – und das alles im Pariser Theatermilieu.

Als die Vorstellung beendet war, konnte ich lange nicht aufstehen, so sehr wirkten die Bilder und ihre Poesie in mir nach. Auf dem Weg in die Friedrichstraße dachte ich, dass ich nur mit meiner Oma über meine Eindrücke reden könnte. Und ich musste darüber sprechen. Alles wollte ich ihr erzählen, auch dass der Film so unglücklich ausgegangen sei. Wenn auch sonst diese Mauer zwischen uns war, bei solchen Themen waren wir wieder ein Herz und eine Seele.

Ich schloss die Haustür auf – und sah meine Oma beinahe bewusstlos auf dem Sofa liegen. Ich konnte diesen Anblick nicht ertragen. Erst das furchtbare Ende des Films und nun die Tragik hier. Ich musste raus aus der Wohnung. Ohne weiter zu überlegen, nahm ich mein Kopfkissen und eine Decke, trug die Sachen durch das Treppenhaus, quer über die Straße und die Stiegen wieder hinauf zu den Zimmermanns, einer Klempnerfamilie. Obwohl es sicher schon halb elf war, klingelte ich.

«Wir haben furchtbar viel Besuch bekommen, und Oma weiß nicht, wohin mit mir», sagte ich beim Öffnen der Haustür. Ich sah, dass ich Frau Zimmermann aus dem Tiefschlaf geholt hatte, konnte mich dafür aber nicht einmal richtig entschuldigen, so aufgewühlt war ich.

«Aber natürlich kannst du bei uns schlafen», murmelte sie. «Leg dich ins Wohnzimmer aufs Sofa.»

Kurz bevor Frau Zimmermann wieder in ihrem Schlafzimmer verschwand, sagte ich noch: «Sie brauchen sich auch nicht weiter um mich zu kümmern, morgen früh bin ich weg.»

Gegen sechs stand ich auf, um das Bettzeug zurück in unsere Wohnung zu transportieren.

«Na, hast du jetzt allen erzählt, dass ich einen Kleinen getrunken habe?» Mit herausfordernder Stimme und aufrecht wie eine Statue stand meine Oma auf dem Treppenabsatz. Sie war wieder die Respektsperson, die ich kannte.

Mit hochrotem Gesicht ging ich an ihr vorbei. Ich hatte wieder keine Kraft, sie zu fragen, warum sie dieses Mal zu tief ins Glas geschaut hatte.

Nach dem Mittagessen wischte ich die Böden, bis sie blitzsauber waren, und verfiel dann auf die Idee, die Schubladen unserer Schlafzimmerkommode aufzuräumen.

«Was machst du da?», fuhr mich meine Großmutter an, die in das Zimmer getreten war, ohne dass ich es bemerkt hatte.

«Ich sortiere nur die Schubladen neu. Alles andere habe ich schon sauber gemacht.»

«Das ist Unfug, was du da tust. Die Schubladen sind aufgeräumt.»

«Ist es denn so schlimm, wenn ich Lust habe, die Sachen noch mal durchzugehen?»

Ein Wort ergab das andere, und plötzlich erhob meine Großmutter die Hand, um mich zu schlagen. Ich hielt sie fest und sagte: «Oma, die Zeiten sind vorbei! Jetzt nicht mehr!»

Meine Großmutter atmete schwer, traute sich jedoch nicht, noch einmal auszuholen. Ohne ihr weiter Beachtung zu schenken, wandte ich mich wieder den Schubladen zu. Jahre danach erfuhr ich, dass sie an diesem Nachmittag noch zu Onkel Egbert gegangen war, um ihm zu sagen, dass ich sie hätte schlagen wollen.

Ein Jahr später, am 19. August 1949, erlag meine Großmutter einem Herzinfarkt. Schon am Morgen dieses Tages war alles anders. Oma versuchte mit mir zu sprechen, aber es kamen keine Worte heraus, sosehr sie sich auch bemühte.

«Ist etwas mit dir?», fragte ich. «Soll ich den Arzt holen? Oder eine Nachbarin?»

«Nein, alles in Ordnung», brachte sie schließlich hervor. Ich war erleichtert, sie konnte wieder reden.

Am frühen Vormittag erhielten wir Besuch von einem schwarzen Seemann aus Nordamerika, er brachte Zucker und Reis mit. Ich kannte den Mann nicht, aber es schien, als wäre er ein Bekannter meines Großvaters aus Martinique. Gerade als ich nachfragen wollte, sagte meine Oma vollkommen unvermittelt: «Ich möchte, dass meine Enkelin so schnell wie möglich auswandert, nach Amerika oder in die Karibik, das ist egal. Der Krieg ist zwar vorbei, aber es ist deshalb für Schwarze in Deutschland nicht leichter geworden.»

Nachträglich dachte ich, dass sie eine Ahnung davon gehabt haben musste, dass es mit ihr zu Ende ging.

«Ich muss sowieso gleich aufs Konsulat», sagte der Matrose. «Ich kann Ihre Enkelin mitnehmen.»

Seltsamerweise brauchte meine Großmutter nicht lange nach meinem Pass und meiner Geburtsurkunde zu suchen, die Unterlagen lagen alle auf der Kommode im Schlafzimmer bereit. Ich war völlig perplex und wagte es wieder einmal nicht, Einspruch zu erheben, sondern machte mich mit dem Matrosen auf den Weg ins amerikanische Konsulat.

Es war ein heißer Sommertag im Jahr 1949, und wir mussten blinzeln, als wir aus dem Haus traten. Nach einer Weile überkam mich trotz der gleißenden Sonne auf einmal das Gefühl, alles um mich herum würde dunkel werden. Hatte nicht meine Oma beim Hinausgehen gesagt, dass sie sich immer noch etwas unwohl fühlte?

«Tut mir leid», sagte ich zu meiner Begleitung, einer plötzlichen Eingebung folgend. «Aber ich muss dringend zurück nach Hause. Es ist dort etwas ganz Schlimmes passiert.»

Im nächsten Moment drehte ich mich um, ich rannte und rannte. Als ich die Friedrichstraße erreichte, kam mir unsere Nachbarin von unten, Frau Baumann, schon schluchzend entgegen: «Mia!»

Ich sagte: «Ja, ich weiß, Oma ist gestorben.»

Sie musste so stark an mich gedacht haben, dass ich es auf dem Weg ins Konsulat gefühlt hatte. Später erzählte man mir, dass sie sich ans Herz gefasst und furchtbar geschrien hätte. Im nächsten Moment sei sie umgekippt und sofort tot gewesen.

Onkel Egbert und Onkel Alphons halfen mir, Großmutter gut unter die Erde zu bringen. Neunundsechzig Jahre alt war sie geworden, ihr Tod traf mich sehr, aber es dauerte eine Weile, bis ich die Trauer an mich heranlassen konnte. Immer wieder musste ich daran denken, wie sie, die die höhere Töchterschule besucht hatte, durch die Ehe mit einem Mann aus der Karibik ihr Leben in ganz andere Bahnen gelenkt hatte. Meine Großmutter hatte mit ihren Kindern, insbesondere mit meiner Mutter, so viel zu tun, dass sie für mich, in unserer unvollständigen Familie, kein wirklicher Ansprechpartner war. Sicherlich, ich habe ihr viel zu verdanken. Aber Kinder wie ich, schwarze Kinder, die in einer durch die Ideologie des Nationalsozialismus geprägten Umwelt aufgewachsen waren, hätten Eltern gebraucht, die ihre Kinder verteidigten, um sie kämpften, ihnen dabei halfen, ein entsprechendes Selbstbewusstsein aufzubauen. Gerade in der Pubertät konnte meine Großmutter wenig mit mir anfangen – und ich umgekehrt mit ihr, es gab immer mehr Auseinandersetzungen. «Du bist wie der Hund», meinte Oma dann oft. «Wenn ich mich gerade nachmittags hingelegt habe, fängt Cora an zu kläffen.» Meistens jedoch schwieg ich einfach, ließ sie reden – was meine Großmutter noch mehr verärgerte.

Es war sicher auch ein Generationsproblem, das zu den größer werdenden Schwierigkeiten geführt hatte. Im Grunde musste ich in all den Jahren einen eigenen Weg finden, was meine Oma sicher auch beabsichtigt hatte. Sie wusste, dass der Altersunterschied zwischen uns sehr groß war und ich früher oder später auf mich allein gestellt sein würde.

Nachträglich kommt mir mein eigenes Suchen und Vorgehen manchmal etwas naiv vor, weil ich vieles von mir fernhielt, einfach für nichtexistent erklärte, vor den negativen Reaktionen und Ressentiments meiner Umgebung weitgehend die Augen verschloss. Ich wollte einfach ich sein, mich nicht darum kümmern, was andere Menschen in mir sahen. Ich war ich.

Meine Großmutter hatte indes immer dafür gesorgt, dass ich nicht auffiel, dass ich mich anständig benahm, bei Besuchen nicht sofort zugriff, wenn man mir Kuchen anbot, nicht ein weiteres Stück nahm, obwohl ich zu gern noch eins gegessen hätte. Bescheiden sollte ich dasitzen und so lange warten, bis jeder Erwachsene sich bedient hatte.

Vorzeitig, mit neunzehn Jahren, wurde ich für mündig erklärt. Erst stand zur Debatte, dass einer meiner Onkel die Vormundschaft für mich übernehmen sollte, aber da ich in der Er und Sie Bar ausreichend Geld für meinen Lebensunterhalt verdiente, entschied das Gericht dagegen. Mit der Erklärung meiner vorgezogenen Volljährigkeit musste ich nun mein Leben komplett eigenständig in die Hand nehmen. Seit diesem Tag hatte ich das Gefühl, niemanden mehr zu brauchen. Ich war frei, völlig frei.

Teenager Leila Negra

Der Sommer 1949 war eine Zeit, in der nur wenige Gäste die Er und Sie Bar aufsuchten, auch wurden in den warmen Monaten kaum Jacken oder Mäntel an der Garderobe abgegeben. Das Geld wurde knapp, und ich bekam Angst, die Miete in der Friedrichstraße nicht mehr bezahlen zu können, obwohl ich mir einen neuen Untermieter gesucht hatte. Da gab mir ein Kollege eines Tages den Tipp: «Versuch's doch mal am Timmendorfer Strand. Da brauchen sie immer mal jemanden zum Zigarettenverkaufen.» Im ersten Moment dachte ich – das ist nichts für mich. Ich bin eher ein zurückhaltender Mensch, nicht der Typ, der auf Menschen zugeht und sie mit lauter Stimme – «Zigaretten, bitte! Zigaretten, bitte!» – zum Kaufen animiert. Schon mein jetziger Chef hatte mir öfter geraten: «Marie, Sie müssen mehr aus sich herauskommen!» Aber das fiel mir schwer. Erst als ich mit dem professionellen Singen anfing, sollte es mir besser gelingen.

Dennoch dachte ich, es könne nicht schaden, den Job einmal auszuprobieren und die Stadt zu verlassen. Vielleicht half es, den Schmerz über den Tod meiner Großmutter ein wenig zu vergessen. Und tatsächlich, es klappte, und mein Chef hatte auch nichts dagegen einzuwenden, solange ich im Winter wieder in die Er und Sie Bar zurückkehren würde.

Nur ein paar Tage später fuhr ich also, zusammen mit Hündin Cora, für drei Monate an die Ostsee. Meine Uniform durfte ich mitnehmen, um die Unterkunft hatte sich mein neuer Arbeitgeber gekümmert und mir ein Zimmer bei einer sehr netten Familie besorgt. Mein neuer Arbeitsplatz war die Timmendorfer Strandhalle, direkt, wie der Name schon sagt, am Strand gelegen. Auch wenn mich das Zigarettenverkaufen am Anfang ein wenig Überwindung kostete, mit der Zeit gewöhnte ich mich an das stetige «Möchten Sie Zigaretten? Wollen Sie Zigaretten?». Ich fühlte mich wohl, jede freie Minute verbrachte ich mit den anderen Mitarbeitern am Meer und genoss die Sonne. Langsam ließ die Trauer um meine Großmutter nach.

Im Sommer darauf zog es mich wieder an den Timmendorfer Strand, es war ein Sommer, der vieles in meinem Leben änderte. Ich sortierte gerade die Zigarettenpackungen für den Abend, im Hintergrund probte eine Band für ihren späteren Auftritt neue Lieder. Hans, einer der Musiker, rief mir zu: «Marie, du stehst gerade in der Nähe des Mikrofons. Sprich doch mal dort rein, egal was. Irgendwie funktioniert es nicht, und wir wissen nicht, woran es liegt.» Aus weiter Ferne hörte ich einen Schlager von Horst Winter. Ich summte mit und sang schließlich leise: «Die Negermama singt ein uraltes Lied, / zwei Negerlein zärtlich im Schoß. / Der Negerpapa in die Dämmerung sieht, / er denkt an sein trauriges Los.» Irgendwann unterbrach mich Hans: «Du, lass gut sein, wir hören dich nicht, das Mikro ist offensichtlich ganz kaputt.» Ich zuckte mit den Schultern und ging wieder zu meinen Zigaretten zurück. Es war spät geworden, und schon bald würden die ersten Gäste kommen. Wie jeden Abend füllte sich die Strandhalle recht schnell. Im Vorübergehen hörte ich einige Gäste sagen: «Wir wollen die neue Sängerin mit der zarten Stimme hören.» Ich fragte mich, wen sie meinen könnten, denn bei den Proben der Band hatte ich keine Frau unter den fünf Musikern entdeckt. Der Strandhallenbesitzer wurde ganz nervös, weil mit der Zeit immer mehr Besucher zu ihm kamen, um zu erfahren, wer da denn gesungen habe. Und schon meinte der Nächste: «Es war am Nachmittag und ist über den ganzen Strand zu hören gewesen, dieses Negerwiegenlied, wissen Sie? Im Vordergrund die Frau und leiser der Horst Winter.» Plötzlich sprang Hans auf, klopfte auf das angeblich defekte Mikrofon und stellte fest, dass es nach draußen eingestellt war.

«Hast du heute Nachmittag bei den Proben etwas gesungen?», fragte er mich. Ich bejahte.

«Du musst ja beeindruckend gesungen haben, die Leute hier sind ganz verrückt nach dir. Das müssen wir ausprobieren. Komm doch morgen mal zur Probe!»

Einwände hatte ich nicht. Ich hatte schließlich immer gern gesungen und wusste auch, dass ich es konnte, aber nie war mir der Gedanke gekommen, es auf einer Bühne zu versuchen. Wohl auch deshalb, weil ich eine sehr leise Stimme besaß, die nie für ein größeres Publikum ausgereicht hätte. Dass es wunderbare Mikrofone gab, erfuhr ich erst am Timmendorfer Strand.

Am nächsten Tag studierten wir also einige Schlager ein. Es klappte ganz gut und machte mir sogar Spaß, sodass wir nach drei, vier weiteren Proben den Schritt an die Öffentlichkeit wagten; mein erster Auftritt stand bevor. Zögerlich betrat ich abends in meinem Pagenanzug, damit mich jeder erkannte, die Bühne – etwas nervös war ich schon. Doch der Auftritt wurde ein Erfolg, und so sang ich von jetzt an jeden Abend in der Strandhalle, nicht nur mit Hans und seiner Band, sondern auch mit zwei Männern, die bislang als Schlagerduo aufgetreten waren und mich nun in ihre Mitte nahmen. Die Gäste verlangten regelrecht, dass ich zum Unterhaltungsprogramm beitrug, und mir sollte es nur recht sein, denn meine Gesangsnummern hatten noch eine andere positive Auswirkung: Ich musste «Eckstein No. 5» und andere Zigarettenmarken nun nicht mehr lautstark anbieten. Die Leute strömten nach meinen Auftritten regelrecht zu mir, und die roten und grünen Tabakpackungen verkauften sich auf einmal wie von selbst.

Das Singen machte mir immer mehr Spaß, ich hatte kein Lampenfieber, bewegte mich zwanglos auf dem Podium und unter den anderen Musikern. Wenn ich zur Unterhaltung der Gäste beitragen konnte und sie am Ende applaudierten, fand ich das wunderbar. Dass ich später dadurch in eine Art Zwangsjacke geriet und nur noch das singen durfte, was man mir vorschrieb, ahnte ich zu diesem Zeitpunkt nicht.

Als mein Chef von der Er und Sie Bar von meinen «Gesangserfolgen» erfuhr, musste ich ihm nach meiner Rückkehr von der Ostsee vorsingen. Ihm gefiel, was er hörte, und so ließ er mich von nun an bei sich auf der Tanzfläche auftreten. Und auch hier machte ich nur positive Erfahrungen: Die Trinkgelder, die ich jetzt als Garderobiere bekam, fielen besonders üppig aus.

Eines Abends, ich hatte gerade meinen Auftritt in der Bar mit dem Wiegenlied «Lullaby» und dem spanischen Song «Amado mio» beendet, kam ein älterer Herr auf mich zu, mit schneeweißen Haaren. Auf Englisch sagte er zu mir: «Obwohl Sie deutsch singen und ich es nicht verstehen kann, war es wunderbar, Ihre Stimme zu hören. Es liegt so viel Wärme in ihr.» Ich dankte ihm für das schöne Kompliment, und als er sich anschließend von mir verabschiedet hatte, trat der Barkeeper auf mich zu und sagte: «Weißt du, wer das war?» – «Nein», antwortete ich. – «Das war Charlie Chaplin.» Für mich war das unbegreiflich, aber wenn ich mir heute den älteren Chaplin anschaue, dann konnte er es tatsächlich gewesen sein. Ich kannte ihn ja nur, wie er x-beinig, mit Schnurrbart und schwarzem Haupthaar, durch Filme lief.

1950 war mein dritter Sommer in der Timmendorfer Strand-halle. Eines Abends waren prominente Leute im Publikum: Der berühmte Michael Jary saß mit einem großen Gefolge von Schallplattenproduzenten an der Bar. Hans und seine Bandmit-glieder wiesen mich aufgeregt darauf hin, hatten sie doch im-mer davon geträumt, eines Tages von ihm entdeckt zu werden. Jary, ein hagerer, großgewachsener Mann, war polnischer Jude und hieß eigentlich Maximilian Michael Jarczyk – mit diesem Namen konnte er aber unter den Nazis keine Karriere machen. Nach dem Krieg schrieb er einen erfolgreichen Schlager nach dem anderen, etwa «Sing, Nachtigall, sing», «Mecki war ein Seemann» oder «Das machen nur die Beine der Dolores». Zarah Leander, Evelyn Künneke, Hans Albers und Heinz Rühmann haben seine Lieder interpretiert.

Mit ihm am Tresen saß der Schallplattenproduzent Ger-hard Mendelson, ein rothaariger Mann mit kräftiger Statur. Ich machte mir nicht viel daraus, dass diese Berühmtheiten im Pu-blikum saßen, und sang meine Lieder wie immer. Nach meinem Auftritt kam einer der Männer auf mich zu und bat mich, mich zu ihnen an den Tisch zu setzen. Ich war erstaunt, freute mich aber, als Mendelson und Jary mich lobten und sich angetan zeigten. Nur einer der Männer gab zu bedenken: «Für eine Sän-gerin ist sie doch viel zu zierlich. Wie will sie das packen? Und überhaupt: Die Reaktionen der Zuhörer sagen nicht wirklich was aus. Die Leute sind hier im Urlaub, und im Urlaub sind die Menschen bekanntermaßen gut gelaunt und finden alles toll, was man ihnen vorsetzt.»

Wir unterhielten uns noch eine Weile unverbindlich, dann musste ich wieder an die Arbeit.

Ich hatte die Episode schon fast wieder vergessen, als mich Mendelson tags darauf in der Strandhalle aufsuchte. Anschei-nend hatte sich mein Kritiker nicht durchsetzen können, denn in der Hand hielt er einen exklusiven Schallplattenvertrag, einen Vertrag, den, so betonte er, auch Zarah Leander und Marika Rökk unterschrieben hatten. Ohne auch nur einen Augenblick zu zögern, setzte ich meine Unterschrift darunter. Wenn diese beiden Stars einen solchen Vertrag unterzeichnet haben, dann wird wohl nichts dagegensprechen, dass ich es auch tue. Warum sollte ich es nicht versuchen, dieses Leben mit der Musik? Auf Dauer konnte ich kein Page bleiben – und fürs Tanzen war es zu spät.

Gerhard Mendelson gab mir zu verstehen, dass er den Vertrag sofort auflösen würde, sollte ich den Durchbruch nicht schaffen, schließlich würde er mit mir als unbekannter Sängerin ein großes Risiko eingehen. Das leuchtete mir ein. Er selbst hatte nicht damit gerechnet, wie er mir später sagte, dass ich so viele Platten verkaufen sollte.

Nachdem ich unterschieben hatte, erklärte mir Mendelson noch das weitere Vorgehen: «Wir werden zwei Lieder für Sie neu komponieren, die Sie dann im Rahmen einer Revue singen werden. Dazu müssen Sie nach Wien kommen.»

«Wann soll ich dort sein?»

«Noch im September, in zwei Wochen», sagte der Produzent in einem Ton, der keine Widerrede duldete.

Ich war so aufgeregt, dass ich ganz vergaß, ihn zu fragen, was dass denn für eine Revue, für eine Musikrichtung sei und welchen Inhalt die Lieder haben würden. Aber letztlich war das in diesem Moment unwichtig, ich wollte einfach nur die große Welt sehen, ein neues Leben anfangen. Dazu war es gut, dass ich Hamburg verlassen konnte, die Stadt, mit der ich so viele Tode verband.

Da ich meinen Vertrag in der Strandhalle noch erfüllen musste, hatte ich keine Zeit, vor meiner Reise nach Wien einen Zwischenstopp in Hamburg einzulegen, um meine Sachen zu ordnen und die wichtigsten Dinge zu erledigen. So bat ich Onkel Alphons, meinem Chef in der Er und Sie Bar die neuen Entwicklungen zu erklären und mir meine Kleider nachzuschicken. Und meine Wohnung? Immerhin sollte ich einige Monate, wenn nicht gar Jahre in Wien bleiben, da die Schallplattenfirma Austroton in der Donaumetropole ihren Sitz hatte. Glücklicherweise löste sich das Problem schnell: Onkel Alphons suchte gerade für sich und seine Familie eine neue Wohnung und zog bei mir in der Friedrichstraße ein.

Mit leichtem Gepäck und meiner Hündin Cora stieg ich also in den Zug, den man für mich herausgesucht hatte. Es stellte sich aber als der falsche heraus, sodass ich während der Reise mehrmals umsteigen musste und statt um neun Uhr morgens erst nachmittags um 17 Uhr in der Donaustadt ankam. Selbstverständlich war aufgrund meiner Verspätung niemand auf dem Bahnsteig, um mich abzuholen. Nachdem ich mehrere Wiener gefragt hatte, erfuhr ich endlich, welche Straßenbahn ich zum Konzerthaus nehmen musste. Zum Glück hielt die Bahn direkt vor dem Gebäude, und ich brauchte nicht weiter zu suchen.

«Sind Sie zu dämlich, in den richtigen Zug zu steigen?», brüllte mich Mendelson an, als ich in sein Büro trat. War er am Timmendorfer Strand noch nett, stellte ich jetzt fest, wie widerwärtig er als Vorgesetzter sein konnte: Er war ein Choleriker, der eine Zigarette nach der anderen rauchte und nur fröhlich war, wenn seine produzierten Titel ein Hit wurden.

«Es ist nicht meine Schuld.» Wütend hielt ich ihm einen Plan vor die Nase, auf dem stand, welche Züge ich zu nehmen hatte. Und genau diesen Plan hatte ich eingehalten. Das Brüllen wollte aber nicht aufhören.

«Nun hör doch mal endlich auf! Was soll denn dieser Unsinn?», mischte sich da eine ältere Frau ein, die ich vorher gar nicht bemerkt hatte. «Siehst du nicht, dass das Mädchen total überfordert ist? Sie hat eine lange Reise hinter sich.»

Wie sich später herausstellte, war es die Schwiegermutter von Mendelson, die ihren Schwiegersohn zur Räson rief. Resolut nahm sie mich am Arm und sagte: «Jetzt gehen wir erst mal etwas essen.» Ich war dankbar, dass ich dem brüllenden Gerhard entkommen war, aber als wir wenig später in dem Restaurant saßen, hatte ich – ganz im Gegensatz zu Cora – gar keinen Appetit, mir war nur nach Schlafen zumute. Wie schön es jetzt wäre, in einem Bett zu liegen und die Augen zu schließen! Immerhin war ich fast zwei Tage am Stück unterwegs gewesen. Aber von Ausruhen war keine Rede, ich musste gleich zurück ins Studio des Konzerthauses.

Am Flügel saß ein ungefähr fünfzig Jahre alter Mann mit einer dunklen Hornbrille, die durch seine hohe, fast kahle Stirn besonders zur Geltung kam. Er wurde mir als Gustav Zelibor vorgestellt. Zelibor war Komponist von vielen Wiener Liedern, Filmmusiken und einer Handvoll Revuen. Um eine solche ging es nun auch, und zwar um den *Casanova-Express*, wie er mir kurz erläuterte. Ohne Umschweife und weitere Erklärungen fingen die Proben an, wir hatten durch mein Zuspätkommen viel Zeit aufzuholen. Gustav Zelibor spielte mir das Lied vor, das extra für mich komponiert worden war: «Mach nicht so traurige Augen» – nach zwei Stunden konnte ich es singen: «Mach nicht so traurige Augen, weil du ein Negerlein bist. / Nur nicht gleich weinen, hast du denn keinen, / der nett und lieb zu dir ist ...» Meine Müdigkeit versetzte mich in die richtige Stimmung für diesen Text.

Anschließend kam das zweite Lied dran: «Zwölf kleine Negerlein». Ich fiel fast um vor Erschöpfung, aber ich musste es noch unendliche Male singen. Getextet hatte dieses – wie auch «Mach nicht so traurige Augen» – Kurt Nachmann, der später die Aufnahme beider Songs Silbe für Silbe überwachte. Nach Stunden war Zelibor endlich zufrieden mit mir und klappte den Tastaturdeckel des Flügels zu. Es war drei Uhr morgens, und ich durfte in meine Pension gehen. Dort fiel ich erschöpft aufs Bett und schlief sofort ein.

Lange konnte ich mich allerdings nicht ausruhen, denn um zehn Uhr in der Früh war eine Revue-Probe im Theater angesetzt. Als ich an der Reihe war und mein Lied von den «Traurigen Augen» vortrug, war es schon ein kleiner Erfolg. Alle Mitwirkenden um mich herum hatten Tränen in ihren Augen.

Später präsentierte ich noch das «Negerlein»-Lied, untermalt von Urwaldtrommeln: «Zwölf kleine Negerlein, / die kauften weiße Seife ein / und sprangen in den See. / Zwölf kleine Negerlein, / die rieben sich mit Seife ein, / das tat den Augen weh.» Aber sosehr sie auch schrubbten, sie wurden nicht «weiß wie Schnee», sondern blieben «pechkohlrabenschwarz». Es war ein albernes Lied mit einem albernen Text, aber irgendwie mochte ich es, weil es mich an meine Kindheit erinnerte. Wie oft hatte ich selbst gedacht, wenn ich mich nur ordentlich waschen würde, dann würde ich weiß. Deshalb fand ich auch nichts Diskriminierendes an dem Text.

Die Handlung von *Casanova-Express* hatte mich wenig interessiert, es war eine Geschichte, in der es von einem Erdteil zum nächsten ging, Afrika war eine der Reisestationen. Dadurch wurde mir klar, warum sie mich in der turbulenten Revue gut gebrauchen konnten. Mein Gesang gefiel ihnen letztlich wohl so gut, dass sogar noch ein drittes Revue-Lied für mich geschrieben wurde: «Ein kleines Negerlein im Schnee».

Am selben Tag hatte ich mein erstes Interview mit einer Wiener Tageszeitung. Ich wurde von der Journalistin gleich zu Beginn nach meinem Alter gefragt; bevor ich aber antworten konnte, schrie mein Manager im Hintergrund: «Fünfzehn!», was sich die Journalistin gleich notierte. Vor lauter Schreck wagte ich es nicht, Einspruch zu erheben. Schließlich sollte ich Auskunft darüber geben, ob ich einen Künstlernamen hätte. Wieder schaltete sich Gerhard Mendelson ein, bevor ich auch nur ein Wort sagen konnte: «Sie heißt Leila Negra.»

So wurde aus der 21-jährigen Marie Nejar der 15-jährige Teenager Leila Negra. Mir sollte es recht sein – zunächst.

Mein erster Auftritt vor dem Wiener Publikum wurde ein großer Erfolg, ebenso die Schallplatte, die man kurz danach mit mir produzierte. Die Platte war innerhalb weniger Wochen ausverkauft, und ich wurde als «sensationelle Neuentdeckung von Austroton» gefeiert, mein Name war auf allen Litfaßsäulen zu lesen. Dabei hatte ich gerade bei den Studioaufnahmen große Schwierigkeiten gehabt. Es gab damals kein Playback, und das große Orchester hinter mir, das Orchester von Karl Loubé, machte mir Angst. Durch eine Glaswand sah ich, wie der Aufnahmeleiter und sein Team immer wieder die Augen verdrehten, wenn ich gepatzt hatte, was mich nur noch mehr verunsicherte. Es hat eine geraume Zeit gedauert, bis mein Selbstbewusstsein so gewachsen war, dass ich die Augen verdrehte, wenn bei den anderen etwas schieflief.

Nichtsdestotrotz hatte ich schon an Routine gewonnen, war aber noch keinesfalls der perfekte Profi. Eines Abends stand ich hinter der Bühne und wartete auf meinen Auftritt. Es tanzte das Ballett, und ich schaute ihm zu. Mit einer schwungvollen Drehung sollten die Tänzer ihren Abgang vorbereiten, und als die letzte Ballerina an der Reihe war, kam sie direkt vor mir zum Stehen und schaute mich vollkommen erschrocken an. Ich brach bei diesem Gesichtsausdruck in schallendes Gelächter aus, das ich auch nicht beenden konnte, als ich schon längst vor den Vorhang getreten war. «Frau Negra, reißen Sie sich zusammen!», hörte ich leise den Dirigenten im Orchestergraben

LEILA NEGRA

Autogrammkarten
von Marie Nejar

LEILA NEGRA

flüstern. Mühsam fing ich zu singen an: «Wenn die weißen Kinder im Park mit uns nicht spielen wollten, / weil die Erwachsenen sagten, dass sie es lassen sollten, / bin ich traurig zu meiner Mami gegangen ...» Immer wieder entwich mir ein kleiner Gluckser, aber ich brachte das Stück dann doch einigermaßen gefasst zu Ende.

Als ich von der Bühne abging, ahnte ich nichts Gutes, und tatsächlich kam der Direktor der Show wutschnaubend auf mich zugestürmt und raufte sich die Haare: «Frau Negra, sind Sie denn wahnsinnig? Wie können Sie denn bei einem solchen tragischen Lied lachen? Was haben Sie sich eigentlich dabei gedacht?» Er war völlig außer sich und drohte, mich zu entlassen, weil ich das Lied nicht mit angemessenem Ernst vorgetragen hatte. Gustav Zelibor, der das Geschehen hinter der Bühne mitverfolgt hatte, nahm mich in Schutz und sagte: «Dir ging es nicht gut, oder?» Ich nickte nur und verfluchte innerlich die Balletttänzerin: Wie konnte sie auch nur so verdattert gucken, wo ich nach ihr mit einem traurigen Lied auf die Bühne gehen musste!

Nach einigen Wochen ging ich zu meinem Produzenten und fragte ihn, wie es denn nun mit meinem Geld aussehe. Ich bekam gerade so viel, dass ich damit meine Pension und das Essen bezahlen konnte.

«Was heißt hier Geld?», wurde mir an den Kopf geschmissen. «Sie haben bei uns 20 000 Mark Schulden!»

«Das verstehe ich nicht. Wie ist das möglich?» Ich war völlig überrumpelt.

Doch statt eine Antwort zu bekommen, wurde mir die Tür vor der Nase zugeknallt. Ich konnte mir gar nicht vorstellen, dass ich Schulden verursacht hatte. Sicherlich – die Aufnahmen, das Orchester, der Komponist, das alles hatte Geld gekostet, aber da ich eine Menge Auftritte absolvierte, manchmal bis zu fünf am Tag, musste Mendelson doch inzwischen etwas an mir verdienen. Wahrscheinlich hatte er das gesagt, so legte ich es mir zurecht, damit ich nicht absprang und bei der Stange blieb. Und er hatte Erfolg mit seiner Strategie.

Während der großen Tourneen, die bald folgten, erhielt ich schließlich sechzig Mark am Tag, von denen ich aber auch meine Kleidung bezahlen und die Hotelrechnungen begleichen musste. Ich ging davon aus, dass mein Produzent aller Wahrscheinlichkeit nach sehr viel mehr an mir verdiente als diese sechzig Mark. Aber nun ja, er besorgte mir die Auftritte, organisierte die Tournee. Mendelson kam auch nie wieder auf meine angeblichen Schulden zu sprechen. Und ich war zufrieden, weil ich mein Auskommen hatte.

Das ganze Jahr über hatte ich Sendungen im österreichischen Rundfunk, viele Auftritte in Wien und Umgebung, aber auch in Linz und Graz. Zwischendurch musste ich nach Hamburg, wo ich in einer sehr merkwürdigen Show in der Ernst-Merck-Halle auftrat. Diese Mehrzweckhalle mit einer riesigen Bühne lag in Planten un Blomen, einer Parkanlage mitten in der Stadt, die die Wallanlagen und den Alten Botanischen Garten umfasste. Sämtliche Freunde und Bekannte saßen in der ersten Reihe, natürlich auch Bärbel und Otti, was ein großer Trost war, denn die Show gefiel mir nicht. Während ich «Traurige Augen» und einen weiteren Song präsentierte, das neu von mir einstudierte «Teddy»-Lied («Mein Teddybär muss immer mit ins Bett»), traten vor und nach mir alberne Roboter auf, Maschinenmenschen, deren staksige Bewegungen mit spektakulären Lichteffekten begleitet wurden. Das war so gar nicht nach meinem Geschmack.

Auch in der Er und Sie Bar gab es im Anschluss an den Auftritt ein Wiedersehen, und doch war es nicht so wie früher. Ein seltsames Gefühl beschlich mich, als ich auf den beleuchteten schwarz-weißen Glasplatten des Tanzbodens stand. Hatte ich dort einst völlig unbekümmert die Schlager singen können, die ich mochte – etwa «Many Men» –, durfte ich nur noch die Lieder singen, die mir mein Produzent vorschrieb.

Später am Abend nahm mich Onkel Egbert beiseite. «Ich habe dich im Radio gehört», sagte er. Es war seiner Stimme anzumerken, dass ihm etwas nicht gepasst hatte.

«Welches Lied?», fragte ich.

«Eins von Peter Kreuder, ‹Rose› hieß es.»

«Und was ist damit?»

«Das hättest du nicht singen sollen. Es passt nicht zu dir.»

Er traf damit den Nagel auf den Kopf. Die Melodie lag mir nicht, der Text ebenso wenig; ich weiß nicht, wie oft ich das Wort «Rose» singen musste, bis es einigermaßen klang, es waren unzählige Male. Wäre Onkel Egbert, der selbst sehr musikalisch war, mein Manager geworden, wer weiß, ob meine Karriere als Sängerin so frühzeitig beendet gewesen wäre. Er wusste, was meine Stärken und Schwächen waren, ihm hätte ich blindlings vertraut. Aber niemals hätte Gerhard Mendelson ihn in dieser Funktion akzeptiert. Zum einen, weil er sicherlich dafür plädiert hätte, dass ich andere Lieder, die mir mehr entsprachen, hätte singen sollen. Zum anderen aber auch, weil Egbert dann Einblick in das gehabt hätte, was ich meinem Produzenten und der Schallplattenfirma einbrachte – und Mendelson ließ sich in diesen Dingen nicht gern in die Karten schauen. So musste ich allein sehen, wie ich mit dem Musikbusiness zurechtkam.

Nach dem Gastauftritt in Hamburg wurde in Wien eine Deutschland-Tournee mit allen Künstlern, die bei der Schallplattenfirma Austroton unter Vertrag waren, vorbereitet – unter anderem sollten Peter Alexander, Ernie Bieler, Rudi Hofstetter,

Marie Nejar 1955 beim Schlittschuhlaufen

Evelyn Künneke, René Caroll und ich daran teilnehmen. Mendelson stellte die Tournee unter das Motto «Musik kennt keine Grenzen» und gab ihr den Namen «Schlagerexpress Wien–Berlin». Insgesamt waren wir zehn Künstler, die alle ihre Einzelauftritte hatten. Jeder von uns sollte seine oder auch Schlager von anderen Sängern singen, die zu dieser Zeit besonders beliebt und häufig im Radio zu hören waren. Schlager, die nach Fliegeralarm, Bombenangriffen, Hamsterfahrten und Schwarzmarkt von einem übermächtigen Wunsch nach einem normalen Leben kündeten.

Bevor die erste Tournee startete – hauptsächlich traten wir in München und in anderen größeren Orten in Süddeutschland auf –, musste ich eine schwere Entscheidung treffen. Was sollte ich mit Cora machen? Ich konnte meine Hündin keinesfalls mit auf Reisen nehmen. Nie werde ich diesen Hundeblick vergessen, als ich sie bei Frau Seidlmayer abgab, einer Bekannten der Schwiegermutter des Herrn Mendelson. Aber ich wusste, bei dieser Frau war Cora in guten Händen, hier erwartete sie bis zu ihrem Tod ein wahres Hundeleben. Schweren Herzens nahmen wir voneinander Abschied.

Als es schließlich losging, kamen auch immer wieder Künstler von anderen Schallplattenfirmen hinzu, etwa Bully Buhlan, der mir imponierte, weil er seine Lieder vielfach selbst textete und komponierte, Lale Andersen, Friedel Hensch oder Rudi Schuricke. Sang der «Troubador der Liebe», wie er gern genannt wurde, «Wenn bei Capri die rote Sonne im Meer versinkt», einen der ersten großen Hits der Nachkriegszeit, dann war klar: Nur er war der Mann, der eine Schnulze mit Leib und Seele singen konnte. Obwohl zu jener Zeit interessanterweise die Frauen, insbesondere Lale und Friedel, bekannter waren als die männlichen Interpreten.

Ich selbst habe anfangs meist nur ein einziges Lied dargeboten, «Mach nicht so traurige Augen». Je länger ich es in meinem Repertoire hatte, umso bewusster wurde mir, wie wichtig es für das Nachkriegsdeutschland war. Immer wieder kamen nach meinen Auftritten junge weiße Mütter mit schwarzen Kindern hinter die Bühne, um mir zu erzählen, wie ihre Töchter oder Söhne angefeindet wurden. Manche dieser Frauen berichteten mir, wie schrecklich es für sie gewesen war, als plötzlich der Ehemann vor der Haustür stand, der zuvor als «gefallen» geführt worden war. Er wurde nun mit einem Mischlingskind von einem schwarzen GI konfrontiert, der längst wieder in seine Heimat zurückgekehrt war. Probleme waren da vorprogrammiert.

Viele der Mütter sprach ich auch mit dem Lied «Wenn die weißen Kinder im Park nicht mit uns spielen wollten» an, das mit folgenden Worten weitergeht: «... weil die Erwachsenen sagten, dass sie es lassen sollten.» Erst hatte ich gedacht, dass dieser Text vollkommen blödsinnig sei, denn die Kinder aus der Friedrichstraße und aus meiner Schule hatten ja mit mir gespielt und mich nicht ausgeschlossen. Aber wenn ich dann an die Lehrerin in der Seilerstraße dachte, wusste ich, es hätte auch bei mir anders sein können. Und wenn mir jetzt die Mütter erzählten, dass ihre Mischlingskinder von weißen Spielkameraden ausgeschlossen und von Mitschülern zusammengeschlagen wurden, war ich fast froh, dass ich nicht in den fünfziger Jahren zur Schule gehen musste.

Im Ruhrgebiet erlebte ich auf dem Weg zu einem Auftrittsort selbst einmal, wie weit es mit der Akzeptanz Schwarzer in Deutschland her war: Mir kam eine Schulklasse mit ungefähr zwanzig elf-, zwölfjährigen Jungen auf der Straße entgegen, und einer von ihnen warf mir absichtlich seinen Ranzen zwischen die Beine. In diesem Moment trat der Klassenlehrer auf mich zu und fragte: «Wollen Sie was?»

Ich antwortete: «Nein, eigentlich wollte ich Sie gerade fragen, was das hier zu bedeuten hat. Warum schmeißen mir Ihre Schüler einen Ranzen zwischen die Beine?»

«Es wird schon einen Grund geben», erwiderte der Lehrer und ging mit seinen Jungen einfach weiter.

Die Mütter, die mich nach meinen Auftritten aufsuchten, waren interessanterweise die einzigen, die den Inhalt der Lieder mit meiner Person in Verbindung brachten: Andere haben mich in der Nachkriegszeit nie danach gefragt, in keinem Interview wurde mir die Frage gestellt, ob ich als Schwarze in der Hitler-zeit Schwierigkeiten gehabt hätte. Vielleicht wollten sie es auch lieber nicht so genau wissen.

Peter, der gute Freund

Nach dem ersten Auftritt im Rahmen von «Musik kennt keine Grenzen» unterhielt ich mich mit Peter Alexander, der eigentlich Peter Neumayer hieß, über den Tourneealltag und die anstrengenden Wochen, die noch vor uns lagen. Er musste selbst darüber lachen, dass er sich überhaupt darauf eingelassen hatte, auf Tour zu gehen. Als man ihn vor einigen Jahren bei den Wiener Sängerknaben aufnehmen wollte, war das ein Grund für ihn gewesen, das Angebot abzulehnen: Die Sängerknaben waren ständig unterwegs, lebten bei Gasteltern – das war ihm alles zu hektisch, er wollte lieber zu Hause bleiben.

Unter all den Künstlern, die bei der «Schlagerexpress»-Tour-nee dabei waren, mochte ich Peter am liebsten, und es ent-

Marie Nejar 1950 mit Peter Alexander, Peter Kreuder und
Rudi Hofstetter

wickelte sich während der Reise eine besondere Freundschaft zwischen uns. Er war ein einmaliger Kollege, der mir später oft geholfen hat, sei es, indem er mich aufgemuntert hat, wenn es mir einmal schlechtging, oder indem er mich ganz konkret bei Liedern unterstützte, die schwierig für mich waren. Besonders ein Erlebnis ist mir in diesem Zusammenhang in Erinnerung geblieben: Ich wurde für Plattenaufnahmen von Märchen engagiert, die hauptsächlich von Schauspielern des Wiener Burgtheaters gelesen wurden. Ihre Professionalität war unglaublich, da konnte ich nicht mithalten. Immer wieder mussten die Aufnahmen mit mir gestoppt werden, weil ich nicht richtig betonte oder sich zu viel Spucke im Mund bildete, sodass ich die einzelnen Worte nicht mehr sauber aussprechen konnte. Schließlich brach der Aufnahmeleiter alles ab und sagte zu mir: «Wir müssen uns überlegen, ob wir mit Ihnen überhaupt weiterarbeiten.» Die Bemerkung war so schrecklich für mich, dass ich fluchtartig das Studio verließ und in meiner Not Peter und seine Frau Hilde Haagen aufsuchte, mit der er erst seit kurzem verheiratet war. Peter war ein ausgebildeter Schauspieler, er musste doch wissen, wie ich meine Stimmtechnik verbessern konnte.

«Ich kann zwar beim Singen die Töne treffen, habe aber keine Möglichkeiten, meine Stimme bewusst einzusetzen», klagte ich den beiden mein Leid.

«Du hattest doch auch nie eine Sprechausbildung, da ist es kein Wunder, dass du das nicht beherrschst», tröstete mich Peter. «Wenn du beim Singen nervös und hektisch bist, klingt deine Stimme automatisch höher und du unverständlicher. Und so ist es auch beim Sprechen. Aber das kriegen wir hin.»

Unermüdlich zeigte er mir, wie ich mit meiner Stimme umgehen sollte, auch Hilde unterstützte mich mit guten Ratschlägen, besonders was die richtige Atmung betraf. Ihre Qualitäten als spätere Managerin von Peter zeigten sich schon damals.

Ein ums andere Mal musste ich den beiden die Märchen vorlesen, die aufgenommen werden sollten. Besonders eine Stelle aus *Rotkäppchen* vergesse ich nie, weil ich sie wieder und wieder proben musste: «‹Ei, Großmutter, was hast du für große Ohren!› ‹Dass ich dich besser hören kann.› ‹Ei, Großmutter, was hast du für große Augen!› ‹Dass ich dich besser sehen kann.› ‹Ei, Großmutter, was hast du für große Hände!› ‹Dass ich dich besser packen kann.› ‹Aber, Großmutter, was hast du für ein entsetzlich großes Maul!› ‹Dass ich dich besser fressen kann.›» Bei jedem Leseversuch war meine Stimme entweder zu tief oder zu hoch. Peter korrigierte mich und sprach mir die Passage immer wieder vor, bis sie endlich auch bei mir saß.

Über all dem Üben hatten wir ganz das Essen vergessen, und so stellte ich mich zum Dank in die Küche von Peter und Hilde und bereitete ihnen Kartoffelpuffer zu – es war inzwischen drei Uhr morgens, aber ich war nicht mehr besorgt, fühlte mich für den nächsten Tag gerüstet. Wir saßen noch eine Weile entspannt beisammen, lachten viel, und ich freute mich über die Harmonie, die zwischen Peter und Hilde zu spüren war.

Als ich gegen vier Uhr morgens meine Unterkunft betrat – ich wohnte zu dieser Zeit kurz bei meinem Manager –, kam mir Frau Mendelson entgegen. Sie trug noch ihr Kleid, ein Tuch lag um ihre Schultern. War sie wegen mir aufgeblieben?

«Wo warst du denn?», fragte sie besorgt. «Du hast morgen früh Sprechaufnahmen.»

«Ich habe gelernt.»

«Dann bin ich ja beruhigt. Geh jetzt schnell ins Bett, damit du morgen einigermaßen ausgeschlafen bist!»

Ihr Ehemann, der von meinen nächtlichen Proben am nächsten Tag erfuhr, reagierte, wie nur ein Mann reagieren konnte: «Was das wohl für ein Lernen um diese Nachtzeit gewesen sein soll ...»

Statt ihm zu antworten, ging ich in mein Zimmer und schloss die Tür hinter mir zu. Sollte er denken, was er wollte; ich hatte die Wahrheit gesagt.

Obwohl ich früh aufstehen musste und eigentlich nur müde hätte sein sollen, war ich putzmunter, und alles klappte bestens. *Hänsel und Gretel* und *Der Froschkönig* – die Märchenaufnahmen konnten ohne weitere Störungen beendet werden. Sogar *Rotkäppchen* schaffte ich ohne Schwierigkeiten. Vielen Dank, Peter!

Eine weitere Tournee startete. Jeden Abend traten wir in anderen Städten, in anderen Häusern auf, meist waren es Kinos, die den Krieg ohne größere Schäden überstanden hatten. Die Bühne war selten dekoriert, alles war ganz schlicht gehalten, nur die schweren Samtvorhänge und gezielt platziertes Licht setzten uns in Szene. Sang jemand eher ruhige Lieder, so wie ich, wurde nur der Kopf angestrahlt, alles andere blieb im Dunklen. Es muss ein großer Effekt gewesen sein, denn bei «Mach nicht so traurige Augen» floss so manche Träne. Zwar konnte ich das weder sehen noch hören, aber wenn ich nach einem tiefen Knicks, in der Manier einer Ballerina, die Bühne verlassen hatte, kamen viele Leute zu mir und erzählten, wie ergriffen sie von meinem Auftritt waren.

Aber so gemischt wie das Publikum – nachmittags waren auch Kinder dabei, junge Paare, ältere Menschen, besonders alleinstehende Frauen, die wohl ihre Männer im Krieg verloren hatten –, so gemischt war auch das Programm. Auf langsame folgten schnelle, auf melancholische schmissige Darbietungen. Insbesondere Peter Alexander präsentierte sehr unterschiedliche Lieder, allein der Song «Das machen nur die Beine von Dolores» durfte nie fehlen. Mit den Nylons, die die GIs mit nach Deutschland brachten, waren Frauenbeine zum Objekt der Begierde bei

Männern geworden. Wenn Peter dann sang: «Das machen nur die Beine von Dolores, / dass die Senores nicht schlafen gehn. / Denn die Toreros und die Matadores, die woll'n Dolores noch tanzen sehn. / Und jeder wünscht sich nur das eine, sie möchte alleine für ihn sich drehn» – dann war das Publikum oft nicht mehr zu halten.

Ich persönlich liebte aber auch Gitta Linds Darbietungen wie «Im Café de la Paix in Paris» oder ihren großen Erfolg «Blumen für die Dame» und «Heut ist ein Feiertag für mich», das sie im Duett mit Vico Torriani vortrug. Die 26-jährige Gitta gehörte neben Peter Alexander zu den wenigen Kolleginnen und Kollegen, mit denen ich mich besonders gut verstand. Sie hieß eigentlich Rita Garcher, ihren Künstlernamen setzte sie aus ihren beiden Idolen Gitta Alpár (eine ungarische Sängerin und Schauspielerin) und Jenny Lind (eine schwedische Sängerin) zusammen. Ich beneidete sie darum, dass sie Ballett studiert hatte, aber im Gegensatz zu mir wollte sie schon als junges Mädchen Sängerin werden und hatte gleich nach dem Krieg ihre Karriere als Rundfunksängerin beim Nordwestdeutschen Rundfunk (NWDR) gestartet.

Ich war bei Beginn der Tourneen so naiv, dass ich dachte, Leute, die miteinander musizieren, mögen sich. Nach unseren Einzelauftritten kamen wir geschlossen auf die Bühne, um uns zu verbeugen. Das Publikum klatschte Beifall, meist wurden wir auch noch mit einem langen Getrampel gefeiert, dass man dachte, ein Gewitter würde aufziehen – damals gehörte es sich nicht, auf Konzerten zu johlen oder zu schreien.

Wenn wir dann also so gemeinsam auf der Bühne standen und strahlten, konnte der Eindruck entstehen, wir Sänger seien alle ein Herz und eine Seele. Aber oftmals war genau das Gegenteil der Fall: Wir waren härteste Konkurrenten. Was hatte ein Kollege mir einmal zugesteckt? «Hinter deinem Rücken reden die anderen gar nicht gut über dich. Sie behaupten, dass du eigentlich gar nichts kannst, weil du im Gegensatz zu ihnen keine Ausbildung hast.» Dahinter verbarg sich Neid, überlegte ich, sehr großer Neid sogar. Immerhin bekam ich trotz meiner scheinbar mangelnden Fähigkeiten viel Beifall, manchmal sogar mehr als einige meiner Kollegen.

Ein anderer Tourneemitstreiter, von dem ich wusste, dass er es gut mit mir meinte, sagte einst: «Solange die Leute dich nicht mögen, dich meiden, bist du gut. Wenn sie anfangen, freundlich zu werden, dann ist das ein Zeichen, dass du nicht mehr im Rennen bist.» Wenn es stimmte, was dieser Kollege behauptete, dann konnte ich davon ausgehen, dass meine Darbietungen nicht die schlechtesten waren. Letztlich ging es immer um den Erfolg, den man hatte und andere gerade nicht. Der Druck wiederum, Erfolg zu haben, ging von den einzelnen Schallplattenfirmen aus. Bei denen zählte allein, was der jeweilige Interpret an Geld brachte. Mir persönlich war es egal, ob ein anderer erfolgreicher war als ich. Hatte ich die richtige Einstellung zu meinem Beruf? Oder nahm ich den Gesang einfach nicht ernst genug? War ich keine wahre Künstlerin? Diese Fragen stellte ich mir einmal mehr, als einige Wochen lang eine schwarze Sängerin zu uns stieß. Olive Moorfield war eine wunderbare Jazzinterpretin und kam beim Publikum sehr gut an. Ich mochte sie auf Anhieb. Aus irgendeinem Grund, wahrscheinlich war es Zufall, sollte ihr Auftritt direkt vor meinem liegen.

«Wie können sie dir so eine Sängerin vor die Nase setzen», empörte sich Peter. «Das ist eine Frechheit, das können sie doch nicht mit dir machen.»

«Mich stört das nicht», sagte ich. «Sie kann doch wunderbar jazzen, ich habe kein Problem damit. Außerdem hat sie eine ganz andere Art zu singen als ich.»

«Ich finde es trotzdem nicht in Ordnung», beharrte Peter auf seiner Meinung.

«Warum haben alle bloß immer so viel Angst, wenn ein anderer von der Bühne geht, der auch viel Beifall bekommt? Was ist so schlimm daran?»

Nur Peter und Gitta waren sehr kollegial, sie kamen nie auf die Idee, irgendwelche Intrigen zu spinnen.

Nach Berlin war Stockholm unsere nächste Station. Während in der Sektoren-Stadt mein «Teddybär»-Schlager ein richtiger Erfolg war, kam in der schwedischen Hauptstadt das Lied «Mütterlein» besonders gut an. Für die zwei, drei Auftritte, die wir dort hatten, wurden unsere Lieder sogar ins Schwedische übersetzt. Kaum waren wir in Stockholm angekommen, mussten wir schon für Rundfunkaufnahmen ins Funkhaus. Es war gar nicht leicht, diese neuen Wörter richtig auszusprechen, auch wenn ich ihre Bedeutung ja kannte und sich Schwedisch für mich manchmal ein bisschen wie Plattdeutsch anhörte. Die Studiotechniker und Musiker bogen sich vor Lachen über meine Aussprache, es hörte sich aber auch zu komisch an, und ich musste einfach mitlachen.

Von Stockholm aus – ich hatte leider nicht viel von der Stadt gesehen – flog ich direkt nach Wien. Zusammen mit Peter Alexander sollte ich dort im Tonstudio des Konzerthauses «Die süßesten Früchte» aufnehmen.

«Wir werden das Lied dann bei der Tournee auch zusammen auf der Bühne singen», will Peter in einer Pause zu mir gesagt haben, was ich jedoch vollkommen überhörte und das Lied bald schon vergaß.

Bei der folgenden Tournee, ein Vierteljahr später, passierte es dann. Mein Auftritt war beendet, Peter war an der Reihe. Da ich ihn mir immer anhörte, befand ich mich noch hinter der Bühne. Nach seinem letzten Lied hörte ich die ersten Töne zu «Die süßesten Früchte». Peter zog mich aus der Kulisse und fing zu singen an: «Frau Enterich weihte am grünen Rain / ihr Jüngstes in alle Geheimnisse ein ...» An meinem verzweifelten Blick sah er, dass ich mich an den Text nicht mehr erinnern konnte. Mein Bühnenpartner, routiniert, wie er war, übernahm meinen Part, ich dagegen schnatterte wie ein kleines Entlein und quiekte wie ein Mäuschen. Nur bei dem Refrain stieg ich wieder ein: «Die süßesten Früchte fressen nur die große Tiere ... doch weil wir beide klein sind, erreichen wir sie nie.» Es war unglaublich, das Publikum tobte, und wir mussten diesen Auftritt mit Hindernissen auch noch wiederholen! Armer Peter, er schien kurz vor einem Nervenzusammenbruch zu sein, weil er viele Faxen machen musste, um meinen fehlenden Part zu überspielen. Richtig erzürnt, wie ich ihn nie zuvor erlebt hatte, zischte er mir hinter der Bühne zu: «Morgen kannst du den Text.» Noch in der Nacht habe ich die drei Strophen gelernt – und war für unseren nächsten Auftritt gerüstet.

Ein weiteres Beispiel für sein tolles Improvisationstalent gab Peter ein paar Tage später: Vor einem Nachmittagsauftritt waren wir zusammen ins Kino gegangen, um uns den Film *Der Glöckner von Notre Dame* anzusehen. Nach unserer Abendshow mussten wir direkt mit dem Bus nach Wien fahren, dem nächsten Auftrittsort, wo wir auch übernachten sollten.

Peter saß neben mir, er war erschöpft und schlief sofort ein. Als ich ihn nach einer Weile betrachtete, lag er so schief in dem Sessel, dass er wie Quasimodo aussah.

«Peter, wach auf», weckte ich meinen Nachbarn sanft. «So wie du da herumhängst, siehst du aus wie der Glöckner von Notre Dame.»

«Du bist wohl nicht mehr ganz richtig im Kopf.» Peter blinzelte mich schlaftrunken an.

«Aber genauso hast du eben ausgeschaut. Etwas ganz Unheimliches ging von dir aus.»

Sofort fing Peter an, die schrägsten Grimassen zu schneiden – das Findelkind Quasimodo hätte es nicht besser gekonnt. Bald musste der ganze Bus lachen. Zum Schluss bat man ihn, einige Hans-Moser-Parodien vorzuführen. Es war verblüffend, wie gut Peter diesen großen Volksschauspieler nachahmen konnte. Fast die ganze Busfahrt unterhielt er uns mit grotesken Dialogen und spontanen Einfällen. Wenn man ihn so sah, konnte man sich gar nicht vorstellen, dass er vor jedem Auftritt ein wahnsinniges Lampenfieber hatte. Es war so schlimm, dass ich manchmal dachte, er würde es in diesem Zustand kaum auf die Bühne schaffen. Stand er dann jedoch erst einmal im Rampenlicht, waren sämtliche Ängste augenblicklich verflogen. Ich fragte mich wirklich, wie lange ein Mensch mit einem solchen Lampenfieber das anstrengende Bühnenleben durchhalten konnte – wie man gesehen hat, ziemlich lange: Bis in die neunziger Jahre war er als Showmaster und Entertainer aktiv.

In den folgenden Wochen und Monaten war ich ständig unterwegs, hatte kein eigenes Zuhause, lebte nur in Hotels, hatte lediglich mit den anderen Künstlern Kontakt. Und obwohl wir uns jeden Tag sahen, unternahm ich fast nie den Versuch, mich ihnen – Peter und Gitta ausgenommen – zu nähern und zu öffnen. Nach der Show ging ich, wie es üblich war, zwar noch mit allen Kollegen in ein Lokal, um etwas zu essen, danach verabschiedete ich mich aber schnell. Für die anderen fing jetzt erst der gesellige Teil an, man saß beieinander und trank das eine oder andere Glas Alkohol. Während des Essens musste der geleistete Auftritt verarbeitet werden; mal dachte der eine laut über die Zusammenstellung seiner Lieder nach, mal gab ein anderer den Rat, diesen oder jenen Song nicht am Anfang zu singen, sondern am Schluss. Ich kümmerte mich wenig darum – war die Bestellung aufgegeben und das Essen noch nicht serviert, holte ich meist mein Französischbuch aus der Tasche und versuchte Vokabeln zu lernen, um nicht in die Gespräche einbezogen zu werden. Was andere als Spleen auslegten, war für mich eine gute Art und Weise, mich dem Konkurrenzrummel zu entziehen.

Nach dem Essen stand ich gleich auf, um mein Hotel aufzusuchen. Meist hatte ich mir eines ausgesucht, in dem die anderen nicht untergebracht waren. Es waren vielfach die schönsten – und leider auch teuersten – Unterkünfte im jeweiligen Ort. Und obwohl ich deswegen sehr sparsam sein musste, wollte ich nicht auf ein duftendes Schaumbad und herrlich weiche Handtücher verzichten. Während meine Kollegen lustig weitertranken, lag ich in der Wanne und genoss diesen Luxus in vollen Zügen.

Eine Ausnahme machte ich, wenn Lale Andersen mit uns auftrat. Ich mochte diese blonde Sängerin, die den wunderbaren Mädchennamen Liese-Lotte Helene Berta Bunnenberg hatte, sehr gern. Wir saßen oft zusammen, und weil ich so dunkel war und vom Alter her ihre Tochter hätte sein können, sagte sie einmal mit ihrem umwerfenden Lachen: «Du bist mein kleiner Fehltritt.» Aber da sie es so lustig sagte, konnte ich über diese Formulierung nicht böse sein. Für mich war sie eine große Künstlerin, die sich durch besondere Bescheidenheit auszeichnete. Nie wollte sie während unserer Tournee im Vordergrund stehen, sie war diejenige, die immer wieder betonte, wie froh sie sein könne, mit uns zu arbeiten.

Schon an dem ersten Ton, den sie sang, konnte man erkennen, dass es Lale war. Die Seemannslieder, die sie auf der Bühne vortrug, wie «Unter der roten Laterne von St. Pauli» oder «Ein Schiff wird kommen», passten zu ihrer ungekünstelten Persönlichkeit, zu ihrer leicht herben Stimme. Wenn sie ihren größten Erfolg, «Lili Marleen», sang, hörte ich ihr hinter der Bühne fast andächtig zu.

Einmal erzählte mir Lale, dass dieses melancholische Abschiedslied an zwei Frauen – Lili und Marleen – ihr einigen Kummer eingebracht hätte. Im Zweiten Weltkrieg wurde es über den deutschen Soldatensender Radio Belgrad gespielt und konnte damit auf beiden Seiten der Front gehört werden. Die Nazis hielten es wegen des melancholisch-traurigen Textes für «wehrkraftzersetzend» und verboten es, und Lale selbst wäre beinahe wegen «undeutschen Betragens» – sie führte einen regen Briefwechsel mit jüdischen Emigranten in der Schweiz – ins KZ gekommen, was aber letztlich verhindert werden konnte. Bis zum Ende des Krieges durfte sie allerdings nur noch mit Erlaubnis der Reichskulturkammer auftreten.

Als ich davon hörte, war ich froh, dass ich in der Nazizeit ein kleines Mädchen war. Mehr und mehr konnte ich mir vorstellen, mit welchen Schwierigkeiten ich wohl konfrontiert gewesen wäre, wenn ich diese Jahre als Erwachsene erlebt hätte. Doch auch jetzt noch war ich – neben dem «normalen» Konkurrenzgerangel – spitzen Bemerkungen über meine Hautfarbe ausgesetzt: Eines Tages hörten wir in dem Raum, in dem wir Sängerinnen uns für den Auftritt zurechtmachten, Radio. Plötzlich verstummten alle, und jeder hörte einer ungewöhnlichen Stimme zu, einer Stimme, die eindeutig einer schwarzen Sängerin gehörte.

«Oh, das könntest du gewesen sein!», sagte ich, an Ernie Bieler gewandt, nachdem der Song zu Ende war. «So wunderbare Töne kannst du auch herausbringen.»

Ernie war Österreicherin und besaß eine Traumstimme. Sie konnte alles singen, Jazz, Opern und Schlager. Es gab nichts, was sie nicht bewältigte. Sie aber schaute mich nur von oben herab an und sagte: «Ich bin doch keine Negerin.»

Diese Aussage traf mich so sehr, dass ich, um kein böses Wort zu sagen, den Raum verließ. Ich hatte es gut mit Ernie gemeint, wollte ihr ein Kompliment machen, denn sie besaß tatsächlich die Fähigkeit, ähnlich rauchig und jazzig zu singen – sie aber zeigte mir nur, dass sie Schwarze als Menschen zweiter Klasse betrachtete. Ihre Reaktion war für mich unbegreiflich.

Hinterher haben wir es wieder geschafft, herzlich miteinander zu lachen. Ich konnte einfach nie lange auf jemanden böse sein.

Schwarze Kinderstars, weiße Kinderstars

In den ersten beiden Tourneejahren hatten mir die Eltern von meinen Freundinnen Bärbel und Otti angeboten, bei ihnen ein Zimmer zu mieten, um in meinen Arbeitspausen eine Unterkunft in Hamburg zu haben. Sie wohnten nun nicht mehr auf der Reeperbahn, sondern in der Düsternstraße, mit Blick auf die U-Bahn-Station Rödingsmarkt. Mir erschien das als eine ideale Lösung, immerhin konnte ich auf diese Weise ohne Probleme meine Freundinnen sehen, die noch zu Hause lebten. Hinzu kam, dass ich mich immer in die Familie Borcholt eingebunden gefühlt hatte.

Mir gefiel das Zimmer sehr, zumal ich es, dank meiner inzwischen höheren Gage, mit eigenen neuen Möbeln einrichten konnte: Zwei wunderschöne grüngestreifte Schlafsofas sollten darin stehen und das ganze Zimmer mit einem todschicken schwarzen Teppich ausgelegt werden. Das war sicher nicht praktisch gedacht, da man selbst den kleinsten Fussel darauf würde sehen können, aber ich hatte meine eigenen Vorstellungen. Ich bat also Frau Borcholt, den von mir ausgesuchten Teppich zu bestellen und auslegen zu lassen, weil ich dafür keine Zeit hatte – die nächste Tournee stand bevor. Das entsprechende Geld ließ ich bei ihr.

Als die Tournee kurz unterbrochen wurde, nutzte ich die freien Tage, um mein neues Zimmer zu besichtigen. Gespannt betrat ich den Raum, und tatsächlich war alles wunderbar hergerichtet – nur der schwarze Teppich fehlte. Stattdessen lag auf dem Fußboden eine kamelhaarfarbene Auslegeware. Fast wäre ich wegen dieser Eigenwilligkeit von der Mutter meiner Freundinnen aus der Haut gefahren, aber ich riss mich zusammen und machte gute Miene zum bösen Spiel. So freundlich wie möglich bedankte ich mich und sagte: «Wenn ich nicht da bin, könnt ihr den Raum auf jeden Fall mitbenutzen.» Zugegeben, der kamelhaarfarbene Teppich war viel schöner und passte besser zu den Möbeln, aber das wollte ich, vor allem mir selbst, nicht so schnell eingestehen.

Mit der Zeit stellte es sich leider als großer Fehler heraus, dass ich die Untermieterin meiner Freunde geworden war. Wenn ich mich früher mit Otti und Bärbel erzürnt hatte, regelten wir das unter «normalen» Menschen, von Gleich zu Gleich. Nun war ich auf einmal Leila Negra, und alles war anders – zumindest in den Augen meiner Freundinnen. Als ich eines Tages zum Nachtisch Erdbeeren mit einer Vanillesoße zubereitete, sagte Bärbel, nachdem sie davon probiert hatte: «Das ist ja viel zu süß, das mag ich nicht. Es schmeckt widerlich.»

Ich selbst hatte nichts an meiner Nachspeise auszusetzen und antwortete nur: «Tut mir leid, mir schmeckt es.»

«Du bist hier nicht Leila Negra», warf daraufhin Frau Borcholt ein. «Du glaubst wohl, hier läuft alles nach deiner Nase und du kannst alles bestimmen.»

Verdutzt schaute ich sie an. Daher wehte also der Wind! Es

ging gar nicht um die Erdbeeren, sondern darum, dass sie dachten, ich hielte mich für etwas Besseres. Ohne ein Wort zu sagen, stand ich auf und fing an, den Tisch abzuräumen.

Ein paar Tage später erhielt ich Eintrittskarten für ein kleines Kino an der Alster, in dem Filme aus den zwanziger und dreißiger Jahren gezeigt wurden. Da das Lichtspielhaus so winzig war, bekam man nur ganz selten die Chance, Kinokarten zu ergattern. Aber in diesem Fall hatte ich einmal meine «Berühmtheit» ausgenutzt und drei Karten erstanden. Freudestrahlend trat ich in das Wohnzimmer der Borcholts und wedelte mit den Karten herum: «Hallo, Otti und Bärbel, wir können heute Abend zusammen ins Kino gehen.»

Bärbel war sofort Feuer und Flamme, sie hatte den Erdbeer-Streit, wenn es denn überhaupt einer gewesen war, längst vergessen. Plötzlich stand aber Frau Borcholt neben uns und sagte zu mir: «Du musst dich bei Bärbel entschuldigen.»

«Wofür?», fragte ich.

«Du weißt schon, warum.»

«Wenn es weiter nichts ist, so will ich mich hiermit entschuldigen», murmelte ich.

«Schon gut», antwortete Bärbel, der die ganze Situation sichtlich peinlich war.

Abends gingen wir dann zwar gemeinsam ins Kino. Aber ich war traurig, dass sich derart unschöne Sachen innerhalb der Familie Borcholt abspielten. Bärbel und Otti waren erwachsene Menschen, die dennoch von ihrer neidischen Mutter bestimmt wurden. Wie konnte ich vergessen, dass mein kleiner Ruhm, mein selbstverdientes Geld unweigerlich Neid hervorrufen würde? Für mich persönlich war mein Beruf ja gar nichts Besonderes. Wie hatte ich nur ihr Angebot annehmen können, zu ihnen zu ziehen? Ich schalt mich selbst wegen meiner Unbedarftheit.

Als ich nach zwei Jahren mein Zimmer bei den Borcholts räumte, brach der Kontakt zu den beiden Schwestern ab. Fünf Jahre gingen ins Land, ohne dass wir uns trafen oder uns aussprachen. Das tat weh, aber es half, dass wir uns dann wieder ohne Eifersucht begegnen konnten.

Während der Tournee trat ich auch immer mal wieder in einigen Filmen auf, meist waren es Gesangseinlagen wie der sentimentale «Virginia Blues», den ich 1952 zusammen mit Kenneth Spencer in *Tanzende Sterne* sang: «Wir gingen mit dem Zirkus auf die Reise / Und zeigten unsere Haut für Geld. / Man lehrte uns so manche fremde Weise, / Wir sahen, dass nicht alles gut war auf der Welt...»

Die Musik zu dieser Verwechslungskomödie – eine Nachtclubbesitzerin verliert ihr Lokal und verliebt sich in einen reichen Rennstallbesitzer, natürlich nicht zum Wohlgefallen der adligen Familie – schrieb Michael Jary, wie auch zu *Toxi*, der im selben Jahr mit Elfie Fiegert in der Hauptrolle in die Kinos kam. Der Film war bereits in den Lichtspielhäusern angelaufen, als ich für eine Schallplattenaufnahme das *Toxi*-Lied «Ich möcht' so gern nach Hause gehen» einsang, einen langsamen Foxtrott. Letztlich weist das Lied schon auf den Ausgang des Films hin: Nach vielen Turbulenzen wird das schwarze Besatzungskind Toxi, das bei einer deutschen Familie Zuflucht gefunden hatte, von ihrem Daddy über den großen Teich mit nach Amerika genommen, «nach Hause».

In einem Hotel in Köln bot sich für mich bald die Gelegenheit, «Toxi», also Elfie Fiegert, persönlich kennenzulernen, sie bewohnte mit ihrer Adoptivmutter ein Zimmer neben dem meinen. Mit ihrem Lockenkopf erinnerte sie mich an Shirley Temple, den von mir einst so angehimmelten Kinderstar. Elfie und ich, wir mochten uns sofort, und ebenso gefiel mir ihre

Adoptivmutter, eine sehr aufgeschlossene Frau, die dafür sorgte, dass Elfie den Kontakt zu ihrer leiblichen Mutter nie verlor. Elfie war sehr spontan und offenherzig, gleich zu Anfang unserer Begegnung erzählte sie mir: «Ich bin adoptiert. Das da ist gar nicht meine richtige Mami.» Diese Offenheit wird mit Sicherheit dazu beigetragen haben, dass Elfie schnell die Herzen der Zuschauer eroberte. Und natürlich auch, dass sie so süß anzuschauen war: Der Film *Toxi* war im Grunde sehr seicht und wirkte allein durch das zauberhafte Kind. Damals, in den fünfziger, sechziger Jahren, mussten schwarze Kinder in Filmen möglichst große Augen haben und das Klischee des niedlichen «Schokoladenkindes» erfüllen. Eine deutsche Integration oder gar Adoption des kleinen Mischlingsmädchens schien als Filmende von *Toxi* nicht zur Debatte gestanden zu haben – genauso, wie es damals im deutschen Film (und oft genug auch in der Wirklichkeit) undenkbar gewesen wäre, dass eine schwarze Frau eine Büroangestellte oder Krankenschwester darstellt. Ihre schwarzen Kollegen durften allenfalls einen Butler, einen Chauffeur oder einen Portier mimen, Frauen gerade mal ergebene Hausangestellte. Geduldet wurden Schwarze noch als Artisten, tanzende Exoten oder Mitglieder von irgendwelchen Musikbands – wenn ich es mir recht überlege, hatte sich in Deutschland seit meiner Geburt nicht wirklich viel geändert, obwohl die Zahl der schwarzen «Besatzungskinder» stetig wuchs und man hätte meinen können, dass das die Toleranz den Schwarzen gegenüber erhöhte.

Später scheint Elfie dann auch Schwierigkeiten gehabt zu haben, weitere Rollen als Schauspielerin zu erhalten. Ich habe sie noch in *Der dunkle Stern* (1955) gesehen, in dem sie ein Zirkuskind spielt; danach bekam sie nur noch kleinere Rollen. Die wahre Geschichte der Elfie Fiegert wäre in meinen Augen die eigentliche *Toxi*-Geschichte gewesen. Aber für die fünfziger Jahre war der Film akzeptabel und hinderte sicher einige Menschen daran, ihre wenig toleranten Meinungen zu laut zu äußern.

Nach *Toxi* folgte noch ein weiterer musikalischer Zwischenstopp beim Film: 1953 hatte ich eine Duett-Einlage mit Peter Alexander in dem Film *Die süßesten Früchte* von Franz Antel, der zum größten Teil in den Rosenhügel-Filmstudios in Wien gedreht wurde. Es war für uns ein großer Erfolg, dass das Lied, mit dem wir getourt waren, zum Titel eines Kinofilms erwählt wurde. Während unserer Einlage trugen wir beide ein blau-weiß geringeltes T-Shirt, darüber eine Art blaue Arbeitshose mit Latz und Trägern. Ich ging Peter gerade bis zur Schulter, dabei war er nur vier Jahre älter als ich – was mir aber erst richtig bewusst wurde, als ich mir den Film auf der Leinwand ansah.

Meinen letzten Kinoauftritt bekam ich schließlich 1954 in dem Schwarz-Weiß-Film *Der schweigende Engel* von Harald Reinl, in dem ich die Gesangsstimme von Christel Heitlinger, die ein neuentdecktes musikalisches Talent mimt, übernahm. Die Hauptrolle in dem Kinder- und Tanzfilm spielte allerdings Christine Kaufmann. Die Neunjährige war das genaue Gegenteil von den anderen Kinderstars dieser Zeit, Elfie Fiegert und vor allem Cornelia Froboess. War Erstere der süße Fratz und Letztere eine echte Berliner Göre, erschien mir Christine wie ein Engelswesen. Ich war begeistert von ihrer Erscheinung, sie war ein unglaublich zartes Kind. Als wir einmal nach den Dreharbeiten zusammen am Tisch saßen, begrüßte sie mich sehr freundlich. Während des Essens schaute ich immer mal wieder zu ihr und ihrer Mutter, die sie überallhin begleitete. Christine, vielleicht weil sie immer von vielen Erwachsenen umgeben war, wollte alles genau wissen. Wenn ein Wort fiel, das sie nicht kannte, bestand sie darauf, dass man es ihr erklärte. Dennoch tat sie dies auf eine ungewöhnlich zurückhaltende Art und Weise. Conny

Cornelia Froboess 1951

wäre da viel direkter vorgegangen, und sicher auch Elfie – jedenfalls faszinierte mich die Unterschiedlichkeit der damaligen Kinderstars. Gerade, wenn ich an mich selbst als Kind dachte, wurde mir bewusst, wie wenig ich selbst gefragt hatte, wie sehr ich mich zurückgehalten hatte, um einen eigenen Weg in meiner schwierigen Situation zu finden.

Das Singen machte mir immer weniger Freude, auch wenn ich wieder auf Bühnen der Bundesrepublik auftrat. Auf einmal standen sämtliche Lieder der kleinen Cornelia Froboess wie «Pack die Badehose ein» auf meinem Programm – und ich konnte mich nicht dagegen wehren. Was sollte ich mit einem Text anfangen, in dem es hieß, dass ich in der Schule wegen der Hitze schwitzen müsste und nur darauf wartete, mit meinem kleinen Schwesterlein raus zum Wannsee radeln zu können? Diese nette Kinderwelt hatte überhaupt nichts mit dem Leben einer Frau zu tun, die Ende zwanzig war und sich über die Zukunft Gedanken machen sollte. Ähnlich problematisch fand ich die Froboess-Schlager «Ich wünsch mir ein neues Kleidchen, ein Kleidchen aus rosa Batist», «Ich muss um zehn im Bett sein» oder «Für die große Liebe bin ich noch viel zu klein». Auch wenn ich noch immer wie ein Teenager aussah, meine Wünsche waren die einer Frau.

Ich weiß noch, wie ich es regelrecht hasste, Cornelias Lied «Lieber Gott, lass die Sonne wieder scheinen» darzubieten. Gut, ich interpretierte es auf meine Art und Weise, und Lale Andersen sagte zu mir: «Du singst ja richtig bei diesem Lied» – sie kannte die Version von Conny. Aber trotzdem führte es dazu, dass mich alle Welt hinterher «Sonnenscheinchen» nannte. Ich war doch kein kleines Kind mehr!

Das ging nicht gegen Cornelia Froboess, im Gegenteil, ich hatte sie sehr gern: Conny und ich traten häufig gemeinsam bei den Tourneen auf, insbesondere bei denen, die von dem Konzertveranstalter Konrad Hoffmeister organisiert wurden. Da Conny aber nach 21 Uhr nicht mehr auf der Bühne sein durfte, verneigten wir uns nach Ende einer Show einzig bei Nachmittagsvorstellungen gemeinsam vor dem Publikum.

Eine solche wird mir immer im Gedächtnis bleiben. In Hamburg gab es in der Ernst-Merck-Halle eine große Gala mit allen prominenten Künstlern unserer Schallplattenfirma. Als sich zum Schluss sämtliche Interpreten dem Publikum präsentierten, bekam jeder von uns einen großen Blumenstrauß überreicht. Conny stand neben mir, und als sie merkte, dass man mich aufgrund meiner Hautfarbe bewusst übergangen hatte, zupfte sie für mich ein paar Rosen aus ihrem Gebinde. Diese Geste war einfach großartig und ersparte mir die unangenehme Situation, mich als Einzige mit leeren Händen zu verbeugen.

Nach dieser Geste schloss ich die Siebenjährige noch mehr in mein Herz – was auf Gegenseitigkeit beruhte. Gehörte sie zu unserer Truppe, dann fuhr ich nicht im Tourneebus zum nächsten Auftrittsort mit, sondern saß im Wagen von ihren Eltern, die Conny überallhin begleiteten. Dabei hatten wir viel Spaß und parodierten uns gegenseitig. Cornelia sang ganz schräg «Mach nicht so traurige Augen», und ich versuchte mich in witzigen Versionen von «Pack die Badehose ein». Aber das war nicht der einzige Unsinn, den wir zusammen anstellten. Conny und ich teilten eine große Neigung zur Unbeschwertheit. Einmal, wir teilten mit Erlaubnis ihrer Eltern ein Zimmer, schlich ich mich leise um 22.15 Uhr ins Hotel, um Conny nicht zu wecken. Doch ich musste feststellen, dass sie hellwach war und vor Lachen laut losplatzte, als sie mein erstauntes Gesicht sah. So ging es noch die halbe Nacht. Wir hatten so viel zu lachen, und immer wenn einer von uns sagte, jetzt ist aber Ruhe, fing die andere wieder zu kichern an, bis das Bett wackelte.

Als wir am nächsten Morgen im Auto von Connys Eltern saßen, mussten wir uns zusammenreißen und so tun, als wären wir vollkommen wach – obwohl wir uns am liebsten auf die Rückbank hingelümmelt hätten. Aber immerhin hatten wir unseren Spaß gehabt.

Insgesamt waren wir drei- oder viermal zusammen auf Tournee, die jedes Mal einen guten Monat dauerte. Ich hatte stets das Gefühl, die ältere Schwester von Cornelia zu sein. Wenn sie unterwegs krank wurde, las ich ihr am Bett Geschichten vor, besonders liebte sie es, wenn ich ihr Filme mit dem Cowboy Tom Mix nacherzählte und zusätzlich noch einige Reiterabenteuer im Wilden Westen erfand.

Ich weiß noch, wie ich gerade eine Tournee beendet hatte und zur nächsten stieß, bei der auch Conny engagiert war. Es war in Wien, sie war sehr krank, und ich besuchte sie in ihrer Pension. Als sie mich sah, weinte sie und sagte, dass sie nicht auftreten könne, sie hätte so hohes Fieber, eine richtig schlimme Erkältung, alles täte ihr weh.

Laut Vertrag, das wusste ich, blieb ihr keine andere Chance, als auf der Bühne zu erscheinen. Ein Arzt würde ihr entsprechende Medikamente geben, damit sie ihren Showpart absolvieren konnte. Mir machte es richtig zu schaffen, dass ich ihr nicht helfen, sie von dem Auftritt erlösen konnte. Der einzige Trost, den ich ihr geben konnte, bestand darin, ihr übers Haar zu streichen und Mut zu machen.

Ich hatte selbst einmal erlebt, wie es ist, wenn man sich elend fühlt und dennoch hinaus auf die Bühne muss. In den Wintermonaten verbrachte ich viele freien Tourneestunden auf den Schlittschuhbahnen der jeweiligen Auftrittsorte. Wir waren gerade in der Schweiz unterwegs, an einem Tag vergaß ich, meine Sonnenbrille mit zur Eisbahn zu nehmen. Ich dachte, es würde auch ohne den Augenschutz gehen, doch da täuschte ich mich gewaltig. Als ich schließlich wieder meine Schlittschuhe auszog, waren meine Augen völlig verblitzt. Die Probe vor dem abendlichen Auftritt mussten wir abbrechen, weil ich das Scheinwerferlicht nicht vertragen konnte, ich irrte wie eine Blinde auf der Bühne umher. Die Beleuchter fanden dann glücklicherweise eine Lösung, mit weniger Leuchten zu arbeiten und sie zudem so anzubringen, dass ich niemals direkt in einen der Scheinwerfer sehen musste.

Mit Müh und Not schaffte ich mein Medley – mehr oder weniger im Dunkeln. Als ich die Bühne verließ, brach ich zusammen, mir war übel, mein Kreislauf rebellierte. Man brachte mich in eine Klinik, in der ich eine Spritze erhielt, doch für die nächsten fünf Abende erhielt ich Auftrittsverbot. Zum Glück setzten mich die Veranstalter nicht unter Druck, sondern meinten nur, dass sich das nicht ändern ließe.

Als die Tournee vorbei war, fuhr Cornelia mit ihren Eltern nach Berlin, wo sie damals wohnte, ich kehrte nach Hamburg zurück. Wir trennten uns ungern, aber ich weiß noch, wie ich sagte: «Conny, ich bin sicher, wir werden uns bestimmt bei einer anderen Tournee wiedersehen.» So kam es dann auch – und hatte ich in Berlin zu tun, richtete ich es stets ein, dass ich sie besuchte.

Bei all den Anstrengungen des Tourneealltags freute ich mich sehr, wenn ich zwischendurch einmal Zeit fand, um mich zu erholen. Einmal, ich erinnere mich genau, lag ich entspannt auf meinem Handtuch im Wiener Strandbad und dachte nur an die schönen Dinge des Lebens. Plötzlich hörte ich, wie eine Frau, die mit einer Gruppe von Freundinnen nicht weit von mir ein Sonnenbad nahm, sagte: «Uaah, ich glaube, ich muss mich übergeben.»

Durch diese Worte besorgt, richtete ich mich ein wenig auf,

um zu der Damenrunde hinüberzublicken. Vielleicht war weitere Hilfe notwendig.

Eine der Frauen fragte dann auch: «Was ist? Kann ich etwas für dich tun?»

«Nein», antwortete jene, die von Übelkeit geplagt wurde. «Aber schau mal da rüber, diese Niggerin, das ist ja ekelerregend.»

«Schscht, das ist Leila Negra», wisperte die Freundin.

«Ach so.» Die Frau wurde rot und kam zu mir herüber. Vor meinem Handtuch blieb sie stehen.

«Entschuldigen Sie bitte, Frau Negra, ich habe Sie gar nicht erkannt, das ist ja etwas ganz anderes, tut mir leid!»

«Lassen Sie es gut sein, die Sache ist erledigt.»

Ich schnappte mir mein Handtuch und ging.

1956 habe ich fast ein Dreivierteljahr in der einstigen Deutschen Demokratischen Republik gesungen. Zusammen mit «sozialistischen Künstlern», zu denen ich leider keinen Kontakt entwickelte, trat ich in Halle, Magdeburg, Leipzig, Dresden, Zwickau und Ost-Berlin auf. Dabei ging es bei dem Programm nicht um einzelne Gesangsnummern, sondern es traten auch viele Artisten auf, Clowns, die Rollschuh fuhren, oder sogenannte Kautschukartisten, die derart biegsam und gelenkig waren, dass sie die wildesten Körperverrenkungen ausführen konnten, vielfach auch einen Tisch dazu benutzten. Es gab sogar eine Tiereinlage mit einem Bären.

Die Anfrage für diese DDR-Tour kam von einem dortigen Musikveranstalter, und da ich unsicher war, ob ich das Angebot annehmen sollte, fragte ich meine Schallplattenfirma. Die Antwort fiel positiv aus: «Klar kannst du da rübergehen, wenn du Lust dazu hast.» Ich überlegte nur kurz, schließlich dachte ich, warum nicht, wir gehören alle zu einem Volk, sprechen eine gemeinsame Sprache. Dennoch war es mit einem Risiko verbunden, denn ich kannte die DDR-Künstler nicht und konnte ihre Leistungen nicht einschätzen.

Es wurde eine schwierige Zeit, denn ich fühlte mich in der DDR nicht sehr wohl. Nach einem Auftritt in einem Ost-Berliner Hotel – die Tournee war fast geschafft – wurden wir von einem Parteigenossen in einen Saal des Hotels gebeten. Es war ein Büfett für uns angerichtet worden, der Tisch bog sich geradezu unter den Bergen von Apfelsinen, Bananen und anderen Köstlichkeiten.

«Was soll denn das?», rutschte es aus mir heraus. «Ich dachte, so etwas gibt es für die Menschen in der DDR nicht zu kaufen.»

Alles um mich herum verstummte. Mein Tischnachbar gab mir einen Schubs mit seinem Ellenbogen und flüsterte mir zu: «Bist du ruhig!», aber da ich gerade in Fahrt war, konnte ich mich nicht bremsen.

«Aber wenn die Bevölkerung das nicht kriegt, wieso bekommen wir diese Sachen vorgesetzt? Wir brauchen sie nicht, denn wenn wir wieder in Westdeutschland sind, können wir in jeden Laden gehen und uns diese Dinge besorgen.»

Der Genosse – er hatte sich unsere Vorstellung zusammen mit seiner Tochter angeschaut – verteidigte sich: «Also, ich will Ihnen mal was sagen, hier in der Deutschen Demokratischen Republik sind wir mit allem zufrieden.»

«Dann ist ja gut», antwortete ich. «Aber trotzdem hätte ich mich auch nur über eine Tasse Kaffee gefreut.»

«Wenn Sie in Westdeutschland in einem Lokal einen Kaffee trinken wollen, dann zahlen Sie sich dumm und dusselig», fuhr der Genosse fort.

Ich weiß nicht, was meinen Widerspruchsgeist herausforderte oder in mich gefahren war, aber ich konnte es bei dieser Bemerkung nicht belassen. «Ich muss nicht in ein Café gehen»,

konterte ich. «Ich kann mir zu Hause einen guten Kaffee kochen
– und überhaupt welchen kaufen!»

«Wir haben hier so viele Errungenschaften, die wesentlich
besser sind als im Westen», bekam ich nun zu hören.

«Bislang beneide ich Sie nur um Ihre Tochter, die so dicke
blonde Zöpfe hat, ich würde sie sogar in Schwarz nehmen.»

Deutlich spürte ich einen Tritt auf meinen Füßen. Ich wusste,
was mein Tischnachbar dachte: Um Gottes willen, was macht
die Negra da bloß?

«In der Schule lernen die Kinder noch richtig auswendig»,
konterte nun der Genosse.

«Das wurde in der Nazizeit auch gemacht. Und die Folgen
sind uns allen bekannt.» Ich erkannte mich selbst kaum wieder.

Die Augen des Genossen flackerten bedrohlich, die Nasen-
flügel bebten, ebenso das Parteiabzeichen auf dem Revers seiner
Uniformjacke. «Wenn Sie nicht Leila Negra wären, dann würde
ich Sie jetzt hochgehen lassen.»

«Ich will Sie nicht davon abhalten.»

«Sie verlassen ja sowieso wieder unseren Staat, aber im
Grunde müsste ich Sie anzeigen.»

«Wenn es Ihnen ein Bedürfnis ist, dann tun Sie es doch!»,
schnaubte ich und stand auf.

«Jetzt bist du dran», zischte mir mein Nachbar noch leise zu,
aber mein Widerspruch blieb ohne Folgen.

Es war eine brenzlige Situation, doch ich hatte mich einfach
nicht zurückhalten können, meine Meinung zu sagen. Natürlich
hatte ich in den vergangenen Monaten mitbekommen, dass niemand in der DDR hungern musste, aber die Restriktionen des
Staates schränkten die Bürger sehr ein. Alles schien mir in diesem Staat grau zu sein, die Häuser, die Uniformen, die Theater,
in denen wir auftraten. Selbst die strahlendste Sonne konnte gegen dieses eintönige Grau nichts ausrichten. Nur das Publikum

war wunderbar, es gab in jeder Stadt unglaublich viel Beifall, sodass ich all die Monate durchhielt und nicht vorzeitig aufgab. Aber mir war durch die Diskussion mit dem Genossen bewusst geworden, dass ich nie wieder in der DDR auftreten wollte – obwohl ich für einige Zeit unter dem hiesigen Label Amiga unter Vertrag war.

Schluss mit dem Tingeltangel

Obwohl ich inzwischen auf Ende zwanzig zuging, bekam ich keine neuen Songs geschrieben und durfte auch nicht die Songs von «erwachsenen» Kollegen interpretieren. Ich musste bei meinen «Kinderliedern» und bei den Stücken bleiben, in denen das Thema «Neger» anklang. Die «Mädchenfalle» hatte zugeschnappt: Ich sollte weiterhin den naiven Teenager Leila Negra spielen, der einmal von meinem Schallplattenproduzenten kreiert worden war. Meine Entwicklung als junge Frau wurde einfach ignoriert. Nur so, das waren die Überlegungen meiner Manager, würde ich Erfolg haben und sie an mir Geld verdienen. Hinzu kam, dass ich immer noch sehr schmal und ohne große weibliche Formen war, sodass mich jeder um mindestens zehn Jahre jünger schätzte. Hätte ich eine Figur wie die Sängerin Evelyn Künneke gehabt, wäre ich ein ausgesprochen weiblicher Frauentyp, vieles wäre anders gelaufen – vielleicht hätte man mich auch gar nicht erst unter Vertrag genommen.

Ich litt vor allem bei Tourneen, die der Konzertveranstalter

Hoffmeister plante. Er mochte mich ganz offensichtlich nicht, und ich konnte machen, was ich wollte, immer war es falsch. Meist ließ er mich gleich zu Anfang einer Show auftreten, da hatten sich die Leute noch nicht einmal richtig gesetzt. Dazu kam, dass ich mit meinen ruhigen Liedern das Publikum kaum in Bann schlagen konnte. Zu Beginn waren die Menschen aufgekratzt, sie brauchten zur Einstimmung was Flottes und Lustiges, erst wenn sie genug davon gehört hatten, konnten sie sich auf sentimentalere Töne einlassen. Deshalb war es besser, wenn ich eher in der Mitte der Show oder am Schluss auftrat.

Ich erinnere mich noch an einen Abend in der Umgebung von München, es war mein letzter Auftritt vor meinem Ausscheiden aus der Schallplattenfirma Austroton. Vor mir war Peter Kraus auf der Bühne, dieser wunderbar schlaksige und lässige deutsche Rock 'n' Roller, unter anderem sang er seine deutsche Version von Little Richards «Tutti Frutti». Das Publikum tobte, und ich dachte, ich bräuchte gar nicht mehr raus mit meinen «Traurigen Augen» und dem «Teddybär», den Leuten wäre das viel zu verträumt nach den rasanten schnellen Songs. Aber ganz im Gegenteil, ich bekam ungemein viel Applaus – es war fast so, als ob die Menschen sich bei meinen Liedern wieder erholen könnten. Ich fand das sehr erstaunlich; aber mein damaliger Manager wollte diesen Erfolg einfach nicht anerkennen.

Die gesamte Situation wurde letztlich immer unerträglicher. Natürlich haben das irgendwann auch die Leute von Austroton bemerkt. So hatte es unter anderem einen Auftritt gegeben, bei dem ich mich geweigert hatte zu singen. Auf der Bühne befand sich eine Palme; eine Kollegin, die kurz vor mir ihr Medley sang, musste dringend auf die Toilette, die aber weit vom Showbereich entfernt lag. «Ich nehme einfach die Palme», sagte sie kurzerhand zu mir. «Oder besser gesagt, den Topf der Palme.» Bevor ich sie darüber aufklären konnte, dass dieser Plastikbaum

Filmszene aus Die süßesten Früchte *mit Peter Alexander*

als Dekoration für die Show gedacht sei, war es schon geschehen. Als ich den See sah, den die Kollegin verursacht hatte – die «Blumenerde» war nur eine Attrappe gewesen –, verließ ich die Bühne, und keiner konnte mich mehr dazu bewegen, sie wieder zu betreten.

Aber im Grunde hatte mein Unwohlsein nichts mit den Leuten zu tun gehabt, mit denen ich auf der Bühne stand. Mein Unbehagen bestand darin, dass man mich in eine bestimmte Schublade gepackt hatte, und diese Schublade hieß: Du bist ein Kind und bleibst ein Kind. Denn obwohl ich älter und erwachsener wurde, musste ich immer noch mit einem dicken, großen Teddybär im Arm auf der Bühne stehen. Der allererste Teddy, mit dem ich aufgetreten war, war schneeweiß und nur wenige Zentimeter kleiner als ich. Letztlich sah man ein, dass dieser viel zu groß war, das Stofftier und ich ein unproportionales Verhältnis bildeten. Ich war froh darüber, dass ich dieses Ungetüm von einem Bären nicht mehr auf die Bühne schleppen musste. Daraufhin bekam ich einen Teddy, der in den nächsten Jahren mein ständiger Begleiter wurde. Es war ein niedliches Stofftier von Steiff mit einer freundlichen Schnauze und einem offenen Maul.

Als ich meinen Beruf als Schlagersängerin an den Nagel hängte, verschenkte ich den Teddy mit dem Knopf im Ohr an eine Freundin, ich wollte ihn nicht in meiner Wohnung haben und durch ihn jeden Tag an meine Tourneezeit erinnert werden. Vor ungefähr drei Jahren rief sie mich an und sagte: «Marie, mir ist was Schlimmes passiert. Ich habe deinen Teddy in die Waschmaschine gesteckt, dabei aber nicht bedacht, dass diese alten Exemplare für eine solche Waschprozedur nicht gerüstet sind. Er wird nicht trocken und fängt schon an zu stinken. Es tut mir so leid. Was soll ich bloß machen?»

Armer Teddy, dachte ich, sagte aber: «Das ist nicht weiter

schlimm. Nun ist er endgültig gestorben, irgendwann einmal musste es sein. Du darfst ihn entsorgen.»

Zu meinem Styling gehörte aber nicht nur der Teddy. Nach der kleinen Filmrolle mit Peter Alexander in *Die süßesten Früchte* musste ich Abend für Abend das Ringelhemd und diese Latzhose anziehen. Ich hatte nichts gegen dieses Outfit, aber dieser mädchenhafte Look durfte nicht zu einem Dauerzustand werden. Doch sosehr ich mich gegen all das wehrte, ich stieß auf taube Ohren.

Hinzu kam, dass ich immer weniger damit leben konnte, eine öffentliche Person zu sein. Ich hatte mich nie als berühmt angesehen und war erstaunt darüber, wie viele Leute mich plötzlich zu kennen glaubten. Für mich war mein Singen eine Arbeit wie jede andere auch, manchmal sogar eine ziemlich schwere Arbeit, die mit Glanz und Glamour nur wenig zu tun hatte.

Es gab eine Begebenheit, die mir in diesem Zusammenhang noch lange durch den Kopf ging. Während eines privaten Aufenthalts in Hamburg besuchte ich Bärbel, die jetzt im zweiten Stock in einem ehemaligen Kontorhaus am Großen Burstah wohnte. Als ich das Haus betrat, machten gerade zwei ältere Frauen das Treppenhaus sauber. Ich blieb stehen, damit sie die Stufen in Ruhe fertigwischen konnten, sagte aber nichts weiter, weil sie für mich Fremde waren. Bärbel hatte schon den Kaffee aufgesetzt, als ich bei ihr klingelte.

«Soll ich uns noch Kuchen holen?», fragte sie, nachdem sie mich umarmt hatte.

Ich nickte und fügte hinzu: «Ich kann mitkommen.»

«Das brauchst du nicht, bleib ruhig da.»

Als Bärbel mit einem Paket von der Konditorei Andresen zurückkam, platzte es gleich aus ihr heraus: «Die haben sich aber über dich aufgeregt.»

«Wen meinst du mit ‹die›?»

«Na, die beiden Reinmachefrauen. Sie meinten, du hättest sie nicht gegrüßt.»

«Aber ich kenne die Frauen doch gar nicht!»

Ich war richtig in Fahrt und ging sofort zu ihnen runter. Vielleicht waren die beiden Frauen ja einst Kundinnen meiner Großmutter gewesen, hatten etwas bei ihr nähen lassen, und ich hatte sie einfach nur nicht erkannt. Doch so war es nicht.

«Wir wissen, dass Sie Leila Negra sind», sagte die eine Frau, als sie mich die Treppe herunterkommen sah. «Sie brauchen nicht so zu tun, als wenn Sie was Besseres sind. Wir ziehen schließlich alle an einem Strang.»

Ich drehte mich auf dem Treppenabsatz um, ohne ein weiteres Wort zu verlieren. Ich fand es furchtbar, dass sie sich mir gegenüber so feindselig verhielten, nur weil ich Leila Negra war. Hätten sie es auch getan, wenn ich Lale Andersen gewesen wäre? Lag es vielleicht daran, dass ich mehr Geld hatte, dass ich bekannt, aber eine Schwarze war?

1957 wurde ich von meiner Schallplattenfirma entlassen, ein Segen für mich, weil mein Vertrag noch längst nicht beendet war. Ein neuer Manager, dem ich vertraute und der mir versprochen hatte, mich keine Kinderlieder mehr singen zu lassen, nahm mich im Frühsommer unter seine Obhut und organisierte für mich ein paar sehr schöne Auftritte. Doch nur ein paar Monate später, im November, verunglückte er tödlich bei einem Autounfall, er war gerade mit einer bei ihm unter Vertrag stehenden Gesangsgruppe unterwegs gewesen. Ich absolvierte noch die Gastspiele, die er für mich gebucht hatte, danach wollte ich nie wieder eine Bühne betreten.

Mein allerletzter Auftritt – am Silvesterabend 1957 – war für mich mit einem ganz großen Beifall verbunden. Eine junge Band begleitete mich in einem Berner Theater, und ich sang

Lieder, die ich in der Strandhalle an der Ostsee und in der Er und Sie Bar auf meine Weise interpretiert hatte, Lieder, die vor meiner Karriere als Schlagersängerin wichtig für mich waren, so auch Songs wie «I Speak To The Stars» von Doris Day oder den Gospel «Nobody Knows The Trouble I've Seen». Die Musiker meinten nach dem langen Applaus: «Du kannst doch alles singen. Bleib doch bei der Musik und mach weiter, wir helfen dir auch.» Aber mein Entschluss stand fest: nein!

Es war auch richtig so, denn hätte ich mein Tingeltangel-Leben fortgesetzt, ich hätte es nie geschafft, eine Ausbildung zu machen. Es wäre immer weitergegangen, mal auf, mal ab, wie bei den meisten Künstlern. Vielleicht hätte ich nochmal ein Lied bekommen, das groß eingeschlagen wäre, vielleicht aber auch nicht. Jedenfalls wäre mein Leben ein einziges Hin und Her geworden, und ich hätte nichts gehabt, von dem ich sagen konnte, das beherrsche ich wirklich. Ich wusste immer, wenn ich mit dem Singen aufhöre oder aufhören müsste, weil mich niemand mehr gut findet, dann wäre ich ein Nichts.

In dieser Silvesternacht in Bern feierte ich meinen Abschied von der Singerei. Es war wunderbar.

«Weißer als weiß»

Endlich war ich wieder in Hamburg. Sofort suchte ich Bärbel und Otti auf, mit denen mich wieder – nach einer langen Aussprache – die alte Freundschaft verband. Gemeinsam mit ihren Eltern überlegten wir, wie es mit mir weitergehen sollte.

«Was würde dir denn gefallen?», fragte Bärbel.

«Da ich Hunde, Katzen, Pferde, überhaupt alles, was ein Fell hat, so gern mag, könnte ich mir gut vorstellen, als Tierpflegerin zu arbeiten», überlegte ich laut. «Da habe ich nichts mehr mit dem ganzen Schlagerrummel zu tun, muss nicht mehr reisen und kann mir ein Zuhause einrichten.»

«Aber nicht alle Vier- und Zweibeiner sind so lieb wie einst deine Cora», gab Otti zu bedenken.

«Und wo willst du das machen? In Hamburg gibt es als Ausbildungsplatz nur Hagenbeck. Und soweit ich weiß, stellen die keine Frauen ein», wusste Bärbel.

«Krankenschwester wäre doch auch nicht schlecht», warf nun Frau Borcholt ein. «Wenn deine Oma krank war, hast du dich immer so liebevoll um sie gekümmert. Das müsste dir doch liegen. Und mit einem Schlagersänger wirst du höchstens als Patient etwas zu tun haben.»

Warum eigentlich nicht?, dachte ich und bewarb mich nach ein paar Tagen Bedenkzeit um eine Ausbildungsstelle als Krankenschwester. Nur wenige Wochen später erhielt ich eine Zusage, obwohl man mir sagte, ich sei mit meinen fast achtundzwanzig Jahren eigentlich schon zu alt für die Schwesternschule.

Im Februar 1958 wurde ich Schwesternschülerin im Allgemeinen Krankenhaus Rissen. Die Arbeit an sich hat mir sofort gefallen. Der Tag begann mit Bettenmachen, Patienten beim Waschen helfen, Temperatur und Blutdruck messen, Frühstück ausgeben, Tabletten verteilen, später musste ich den Kranken Blut abnehmen. Auf den chirurgischen Stationen gehörte es außerdem zu meinen Aufgaben, die Patienten für die Operation vorzubereiten oder die frisch Operierten zu überwachen. Im

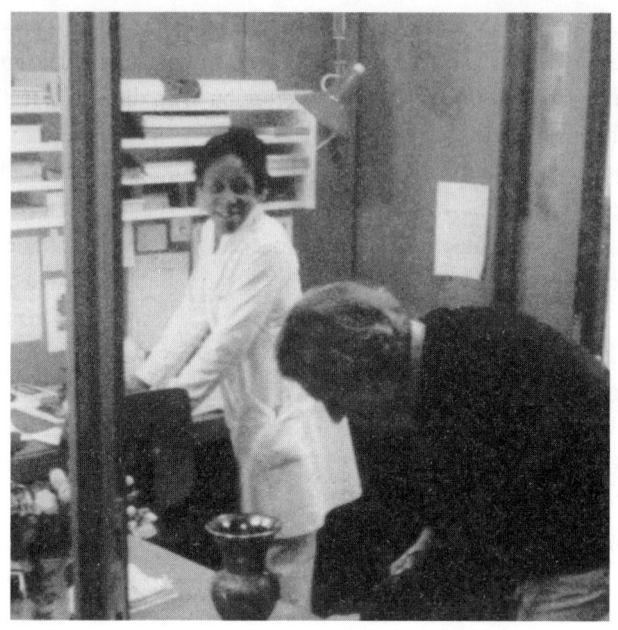

Marie Nejar als Krankenschwester

Labor lernten wir, Urin auf Eiweiß und Zucker zu untersuchen. Gefürchtet habe ich mich vor der ersten Spritze, die ich intramuskulär geben sollte. Die Patientin sah meine Angst, lachte und ermunterte mich. Nach dem Spritzen lobte sie: «Was, schon fertig? Ich hab gar nichts gemerkt.»

Doch sosehr ich dachte, Leila Negra hinter mir gelassen zu haben, sie verfolgte mich noch weiter, auch an diesem Ort. Obwohl ich keine Interviews gab und keine Fotos von mir gemacht werden durften, brachte die *Bild*-Zeitung einen großen Artikel mit der Überschrift: «Leila singt nicht mehr». Viele Patienten sprachen mich an und sagten: «Sie waren damals ein richtiger Star.» Mich erstaunte das, da ich mich niemals als große Künstlerin gesehen habe. Meine Antwort fiel deshalb entsprechend knapp aus: «Von Star konnte keine Rede sein» – und schon war ich aus dem Krankenzimmer verschwunden, weil ich mich nicht auf weitere Gespräche über Leila Negra einlassen und wieder auf meine Arbeit als Krankenschwester konzentrieren wollte.

Schwer war es für mich, den Umgang mit dem Tod zu lernen. Ich hatte den Krieg erlebt, die Toten bei den Bombardements, meine Mutter und meine Großmutter waren gestorben, aber ich war zuvor nie selbst in dem Moment da gewesen, wenn ein Mensch starb. Die erste Tote war in meiner Ausbildung ein achtzehnjähriges Mädchen. Als es starb, war ich so traurig, dass ich am liebsten aufgegeben hätte.

Doch ich machte weiter, denn ich mochte die Ausbildung, die neben dem praktischen Teil am Krankenbett auch aus theoretischem Unterricht in der Krankenpflegeschule bestand, die sich auf dem Hospitalgelände befand. In diesen Stunden wurde alles durchgenommen, von der Neurologie bis zur Chirurgie, anschließend ging es von einer Krankenstation zur nächsten.

Doch eines Tages sagte mir eine leitende Schwester: «Sie dürfen nicht auf die Kinderstation.»

«Warum das denn nicht?», fragte ich.

«Die Eltern der Kinder wollen das nicht.»

Was für eine lächerliche Ausrede. Ich hatte doch auch auf der Aufnahmestation gearbeitet, und dort kam es immer wieder vor, dass Kinder unter den Patienten waren. Und nie hatte es wegen meiner Hautfarbe irgendwelche Probleme gegeben. Mir war sofort klar, was der eigentliche Hintergrund dieser Maßnahme war – es sollten keine Klagen geäußert werden, ich könnte «negative Auswirkungen» auf die Kleinen haben. Es tat weh, wieder einmal. Und ich dachte, dass diese Vorurteile wohl niemals aufhören würden, ich mich wohl mein ganzes weiteres Leben damit zu arrangieren hätte.

«Leila, du musst unbedingt nach Liberia!» Mit diesen Worten meldete sich eines Tages die Chefin meiner ehemaligen Schallplattenfirma Austroton – sie benutzte immer noch meinen Künstlernamen – und erzählte mir von diesem Land. «Ich komme gerade von einer Reise dorthin zurück und bin ganz vernarrt in die Menschen.» Dies war auch der Grund, warum sie auch noch nach meinem Abschied als Sängerin Kontakt zu mir hielt: Sie mochte Afrika und war davon überzeugt, ich könnte besser auf diesem Kontinent leben – ohne Anfeindungen.

«Was soll ich denn in Liberia?», fragte ich. «Ich kenne dort niemanden.»

«Das werden wir schnell ändern», meinte die Frau von Austroton. «Ich kenne ein paar sehr nette liberianische Studenten, die bald ihr Studium in Deutschland beendet haben und dann wieder in ihre Heimat zurückwollen.»

«Gut, ich bin mit einem Treffen einverstanden», erklärte ich schließlich. Warum eigentlich nicht? Immerhin liegt Ghana, das Geburtsland meines Vaters, nicht weit von Liberia entfernt, einzig die Elfenbeinküste liegt dazwischen.

Meine ehemalige Chefin gab mir noch die Kontaktdaten der Studenten, und ein paar Tage später traf ich sie in einer verrauchten Kneipe im Uni-Viertel.

«Willst du etwa in Deutschland versauern?», fragte mich ein Medizinstudent, nachdem wir eine Weile allgemeine Erfahrungen über das Leben als Schwarze in Deutschland ausgetauscht hatten. «Komm mit uns nach Monrovia. Da hast du ein ganz anderes Leben. Wir sind offen, fast amerikanisch, das müsste dir doch gefallen.»

«Gibt es keine Vorurteile?», fragte ich skeptisch. Ich konnte mir einen Staat ohne Rassismus nicht vorstellen, gerade wenn davon gesprochen wurde, dass Liberia «fast amerikanisch» sein sollte.

«Vorurteile gibt es schon», sagte ein weiterer Student, der einen gewaltigen Lockenkopf und schneeweiße Zähne hatte. «Aber eher gegenüber den Weißen. Sie haben in unserem Land kein Wahlrecht.»

«Und es wird bei uns Englisch gesprochen, sodass du keine Schwierigkeiten haben wirst, sofort eine Arbeit zu finden», fügte ein dritter Student hinzu, der Bauingenieur werden wollte.

Ich überlegte eine Weile, es klang nicht schlecht, was mir die jungen Männer von ihrem Land erzählten. Hier hatte ich immer wieder mit Vorurteilen zu kämpfen: Gerade hatte ich zum Beispiel versucht, eine eigene Wohnung zu mieten, was nicht leicht gewesen war.

«Was kochen Sie eigentlich?», fragte mich einer der Vermieter.

«Jetzt ist Winterzeit», antwortete ich, «da werde ich mir wohl eine schöne Erbsensuppe zubereiten.»

«Sie kochen also nicht afrikanisch?»

«Nee, Sie werden lachen, aber ich habe keine Ahnung, wie man afrikanisch kocht.»

«So, so. Ich werde Ihnen Bescheid geben, ob Sie die Wohnung bekommen.»

Wie auch immer seine Entscheidung ausfallen sollte, ich wollte nicht von der Gnade des Vermieters abhängig sein und entschloss mich, meine gesamten Zeugnisse auf Englisch und Französisch umschreiben zu lassen und auf dem liberianischen Honorarkonsulat in Bremen ein Einreisevisum zu beantragen. Als ich das Zimmer des Honorarkonsuls betrat, saß dieser ziemlich breitbeinig da und schaute mich von oben bis unten an.

«Was wollen Sie?», fragte er.

«Ich will zu Ihnen», sagte ich. «Besser gesagt, in Ihre Heimat, Liberia.»

«Und woher kommen Ihre Eltern?»

«Mein Vater stammt aus Ghana.»

«Dann gehen Sie doch nach Ghana.»

Wie bitte? Ist das der Umgangston in Liberia? Den hatte ich mir eigentlich anders vorgestellt. Laut sagte ich: «Warum soll ich nach Ghana gehen, mein Vater ist tot.»

«Aber Sie haben dort doch bestimmt Verwandte.»

«Sollte es welche geben, dann kenne ich sie nicht. Ich weiß nicht, wo mein Vater gelebt hat.» Ich wollte dem Mann nicht auf die Nase binden, dass mein Vater aus Accra stammte und ich nie Nachforschungen über seine Familie angestellt hatte, obwohl einige schwarze Freunde sich immer wieder angeboten hatten, mir dabei zu helfen.

«Sie haben in Liberia nichts zu suchen.»

Es war unglaublich, wie dreist und unverschämt sich dieser auf seinem gepolsterten Stuhl dahingelümmelte Honorarkonsul benahm.

«Ich werde mich nicht weiter mit Ihnen unterhalten», sagte ich beim Rausgehen. «Ihr Verhalten ist unmöglich.»

Als ich den liberianischen Studenten davon erzählte, sagten

sie einstimmig: «Der spinnt, vergiss ihn. Dann reist du eben mit uns ein und bleibst einfach da. Das kriegen wir hin.»

Ich lehnte dieses Angebot ab, so wagemutig war ich nun auch wieder nicht. Im Nachhinein war ich erleichtert, dass mein Liberia-Abenteuer nicht geklappt hatte. Denn als ich mich näher mit diesem Land beschäftigte, stellte ich fest, dass es nicht nur eine Republik war, sondern letztlich auch ein Projekt zur Ansiedlung ehemaliger afroamerikanischer Sklaven nach der Abschaffung der Sklaverei in den Vereinigten Staaten. Konflikte – besser gesagt: Abschlachtereien – zwischen ehemaligen afroamerikanischen Sklaven und den einheimischen Völkergruppen waren an der Tagesordnung. Das hätte mir noch gefehlt, in einen gefährlichen und blutigen Bürgerkrieg verwickelt zu werden! Einige der Studenten, mit denen ich mich angefreundet hatte, sind später, nach der Rückkehr in ihre Heimat, ermordet worden.

Nachdem ich mich einmal mit dem Gedanken beschäftigt hatte auszuwandern, ließ er mich jedoch nicht mehr los. Afrika hatte ich nach meinem liberianischen Konsulatserlebnis abgehakt, nun geisterte die Karibik in meinem Kopf herum, die Heimat meines Großvaters. Außerdem besaß ich ja einen französischen Pass. Und genügend Geld hatte ich in den letzten Jahren auch angespart, um ein solches Unternehmen mit mehr Sicherheiten anzugehen.

Dieses Mal wollte ich mich nicht von irgendwelchen Honorarkonsuln oder anderen Zwischenfällen abhalten lassen. Ich kündigte meinen Job im Krankenhaus, stellte meine wenigen Möbel auf dem Dachboden bei einer Freundin unter, besorgte mir einen Überseekoffer und packte all meine Kleider hinein.

Meine erste Station sollte Paris sein, ein preiswertes Hotel hatte ich mir schon von Hamburg aus organisiert. Im vergangenen Jahr hatte ich zwar nach meiner Arbeit einen Französischkurs besucht, aber ich wollte in der Stadt an der Seine ein weiteres halbes Jahr lang einen Intensivkurs belegen.

Für den Sprachkurs sollte ich im Voraus die Gebühren überweisen, was ich von einem Postamt aus erledigen wollte. Bevor ich jedoch überhaupt ansetzen konnte, mein Anliegen der Schalterbeamtin zu erklären, raunzte sie mich unfreundlich an: «Sie können woanders hingehen, ich gebe mich nicht mit Ausländern ab, die verstehen ja doch nichts.»

So etwas ließ ich mir inzwischen nicht mehr bieten und ging zum Leiter der Poststelle, um ihm zu erzählen, was mir gerade widerfahren war. Der Vorgesetzte entschuldigte sich und erklärte seiner Mitarbeiterin, dass ich sehr gut Deutsch sprechen würde, wo denn das Problem sei? Die Beamtin weigerte sich weiterhin – mit Erfolg. Eine jüngere Kollegin musste schließlich einspringen.

Das sollte mein letzter Besuch im Postamt 1 am Hauptbahnhof gewesen sein, schwor ich mir.

Doch das sollte nicht das Ende unschöner Zwischenfälle an diesem Tag sein: Als ich von der Post über die Mönckebergstraße ins Alsterhaus ging, um in dem Warenhaus noch einige Besorgungen zu erledigen, fragte mich eine Kassiererin beim Bezahlen, wieso ich denn so perfekt Deutsch sprechen könne. Fast automatisch erwiderte ich: «Deutsch ist meine Muttersprache.» Eine ältere Dame, die hinter mir an der Kasse wartete, empörte sich daraufhin: «Das kann ja wohl nicht sein, Sie sind nicht von unserem Stamm.» Spitz gab ich zurück: «Ich glaube, ich habe wirklich Glück gehabt, nicht von Ihrem Stamm zu sein.»

Diese Erlebnisse bestärkten mich einmal mehr in meinem Entschluss, Deutschland den Rücken zu kehren. Meine Reise in die Karibik stand allerdings unter keinem guten Stern: Als ich in Paris am Gare du Nord ankam, stellte ich fest, dass man mir meine Ersparnisse gestohlen hatte; es musste schon in Hamburg passiert sein. Eine dunkle Ahnung beschlich mich, wer es gewesen sein könnte – ein «Freund» von mir musste lange Finger bekommen haben.

Noch wollte ich mich aber nicht unterkriegen lassen und fuhr mit der Metro zum Boulevard Raspail, wo das Sprachinstitut lag. Als ich dort ankam, erfuhr ich, dass mein Kursgeld nicht angekommen war, die Überweisung anscheinend nicht geklappt hatte. Das durfte doch nicht wahr sein! Aus der Traum. Paris war nicht nur meine erste Station auf dem Weg in die Karibik, sondern auch meine letzte.

Ich zählte mein Geld und stellte fest, dass es gerade noch für eine Fahrkarte nach Hamburg reichte. Und so kehrte ich nach nur drei Stunden der französischen Hauptstadt den Rücken und fuhr zurück in meine Stadt am Hafen.

Glücklicherweise konnte ich bei der Freundin, die meine Möbel zwischengelagert hatte, unterschlüpfen und zwei Tage später wieder als Krankenschwester in Ochsenzoll anfangen, wo ich ein Zimmer in dem dazugehörigen Schwesternwohnheim bezog. Alles war fast so wie zuvor – und doch war ich nicht unglücklich darüber. Ich nahm es als Wink des Schicksals.

Noch einmal gab es eine kurze Zeit, in der ich Deutschland verlassen wollte. Ungefähr ein Jahr nach meinem Paris-Desaster sprach mich bei 1000 Töpfe, einem traditionellen Elektrohaus in Hamburg, in der Schallplattenabteilung ein Mann an. Manuel war Arzt und stammte aus Ghana. Ich hatte mir gerade die Platte «Play Bach» vom Jacques-Loussier-Trio kaufen wollen, als Manuel sie mir aus der Hand nahm, um sie für mich zu bezahlen.

Wir trafen uns oft in den folgenden Wochen, sprachen viel über Musik, über Afrika, die Arbeit in Krankenhäusern, doch es dauerte eine Weile, bis wir ein Paar wurden. «Komm mit nach Accra», bat mich Manuel seitdem fast jeden Tag.

Ich fand den Gedanken nicht abwegig, aber ich konnte mich nicht so einfach von einem Mann abhängig machen. Während meiner Zeit als Leila Negra und kurz danach hatte ich zwei weiße Freunde gehabt, jedes Mal ging die Beziehung in die Brüche, weil Eltern und Freunde es schafften, uns mit ihren Zweifeln und Ablehnungen auseinanderzubringen. Das waren schmerzhafte Erfahrungen gewesen, weil ich beide Männer sehr geliebt hatte.

Nun hatte ich zum ersten Mal einen schwarzen Freund, einen Freund aus Ghana, dem Heimatland meines Vaters. Doch nach einem Dreivierteljahr merkte ich immer deutlicher, dass wir einfach nicht zusammenpassten, unsere Lebensvorstellungen zu unterschiedlich waren. Ich war eben keine Afrikanerin, was sich immer wieder an alltäglichen Dingen zeigte: Manuel und ich waren um 17 Uhr verabredet. Ich hatte mich hübsch zurechtgemacht und freute mich auf sein Kommen, wir wollten essen gehen. Es wurde 18 Uhr, noch übte ich mich in Geduld. Ich wusste, dass bei seinem Beruf immer etwas dazwischenkommen konnte. Es wurde 19 Uhr, 20 Uhr, 21 Uhr. Schließlich zog ich mein schönes Kleid aus, schaltete den Fernseher ein und ging später schlafen.

Um drei Uhr nachts klingelte es Sturm. Da ich zur Untermiete wohnte, mochte ich mir gar nicht ausmalen, was meine Wirtin in diesem Moment dachte. Manuel kam die Treppen heraufgeeilt, während ich mir schnell einen Morgenmantel überwarf. Als ich die Wohnungstür öffnete, stand er schon vor mir.

«Hier bin ich», sagte er atemlos.

«Ja, das sehe ich, auf Wiedersehen», erwiderte ich und schlug die Tür zu.

Am nächsten Tag kam er mit einem riesigen Strauß Blumen

vorbei. Bevor ich mir seine Entschuldigung anhörte, warf ich ihm an den Kopf: «Ich habe Verständnis dafür, wenn etwas Unvorhergesehenes eintritt, aber ich habe keins, wenn man dann nicht telefonisch absagt. In Afrika kannst du meinetwegen so mit den Frauen umgehen, aber du bist hier nicht in Afrika. Ich arbeite und muss um sechs Uhr morgens raus.»

Manuel konnte mein Verhalten nicht begreifen, er war entgeistert, wie ich mit ihm sprach, drehte sich wortlos um und ging. So kam es, dass ich auch später nie erfuhr, warum er um drei Uhr nachts bei mir geläutet hatte.

Aber wir hatten nicht nur Differenzen, was die Pünktlichkeit betraf, auch unser Rollenverständnis lag weit auseinander. Eines Abends waren wir zu einer Gesellschaft eingeladen. Auf einmal saß ich nur mit den Frauen zusammen, schwarzen Frauen, unsere Männer hatten sich geschlossen in ein Nebenzimmer begeben. Die Damen konnten mit mir nichts anfangen, wahrscheinlich war ich ihnen zu fremd, besser gesagt: Sie merkten genau, dass ich mich auf ihren Frauenklüngel nicht einlassen wollte. Als die Feindseligkeit mir gegenüber spürbar wuchs, suchte ich die Männerrunde auf. Die angeregten Gespräche verstummten augenblicklich, als ich den Raum betrat.

«Was willst du?», fragte Manuel barsch.

«Na ja, wir sind doch zusammen hierhergekommen, da dachte ich, ich schaue mal, was du machst», antwortete ich. «Ich kenne eine solche Trennung von Männern und Frauen nicht.»

Ein Raunen ging durch die Herrengesellschaft: «Was mischt die sich überhaupt ein? Wir führen hier Männergespräche.»

Manuel versuchte nicht, mich zu verteidigen. Da ich mich aber auch nicht weiter mit den Frauen unterhalten wollte, sagte ich: «Na, dann gehe ich jetzt wohl besser.»

Manuel hielt mich nicht zurück.

Erst ein paar Tage später hatten wir die Gelegenheit, über diesen Abend zu sprechen, und Manuel regte sich über meine deutsche Mentalität auf.

«Du bist nicht weiß», hielt er mir entgegen.

«Da liegst du falsch», konterte ich. «Ich bin weiß, ich bin in Deutschland geboren, und ich komme aus meiner Haut nicht mehr heraus.»

«Du bist nicht weiß», wiederholte Manuel.

«Ich bin weißer als weiß. Ja, meine Hautfarbe ist schwarz, doch das ist nur äußerlich, innerlich unterscheide ich mich von keinem meiner weißen Freunde und Nachbarn.»

Doch Manuel konnte mich nicht verstehen, immer wieder entbrannten an diesen und ähnlichen Themen Diskussionen. Mit der Lust zum Streiten schwand auch meine Zuneigung. Ich war froh, als sich unsere Wege trennten.

Anfang der siebziger Jahre bekam ich eine Einladung vom ORF-Fernsehen, es ging um eine Erinnerungssendung über die fünfziger Jahre. Das Angebot nahm ich gern an, war es eine schöne Abwechslung vom Berufsalltag; inzwischen war genügend Zeit vergangen.

«Haben Sie eine Vorstellung davon, was Sie gern anziehen würden?», fragte mich eine Dame, die zu dem Produktionsteam der Sendung gehörte.

Vor zwei Wochen hatte ich mir ein Matrosenkleid im Charleston-Stil gekauft, wie für mich gemacht. Ich schlug es vor. Am anderen Ende der Leitung hörte ich erst ein Seufzen, dann ein Räuspern, schließlich eine mitleidige Stimme: «Frau Negra, was haben Sie denn noch an Garderobe?»

Ich zählte alle möglichen Kleidungsstücke auf, die ich für diesen Auftritt für passend hielt.

«Bringen Sie am besten alles mit», sagte die Frau. «Wir suchen dann zusammen was aus.»

Eine Woche später, an einem schönen Spätsommertag, landete ich in Wien. Kaum hatte ich die Flughafenhalle betreten, hörte ich über den Lautsprecher: «Leila Negro, bitte zur Information kommen.» Lange hatte ich diese falsche Aussprache meines Künstlernamens nicht mehr gehört – und ich hatte es nicht vermisst.

Im Hotel war für mich eine Nachricht hinterlegt worden, ich sollte um 15 Uhr ins Studio kommen. Das Matrosenkleid hatte ich selbstverständlich eingepackt und zog es auch an, als Privatperson konnte man mir ja nicht meine Kleidung vorschreiben. Das Aufnahmestudio lag in der Nähe meiner Unterkunft, ich kam gleichzeitig mit einem früheren Kollegen an. Rudi Schuricke wurde sofort zur Gesangsaufnahme gebeten – er sollte sein Lied von den Capri-Fischern singen –, ich hingegen wurde unter skeptischen und fragenden Blicken in den Warteraum geführt. Während ich mich auf einen Stuhl setzte, hatte ich das Gefühl, dass irgendetwas nicht stimmte. Immer wieder kamen Mitarbeiter des Studios in den Warteraum, schauten mich kurz an und verschwanden wieder. Nach etwa zwanzig Minuten trat ein Herr auf mich zu.

«Sind Sie verwandt mit Leila Negra?»

«Ich *bin* Leila Negra», sagte ich lachend.

«Na, dann heiße ich Sie herzlich willkommen», begrüßte er mich freundlich. «Wir alle dachten, Sie sind die Tochter von Leila Negra. Und übrigens, dieses Kleid steht Ihnen wundervoll. Das müssen Sie unbedingt anziehen, wenn wir morgen die Filmaufnahmen machen.»

Die Aufnahme für den nächsten Tag war schnell erledigt. Der Song «Mach nicht so traurige Augen» musste neu gemischt werden, weil die Technik und auch meine Stimme sich in der Zwischenzeit verändert hatten. Immerhin war ich Anfang vierzig.

«Sie dürfen ruhig leiser singen», sagte einer der Tontechniker.

Erstaunt schaute ich ihn an. Meine Stimme war immer zu leise gewesen, sodass ich gelernt hatte, lauter zu singen.

«Aber früher musste ich diese Lautstärke einhalten.»

«Ja, früher, da waren die Mikros auch noch nicht so leistungsstark.»

Nachdem ich meine Lautstärke korrigiert hatte, lief alles wie am Schnürchen. In bester Stimmung verließ ich das Studio. Ich hatte Urlaub! Man hatte mich nach Wien eingeladen, was wollte ich mehr?

Tags darauf wurde um zehn Uhr morgens gedreht, ich sang mit Playback. Man hatte sich richtig was ausgedacht: Ich wurde in meinem Matrosenkleid in Schwarz-Weiß aufgenommen, im Hintergrund tanzten ein paar schwarze Kinder herum, die mit bunten Luftballons spielten, was wiederum in Farbe gedreht wurde.

Nach den Fernsehaufnahmen waren alle, die in der Evergreen-Show auftraten – Ernie Bieler, Evelyn Künneke, Rudi Hofstetter, Rudi Schuricke, der Wiener Komponist und Pianist Hans Neubrand und die Musiker vom Orchester Karl Loubé – bei Gert Türmer zum Essen in seine Villa eingeladen. Türmer war der Conférencier der Sendung gewesen, der uns auf seine charmante Art ansagte. Im Gegensatz zu meinen ersten Wiener Jahren, in denen ich mich noch sehr unsicher gefühlt hatte, war ich nun – über zwanzig Jahre später – eine selbstbewusste Frau geworden und genoss den Abend sehr.

Anscheinend war die Erinnerungssendung ein großartiger Erfolg, denn im November 1978, sechs Jahre später, gab es eine zweite Einladung vom ORF, bei der es im Vorfeld noch eine kleine Diskussion gab, weil man mich dazu überreden wollte, mit einem Teddybär im Arm aufzutreten. Aber das kam nicht in Frage, nicht mit achtundvierzig Jahren – und es wurde akzeptiert. Ansonsten war alles wie früher, die Musiker kannte ich noch aus den fünfziger Jahren, nur war die gesamte Atmosphäre viel gelöster und freundlicher. Wir mussten uns nichts mehr beweisen.

Ganz konnte ich die Leila allerdings noch immer nicht abschütteln – obwohl diese Zeit nur sechs Jahre meines Lebens ausgemacht hat, bekomme ich auch heute noch Autogrammwünsche, und auf der Straße sprechen mich Leute an und fragen: «Sind Sie nicht Leila Negra?» – «Nein, ich bin Marie Nejar», würde ich ihnen dann am liebsten antworten, aber ich nicke mit dem Kopf.

In den nächsten Jahren war es dennoch um mich, vielmehr um Leila Negra, still geworden. Zwischenzeitlich hatte ich fast vergessen, dass ich diesen Namen einmal trug, als sich im Dezember 1994 ein Hans Oestreicher vom Musikverlag Turicaphon aus der Nähe von Zürich bei mir meldete. Er erzählte mir, dass es zwei CDs von mir gäbe: «Ihre alten Aufnahmen waren von einer so guten Qualität, dass es möglich war, sie auf CD zu überspielen. Möchten Sie nicht einmal nach Zürich kommen und uns hier im Verlag besuchen?»

Die Einladung nahm ich gern an. Am 15. Januar 1995 landete ich auf dem Flughafen Zürich. Nach siebenunddreißig Jahren war ich nun wieder in dieser schönen Stadt, die ich 1957 kaum wahrgenommen hatte, weil ich einen von meinen letzten Auftritten erfüllen musste und noch nicht wusste, wie es mit mir weitergehen sollte.

Hans Oestreicher holte mich persönlich ab und begrüßte mich herzlich, anschließend fuhren wir zusammen in mein Hotel, in dem ich für die nächsten drei Tage untergebracht war. Nach einem Mittagessen ging es zur Turicaphon AG, einem richtigen Familienbetrieb, in dem auch die Ehefrau von Herrn Oestreicher, die Tochter und der Schwiegersohn arbeiteten. Und tatsächlich entdeckte ich in einem Regal auch die CDs mit meinen Liedern: In der Reihe «Gala der Stars» war «Leila Negra – unvergessene Melodien» erschienen sowie «Leila Negra» in der Serie «Unsere Lieblinge».

Danach lud mich Hans Oestreicher zu sich und seiner Frau Helga nach Hause ein. Am nächsten Tag wurde ich mit einer Stadtrundfahrt durch Zürich und einem Theaterbesuch verwöhnt. Für den Sonntag hatte ich mir vorgenommen, auf der Kunsteislaufbahn Dolder Schlittschuh zu laufen. Die Eisbahn lag erhöht in einem Waldgebiet, damals fuhr ich noch mit einer Straßenbahn dorthin, jetzt musste ich in eine kleine Bergbahn einsteigen. Ich hatte kein Kleingeld dabei, der Schaffner wechselte mir meinen Zehnfrankenschein und ließ mich aussteigen, um einen Fahrschein an einem Automaten zu ziehen. Alle warteten geduldig auf mich, bis die Fahrt schließlich angetreten werden konnte.

Da es noch früh am Morgen war, befanden sich noch nicht so viele Menschen auf der Bahn, sodass ich schwungvoll meine Kreise laufen und dabei den glitzernden Schnee, der schwer auf den umliegenden Tannen lag, beobachten konnte. Manchmal hüpfte ein Vogel von Ast und Ast, und der weiße Zauber rieselte von den Zweigen. Die Sonne schien so warm, dass ich mehrere Stunden auf dem Eis verbrachte. Ich fühlte mich so frei, so frei; wie ich nie war, wenn ich mir auf meinen Tourneen die Zeit regelrecht stahl, um in meine Schlittschuhe zu steigen.

Zum Abschluss dieser Tage gab ich einem Journalisten im Musikverlag ein Interview. Er stellte mir die üblichen Fragen, was ich denn jetzt mache, ob ich mir die früheren Zeiten zurückwünsche, ob ich immer noch an die Leila Negra denke.

«Nein», gab ich zur Antwort. «Ich lebe jetzt und bin neugierig auf das, was noch kommt.»

Nachwort
von Carmen Baden

«... und dann hatte ich wieder Heimweh, dann war ich wieder das arme kleine Negerlein», resümiert Marie Nejar die Zeit, in der sie im Deutschland der 1950er Jahre als Schlagersängerin «Leila Negra» auf Tournee ging.

Das Kaffeegeschirr klirrt, während sie erzählt. Wir haben schon drei Stunden über ihr Leben gesprochen, und immer noch liegen einige Kuchenstücke auf dem Tisch vor uns. Ich muss an mein erstes Telefonat mit Marie Nejar denken. Für meine Diplomarbeit über das Leben Schwarzer zwischen Faschismus und Wirtschaftswunder wollte ich sie, die als schwarze Deutsche in Hamburg aufwuchs und als Sängerin in den Nachkriegsjahren Karriere machte, interviewen. Damals antwortete sie auf meine Frage, wann wir uns treffen könnten: «Nein, morgen kann ich nicht, da habe ich Ballettunterricht, und tags darauf bin ich auf der Eislaufbahn. Und überhaupt, ich möchte eigentlich nicht so gerne ein Interview geben. So besonders ist mein Leben auch nicht verlaufen. Ich habe gar nicht so viel zu erzählen.»

Ich war verblüfft. Marie Nejar sonnte sich nicht in dem Glanz ihrer vergangenen Schlagerkarriere, war nicht begierig, von ihren damaligen Erfolgen zu berichten. Doch als sie mir nach anfänglichem Zögern dennoch einen Einblick in ihr Leben gewährte, fing ich an, die Motive für ihre ablehnende Haltung zu begreifen, ihre Reaktion auf meine Interviewanfrage zu verstehen. Denn immerhin hat sie eine Lebensgeschichte zu erzählen, die in ihrer Ambivalenz kaum zu übertreffen ist.

Marie Nejar hat beides erlebt: In ihrer Kindheit und Jugend gehörte sie zu einer jener Minderheiten, die innerhalb der faschistischen Ideologie als minderwertig deklariert worden sind. In der Nachkriegszeit wurde sie dann wiederum von einer traumatisierten Bevölkerung, die versuchte, ihre völkische Identität und ihren Rassismus abzuschütteln, für linkische Versuche der «Wiedergutmachung» instrumentalisiert: Als Schlagersängerin Leila Negra wurde sie zur Projektionsfläche für das Mitleid in der Diskussion um die «Besatzungskinder», die aus Beziehungen zwischen alliierten schwarzen Soldaten und deutschen Frauen hervorgegangen waren.

Dass sie trotz der zunehmenden, alltäglichen Diskriminierungen eine vergleichsweise unbekümmerte Kindheit im Hamburger Stadtteil St. Pauli erleben konnte, lag wohl auch daran, dass ihre nächste Umgebung sie schlicht als ein Kind von nebenan sah: Ungeachtet der Rassen- und Ausschlussgesetze für «Zigeuner und Negermischlinge» konnte sie zur Schule gehen, die Polizisten der Davidwache schützten sie, durch die Hilfe eines jüdischen Arztes blieb sie von der Zwangssterilisierung verschont. Sicherlich kam ihr auch ihre unbefangene Art im Umgang mit anderen zugute, ihre Fähigkeit, auf andere zuzugehen – und ihre resolute Großmutter.

Vielleicht war aber auch gerade St. Pauli prädestiniert für das relativ unbeschwerte Aufwachsen als Schwarze in Deutschland: Die Internationalität machte die Bewohner toleranter, anderen Nationen, Berufen und Künstlern begegnete man zwischen Hafen, Reeperbahn und dem Spielbudenplatz leichter als anderswo in der Stadt – oder im übrigen «Deutschen Reich». Im Alltag der meisten Deutschen spielten Schwarze in den 1930er bis 1940er

Jahren lediglich eine marginale Rolle, man traf höchstens innerhalb der Kino- und Unterhaltungswelt auf sie, wo sie überwiegend als «Wilde» dargestellt wurden.

Dennoch: Selbst in ihrer engeren Umgebung, der «Insellage» St. Paulis, war Marie Nejar vor Anfeindungen nicht sicher. Im Alltag war die Wahrnehmung schwarzer Deutscher schon lange Zeit vor dem Nationalsozialismus mit dem Gedanken an «Rassenhygiene» und der Furcht vor einem Angriff auf die «Volksgesundheit» verbunden. Das existierende «Mohrenbild» sah ganz selbstverständlich die Interpretation vom Biologischen zum Sozialen vor, und von vielen Deutschen wurde stereotyp eine Verbindung von Hautfarbe und Charakter hergestellt. Die Drohungen von Müttern an ihre Kinder, nicht so frech zu sein, sonst würden sie so schwarz werden wie Marie, sprechen für sich.

Die gesamte Wirklichkeitswahrnehmung war und ist für Marie Nejar, so wie für viele schwarze Deutsche, gespalten: Auf der einen Seite das eigene Selbstverständnis – Marie Nejar sieht sich als normale Deutsche, nur eben mit einer anderen Hautfarbe –, auf der anderen Seite die Zuschreibungen von außen, die sie auf eben jene Hautfarbe reduzieren. Diese Gespaltenheit zeigt sich nicht nur bei Marie Nejars Arbeit als Statistin in NS-Filmen wie *Quax in Fahrt* oder bei ihren Auftritten als «Leila Negra», sondern auch in ihrer ganz eigenen Familiengeschichte – von der Jugendliebe bis hin zum beruflichen Alltag. Cécilie Nejar, Maries Mutter, war vermutlich wie viele «afrodeutsche» Frauen, Kinder und schwarze Deutsche schon vor dem Nationalsozialismus Ächtungen und Angriffen ausgesetzt. So forderten die rassenanthropologischen und eugenischen Bewegungen, wie die rassistische Kampagne des «Deutschen Notbund gegen die schwarze Schmach» oder die «Deutsche Gesellschaft für Rassenhygiene», bereits lange vor den nationalsozialistischen Geburtenregelungen, Ehegesetzen und Sterilisationsmaßnahmen Mütter von

schwarzen Deutschen auf, das Recht des Schwangerschaftsab-
bruchs wahrzunehmen – bzw. versuchten, sie dazu zu verpflich-
ten. Dennoch war Cécilie stolz auf ihre Hautfarbe; für Marie
hingegen spielte sie immer nur dann eine Rolle, wenn andere sie
damit konfrontierten. Vielleicht war dies neben den Umständen
der Adoption ein Grund dafür, dass Tochter und Mutter bis zu
deren Tod 1940 keinen Zugang zueinander fanden.

Marie Nejars Onkel Alphons hatte wiederum seine ganz eigene Art, mit seiner Hautfarbe umzugehen: Er gab sich als afri-
kanischer Waisenjunge aus, was Marie Nejar im Nachhinein als
eine Art Notlüge bewertet, weil er sich geschämt habe zuzuge-
ben, dass er zwar einen schwarzen Vater, aber eine weiße Mutter
hatte. Seiner Ansicht nach war es also «schlimmer», ein «Mischlingskind» zu sein als das Kind zweier Schwarzer.

Die Großmutter von Marie Nejar gehörte zu den wenigen
weißen Deutschen dieser Zeit, die es wagten, einen schwarzen
Mann zu heiraten und Kinder zu bekommen. Die Erfahrungen,
die sie infolge dieser Verbindung machte – sie wurde von ihrer
Familie verstoßen, musste sich nach dem Tod ihres Mannes allein durchschlagen –, beeinflusste auch ihr Denken und Han-
deln Marie gegenüber. Mit Hilfe einer strengen bürgerlichen
Erziehung bemühte sie sich, ihre Enkelin vor jeder diskriminie-
renden Beleidigung aus dem Umfeld und selbst vor der Abneigung der Mutter zu schützen. Doch auch wenn die Großmutter
versuchte, aus dem «Negerkind» ein «weißes», tugendhaftes und
vor allem unauffälliges Mädchen zu machen, konnte sie sie nicht
vollständig gegen Anfeindungen abschirmen – zumal Marie ihrer Großmutter meistens verschwieg, wenn sie aufgrund ihrer
Hautfarbe beschimpft wurde.

Trotz aller Versuche, ein normales, authentisches Leben zu
führen, konnte sich Familie Nejar nicht vollends vom tradierten
Klischee «des Schwarzen» befreien: Das gesellschaftliche Bild

vom Wilden, der gezähmt werden müsse, vom musisch und artistisch Begabten, von einer ergebenen Dienerschaft aus Mohrenpagen, Boys, Chauffeuren und Portiers wirkte auch in ihnen nach – ob gewollt oder weil es damals keine andere Möglichkeit für Schwarze gab, sei einmal dahingestellt. Marie Nejars Onkel Alphons arbeitete als Kellner, später als türkischer «Mokka-Boy» in einem Spielkasino. Maries Mutter Cécilie war Musikerin, und auch Marie sollte später eine werden. Marie Nejar folgte somit selbst, teilweise aus wirtschaftlichen Gründen, teilweise, weil es von ihr erwartet wurde, als Artistin, Zigarettenmädchen und Sängerin den für Schwarze vorgegebenen Rollenzuschreibungen. Auch ihre Großmutter glaubte, dass Schwarze es leichter hätten, im Showgeschäft unterzukommen, und sorgte dafür, dass Marie bereits als Kind hin und wieder kleinere Rollen in einem Varieté-Theater oder in einer Revue übernahm.

Neben den oben beschriebenen Rollen ist die Darstellung von Schwarzen als «Kinder» charakteristisch gewesen: Schauspieler, Komödianten und Musiker erscheinen ohne Sexualität, harmlos-friedvoll und bescheiden. So auch im Falle von Marie Nejar: die Figur «Leila Negra», die «Mädchenfalle», ihre Lieder («Zehn kleine Negerlein») – dies alles kokettierte mit dem Kindchenschema, wie z.B. auch die Revue «Chocolate Kiddies», die in den 1920er Jahren in Berlin zu sehen war. Schwarze Menschen waren also im Bewusstsein des Kinos, im Showgeschäft und in Abenteuerromanen durchaus präsent, aber stigmatisiert. Ihnen wurden Plätze fernab des alltäglichen Lebens zugewiesen.

Bemerkenswert erscheint, dass man zur selben Zeit, in der Juden, Sinti, Roma, politisch Andersdenkende und teilweise auch Schwarze verfolgt und in Arbeits- und Vernichtungslager verschleppt worden sind, schwarze Deutsche als Komparsen für den NS-Film verpflichtete. Obwohl sich die Lebensbedingungen durch die antischwarze Kulturpolitik der Nationalsozialisten weiter verschlechterten, traten Schwarze weiterhin als «Exoten» oder Ringer auf. Ludwig Mbebe Mpessa alias Louis Brody ist ein Beispiel für einer der wenigen schwarzen Schauspieler, die aufgrund ihrer Prominenz das «Dritte Reich» unbehelligt überlebten. Tatsächlich aber war die Filmindustrie damals auf diese Darsteller angewiesen. Die Filmemacher wollten aus Authentizitätsgründen nicht auf schwarz geschminkte Schauspieler zurückgreifen; vielmehr lobten sie die «Rassenexotik» der afrikanischen und asiatischen Komparserie. Zudem sollte die Reichshauptstadt weltoffene Normalität widerspiegeln.

Man ließ einige schwarze Deutsche also – willkürlich und eingeschränkt – am sozialen Leben teilhaben, so auch Marie Nejar, als man sie als Komparsin für die Ufa-Filme verpflichtete. Diese geduldete Teilhabe war jedoch durchdrungen von dem Gedanken der Minderwertigkeit der «schwarzen Rasse», und ihr konnte jederzeit auf Basis der bestehenden Rassengesetze Einhalt geboten werden, was bei den Betroffenen eine große Unsicherheit, Abwehr und Vorsicht hervorgerufen haben muss.

Doch von einer solch distanzierten Haltung war Marie Nejar zur Zeit ihrer Komparsenrollen noch weit entfernt. Für sie, ein Kind von zwölf Jahren, waren die Fahrten nach Berlin zu den Filmaufnahmen etwas ganz Großes. Die Szenen, in denen eine koloniale Atmosphäre mit entsprechender Darstellung der Schwarzen inszeniert wurde, empfand sie keineswegs als diskriminierend. Im Gegenteil, das Kinderherz schlug höher in dem Glauben, möglicherweise auch irgendwann einmal zu den Filmstars zu gehören. Ihre Arglosigkeit schützte sie vor den wahren propagandistischen Botschaften. Afrika war für sie Afrika, der Heimatkontinent ihres Vaters, keine mythenüberzogene Botschaft und kein Synonym für ein ideologisches Schlachtfeld. Nebenbei brachte die Komparserie ihr auch noch etwas Geld ein – gerade in Kriegszeiten ein wichtiges Argument.

Heinz Rühmanns Äußerungen gegenüber Schwarzen wie «Die Brüder kenne ich schon, die hab ich mal im Berliner Zoo gesehen» oder «Die Jungen spuren wie die nackten Wilden» führten letztlich dazu, dass *Quax in Fahrt* nicht zur Aufführung zugelassen wurde – für Marie Nejar waren das indes keine Demütigungen. Sie erlebte Rühmann stattdessen als besonders hilfsbereit, war es doch seinem persönlichen Einsatz zu verdanken, dass sie ihr Heimweh hat überwinden können. Als sie jedoch vierzehnjährig, lediglich mit einem Baströckchen bekleidet und mit Muschelketten behangen, direkt von einer Statistin beleidigt wird, ist sie sehr getroffen. Die Worte: «Also, wenn ich so aussehen würde wie du, dann würde ich mich ja nicht mehr filmen lassen», berührten ihre pubertäre Scheu. Zugleich bezeugt dieser Ausspruch, wie offensichtlich Rassenexotik und -erotik in diesem Film inszeniert worden ist. Doch die offenen und subtilen Diskriminierungen im Film *Quax in Fahrt* wurden Marie Nejar erst Jahre später bewusst.

Durch eine Reihe glücklicher Fügungen brachte Marie Nejar die Kriegszeit verhältnismäßig glimpflich hinter sich, und mit der Möglichkeit, Schlagersängerin zu werden, ergaben sich neue Perspektiven. Völlig auf sich allein gestellt und ohne Berufsausbildung in einer ausgebombten Stadt, war die Aussicht, Sängerin zu werden, nicht die schlechteste. Als «Leila Negra» erlebte Marie Nejar Applaus und den Jubel des Publikums, die hohe Anerkennung und Aufmerksamkeit ihrer Fans, Gesangspartner und Kollegen. Das Gefühl von Bestätigung war allerdings in den Momenten wieder hinfällig, in denen sie mit Vorurteilen, Diffamierungen und Neid konfrontiert wurde, und sie verstand, dass für sie nur die Rolle des «kleinen Negerlein» vorgesehen war. Diese Rolle war eine Kombination aus jenen alten Projektionen der Populärkultur und dem besonderen zeitgeschichtlichen Diskurs der unmittelbaren deutschen Nachkriegszeit: In den 1950er Jahren entstand ein neues Bild von Schwarzen, das geprägt wurde durch die Diskussionen um die «Besatzungskinder».

Über Marie Nejars Kopf hinweg wurde über ihren Künstler-namen entschieden und ein neues Alter bestimmt: Die über Zwanzigjährige wurde zum fünfzehnjährigen Kinderstar mit Ringelhemdchen und Teddybär – in Übereinstimmung mit dem Klischee des «Nigger Girl», «kleinen Braunen» oder des «Mohren-köpfchens», wie es in der Film- und Unterhaltungsbranche auch in den 1950er Jahren wieder auftauchte. In deren Produktionen wurden schwarze Frauen zumeist als Lustobjekt, unmündiges Kind, familienlose Tante oder Nanny dargestellt, denen eine Na-türlichkeit zugeschrieben wurde, die in ihrer «kindlichen Wild-heit» oder einer fröhlichen Unbeschwertheit zum Ausdruck kommen sollte.

Während Marie durch das Land und das deutschsprachige Ausland tourte, beschäftigte die Debatte um die «Besatzungs-kinder» eine Reihe gesellschaftlicher Institutionen. Selbst der Deutsche Bundestag von 1951 diskutierte über sie, für die «al-lein schon die klimatischen Bedingungen in unserem Lande» als «nicht gemäß» eingeschätzt wurden, gleichzeitig warben *Stern*-Adoptions-Kampagnen für ein «bisschen Liebe» unter dem Titel «Mammies für kleine Negerlein».

Diese Debatten mündeten, wie auch wissenschaftliche Un-tersuchungen über die schulische Leistungsfähigkeit der «Be-satzungskinder», zumeist in Konzepten für eine Absonderung dieser Kinder (Adoptionen ins Ausland, Sonderschulen, Sonde-reinrichtungen, Heime) von ihrer weißen, deutschen Umwelt.[1]

1 Rede von Frau Dr. Rehling, MdB / CDU, in: Das Parlament, 1951, Nr. 12; Stern vom 27. August 1950 sowie vom 2. März 1952, Heft 9, 5. Jg., S. 8; Eyferth, Klaus / Brand, Ursula / Hawel, Wolfgang: Farbige Kinder in Deutschland und die Aufgabe ihrer Eingliederung, München 1960; Ebeling, Hermann: Zum Problem der deutschen Mischlingskinder, in: Bildung und Erziehung, 7. Jg., Heft 10, 1954.

Ihre mediale Entsprechung fanden derlei Diskussionen in dem Film *Toxi*, in dem das Besatzungskind Toxi, gespielt von Elfie Fiegert, von seinem schwarzen Vater nach Amerika «zurückgeholt» wird. *Toxi* wurde von Michael Jary produziert, der auch für «Leila Negra» Lied- und Textwerke komponierte. Da war es naheliegend, dass Marie Nejar im Film das «Toxi-Lied» stellvertretend für Elfie Fiegert sang. Pünktlich zur Einschulung des ersten Jahrgangs «afrodeutscher» Kinder kam der Film in die Kinos und wurde zahlreichen Schulklassen vorgeführt. «Leila Negra» und *Toxi* wurden so die medialen Begleiter der deutschen Diskussion um die «Mischlingskinder». Durch sie entwickelte sich in Deutschland erstmals ein öffentliches Bewusstsein dafür, dass es schwarze Deutsche oder «afrodeutsche» Kinder gab. Sowohl Elfie Fiegert als auch Marie Nejar standen dabei für ein bestimmtes Bild von «Besatzungskindern»: sanft im Wesen, einfach und lieb, aufgrund ihrer Hautfarbe allerdings nicht ohne weiteres integrierbar. Marie Nejar war als Schwarze somit dem gleichen Mitgefühl und Mitleid, der Fürsorge und zugleich einem Mangel an gesellschaftlichem Integrationswillen ausgesetzt wie viele andere, mit *Toxi* assoziierte Deutsche dunkler Hautfarbe. Diese Erfahrung war genauso zweischneidig wie die Erlebnisse in ihrer Kindheit und frühen Jugend – im Alltag wie auch im NS-Propagandafilm.

Marie Nejar wurde mit der Zeit klar, was ihr Manager schon lange wusste: Nur als «naiver Teenager Leila Negra» sollte sie auf der Bühne stehen. Doch sie weigerte sich, länger ein Kind zu spielen, zumal das Interesse an «Leila Negra» nachzulassen begann.

Anfang 1957 wurde Marie Nejar dann von der Schallplattenfirma entlassen, und es folgten einige Monate mit neuen Gastauftritten ohne Kinderlieder. Doch nach dem Unfalltod ihres neuen Managers beendete sie kurzerhand ihre sechsjährige Karriere als Schlagerstar. Eine Zeit der Neuorientierung brach an, in der Marie Nejar versuchte, auch «Leila Negra» hinter sich zu lassen, eine Figur, bei der sie stets Projektierte und Projektion zugleich war. Mit dieser Autobiographie wird deutlich, wie schwierig dies bis heute für sie ist.

Marie Nejar, eine Dame von Welt, reich an Jahren und Erfahrungen, aufgeweckt und voller Humor, hat ihre Erinnerungen vor mir ausgebreitet. Plaudernd kommen wir weg von ihrer Lebensgeschichte, hin zum Alltäglichen. Allmählich leert sich der Kuchenteller. Ich bin glücklich, dass wir uns bald wiedersehen.

Danksagung

Ich danke ganz besonders dem Rowohlt Verlag und meiner Mitautorin Regina Carstensen sowie allen Freundinnen und Freunden.

Literatur

Baden, Carmen: «... und dann war ich wieder das arme kleine Negerlein». Erinnerungen einer schwarzen Deutschen zwischen Faschismus und Wirtschaftswunder. Unveröffentlichte Diplomarbeit, Fakultät Wirtschaft und Sozialwissenschaft, Hamburg 2005

Barth, Ariane: Die Reeperbahn. Der Kampf um Hamburgs sündige Meile. Hamburg 1999

Jungclaussen, John F.: Risse in weißen Fassaden. Der Verfall des hanseatischen Bürgeradels. München 2006

Massaquoi, Hans J.: «Neger, Neger, Schornsteinfeger». Meine Kindheit in Deutschland. München 1999